Grocholin

Meiner Frau
Eva
der letzten Herrin auf Grocholin
gestorben 7. März 1984

© 1985 by Verlag Gerhard Rautenberg, Leer
Gesamtherstellung Druckerei Gerhard Rautenberg, 2950 Leer
Zweite Auflage 1986
Printed in Western Germany
Alle Rechte vorbehalten
Alle Bilder in diesem Buch stammen aus dem Archiv des Autors.
ISBN 3-7921-0319-2

Hans
Freiherr von Rosen

Grocholin

*Geschichte eines deutschen
Gutes in Posen*

geliebt — verloren — unvergessen

VERLAG GERHARD RAUTENBERG · LEER

Inhalt

Vorwort

Dieses Buch füllt einen weißen Fleck unserer Landkarte mit Leben. Es führt uns in das Gebiet zwischen Weichsel, Warthe und Netze, eine zwischen zwei Völkern umstrittene Landschaft, in der Polen und Deutsche lange nebeneinander lebten, ohne daß wir sagen können, sie wären gut miteinander ausgekommen. Es gab dort polnische und deutsche Dörfer, polnische und deutsche Bauern und Gutsherrn, die sich mit ihren Arbeitern in der jeweils anderen Sprache verständigen mußten, und es gab einen von beiden Seiten geführten Volkstumskampf um die Erhaltung der nationalen Identität und der eigenen Kultur.

Hans von Rosen hat die Geschichte seines Gutes Grocholin im Posenschen geschrieben. Neben der Schilderung des Landlebens auf den östlichen Gütern, den alten Bräuchen und der Familiengeschichte ist dabei noch einiges mehr herausgekommen: Eine Dokumentation des Zusammenlebens zwischen Polen und Deutschen in den zwei Jahrzehnten vor dem 2. Weltkrieg. Wir erfahren, was wir schon längst ahnten. Daß es in der überschaubaren Nähe eines Guts- oder Bauerndorfes noch einigermaßen erträglich zuging, das Menschliche die nationalen Unterschiede überdeckte. Erst in der Distanz mit der Anonymität zum Nächsten wuchsen Haß und Verachtung.

Es will uns scheinen, als habe es eine Spirale zum Bösen hin gegeben. Spannungen zwischen Polen und Deutschen gab es in diesem Gebiet schon seit der Reichsgründung 1871, aber sie blieben bis zum Ende des 1. Weltkrieges erträglich. Unzählige Polen aus dem Posenschen haben in diesem Krieg in der deutschen Armee gekämpft und ihr Leben für das kaiserliche Deutschland gelassen, ein Opfer, das wir Deutschen heute weitestgehend vergessen haben. Zwischen den beiden Weltkriegen folgte die Unterdrückung der Deutschen durch den polnischen Staat, ab 1939 die Drangsalierung der Polen während der NS-Herrschaft, und schließlich bei Kriegsende die letzte bittere Abrechnung mit den Deutschen. Die Geschichte wiederholt sich, und jedesmal kostet es mehr, sagt Halldor Laxness.

Heute stehen wir kopfschüttelnd vor diesem vergeblichen Hin und Her, dem wechselseitigen Volkstumskampf, der den zeitweise Unterlegenen stets Opfer und Leiden aufbürdete. Wozu? fragen wir heute und denken an Europa und unsere Hoffnung, die Gegensätze mögen sich in einer europäischen Gemeinschaft auflösen, in der es gleichgültig ist, ob Grocholin zu Polen oder Deutschland gehört.

Das Buch endet mit dem Geschehen im Winter 1945. Der letzte Teil stammt aus der Feder der verstorbenen Ehefrau des Autors. Sie hat im Januar 1945 die Flucht von Grocholin nach Westen erlebt, ja sie gestaltet als Herrin des Gutes, die den Treck organisierte und dafür sorg-

te, daß die Grocholiner Pferde schneller waren als die Panzer der Roten Armee. Obwohl auf der Flucht der Grocholiner nicht mehr und nicht weniger geschah als auf der millionenfachen Flucht jener Tage, ist gerade dieser Teil ein bewegendes Dokument voller Unmittelbarkeit, das auch nach vierzig Jahren noch betroffen macht.

Hamburg, im April 1985
Arno Surminski

Vorgeschichte

Anfang Mai 1836 kaufte Carl von Treskow-Friedrichsfelde die Herrschaft Grocholin, Kreis Schubin, im Großherzogtum Posen. Der Schubiner Raum — der Kreis wurde erst 1818 geschaffen — war bereits 1773 zu Preußen gekommen und in der „Wiener Schlußakte" 1815 bei Preußen verblieben.

Die Herrschaft Grocholin lag im westlichen Teil des Kreises, der sich, fast einer prallen Wurst vergleichbar, in leichter Krümmung von West nach Ost/Südost erstreckte. Die Netze bildete gewissermaßen das Rückgrat, sie durchfloß ihn in seiner östlichen Hälfte und bildete in der westlichen seine Grenze nach Norden. Ursprünglich war hier einmal die Weichsel nach Westen geflossen, in dem alten Urstromtal. Es war mehrere Kilometer breit, beiderseits eingerahmt von ansehnlichen Höhenzügen, den Endmoränen aus der Eiszeit. Als der Strom sich durch den mitgeführten Sand in der Gegend des späteren Bromberg selbst eine Sperre baute und im rechten Winkel nach Norden ausbrach, blieb das Flußbett der Netze überlassen, dem bisherigen linken Nebenfluß der Weichsel. Statt einzumünden, machte sie nunmehr an dieser Stelle einen scharfen Knick nach Westen. Freilich konnte sie das breite Tal des alten Stromes nicht annähernd ausfüllen. So vertorfte es immer stärker und der Fluß suchte sich schließlich in ungezählten Windungen mühsam einen Weg.

In diesem Zustand bildete die Netze eine nur bei starkem Frost überschreitbare Barriere zwischen den Bewohnern auf ihren beiden Seiten. Es waren dies im Norden die slawischen Pomeranen, die „am Meer Wohnenden", po morzu — im Süden die Polanen, „auf den Fluren Wohnende", po łanach. In grauer Vorzeit hatten hier Stämme gesessen, die zum Lausitzer Kulturkreis gezählt werden. 40 Kilometer südöstlich von Schubin wurden 1935 am See Venetia die sehr gut erhaltenen Grundrisse einer Siedlung ausgegraben mit vielen Häusern, Straßen, Wellenbrechern auf drei Seiten der in den See ragenden Halbinsel und Spuren von Wall und Graben auf der Landseite. Die Polen reklamierten die schätzungsweise aus der Zeit um Christi Geburt stammende Siedlung selbstverständlich als „urpolnisch". Der bekannte Frühgeschichtler Professor Dr. Unverzagt wies indessen glaubhaft nach, daß es sich auf keinen Fall um Slawen gehandelt haben konnte, sondern um Illyrier. Ihre letzten Reste sind heute in den „Illyrischen Alpen" zu finden, wo es den „Großen" und den „Kleinen Venediger" gibt — und auch der Name der Stadt Venedig hängt mit ihnen zusammen.

Die Siedlung war offenbar unter feindlichem Druck geräumt, nicht aber erobert und zerstört worden. Es dürfte sich um frühgermanische Skiren (die „Schieren", die „Reinen") gehandelt haben, von denen Steinkistengräber mit Gesichtsurnen im Schubiner Raum zeugten. Ihnen sind Vandalen, Goten und Burgunder gefolgt, letztere nachweislich im Schubiner Raum. Nach ihrem Abzug im 5. Jahrhundert n. Chr. sind Slawen in die nur noch dünn besiedelten Gebiete gekommen, bekanntlich bis über die Oder hinaus. Aus den im Raum Posen/Gnesen/Goplosee siedelnden Stämmen ist um 960 herum Polen entstanden.

Zwischen Polen und Pomeranen herrschte Todfeindschaft. Bolesław dem Kühnen, dem zweiten polnischen König, gelang es, große Teile Pomeraniens zu erobern und bis an die Ostsee vorzustoßen. Aber die Pommernherzöge unterstellten sich lieber dem deutschen Kaiser und warfen die Polen bald wieder heraus. Für Jahrhunderte kristallisierte sich die Netze als Grenze zwischen den feindlichen Brüdern heraus. Das geben heute auch namhafte polnische Geschichtswissenschaftler unumwunden zu, z. B. Professor Jan Josef Lipski in seiner Broschüre: „Zwei Vaterländer — zwei Arten von Patriotismus." (Gemeint ist dabei der unterschiedliche Begriff von „Vaterland" und „Patriotismus" in Polen.)

Folgerichtig entstand südlich der Netze eine polnische Verteidigungslinie. Mittelpunkt wurde die königliche Burg Exin auf dem Berge oberhalb des Fischerdorfes Kcynia. Dieses lag an einem See, der im Süden von den Höhen des späteren Żórawia begrenzt wurde — żoraw ist der Reiher — und nach Westen in einen breiten Streifen Sumpfland überging. Inmitten dieses Morastes erhob sich eine Fliehburg aus vorchristlicher Zeit, ein kreisrunder Wall von 70 m Durchmesser und zu unserer Zeit noch 3 m Höhe. Er wurde, wie alle diese Ringwälle, als „Schwedenschanze" bezeichnet und hat vielleicht, rings von dichtem Busch umgeben, noch in den schwedisch-polnischen Kriegen des 17. und des beginnenden 18. Jahrhunderts als Schlupfwinkel für die Bevölkerung gedient — eine Verteidigungsanlage war er damals nicht mehr.

Sumpf und Moor spielten im Mittelalter in der Kriegführung eine große Rolle. Deshalb wurden beiderseits der Exiner Burg in der Ebene im Morast auch Vasallenburgen angelegt: Östlich Exin eine Burg Schubin, westlich Grocholin und Gollantsch, in Abständen von jeweils etwa fünf Kilometern. Während von der Schubiner Burg nur spärliche Mauerreste auf uns überkommen sind und die Exiner Burg völlig verschwunden ist, blieben die zwei westlichen Burgen, wenn auch als Ruinen, erhalten. Sie ähnelten einander in erstaunlicher Weise, was die Annahme stützt, daß die ganze Anlage nach einheitlichem Plane erstellt worden ist.

Die Grocholiner Morastburg war ein nahezu quadratischer Ziegelbau, Außenmaße etwa 20 x 18 m. Die Wände des Kellers und des Erdgeschosses hatten eine Stärke von 1,60 m, die des Obergeschosses eine solche von immerhin noch 1 m. Die Fensternischen boten herrliche Sitzplätze. Keller- und Erdgeschoß waren gewölbt. Dem war es auch zu danken, daß die Decke des Erdgeschosses die Zerstörung der Burg überstanden hatte. Sie ist sicherlich auf die schwedisch-polnischen Kriege zurückzuführen, wahrscheinlich auf die Kämpfe in der Mitte des 17. Jahrhunderts — 1836 wuchs jedenfalls auf der Decke des Erdgeschosses eine ansehnliche Linde.

Die Herrschaft Grocholin wird erstmalig 1397 urkundlich erwähnt. Im 16. Jahrhundert ist sie im Besitz der Familie Grocholski, Wappen Sulima. Katarzyna Grocholska, geboren 1560, heiratet Jan Śmigielski aus Bnin, stirbt 1635. Ihr Bild vom Leichenstein findet sich in der Bibliografja Wschowa (Fraustadt), 1977, S. 6, und der Bibliografja Piła (Schneidemühl), S. 5.

Dann sind lange Zeit die Baranowski, Wappen Korvin, im Besitze von Grocholin. Sie haben verschiedene hohe Würdenträger gestellt, u. a. einen Erzbischof von Gnesen, als solcher Primas von Polen und 1572 nach dem Tode des letzten Jagiellonen „Interrex". Auch 1772 sitzen die Baranowski auf Grocholin. Es ist die Zeit der sogenannten „1. Teilung Polens". Damals ist Polen aber gar nicht „geteilt" worden, sondern es hat lediglich Randgebiete mit überwiegend nichtpolnischer Bevölkerung verloren. Wenn diese Randgebiete fast ein Drittel des damaligen Polen ausmachten, so zeigt das, wieviel nichtpolnisches Land sich das vereinte Polen-Litauen seit der Union von 1387 einverleibt hatte.

Friedrich der Große wollte — und mußte — 1772 verhindern, daß seine Gegenspielerin, die Zarin Katharina II., den Zustand maßgeblichen Einflusses auf Polen — seit einem halben Jahrhundert standen russische Truppen im Lande — in den einer faktischen Inbesitznahme umwandelte. Das nämlich hätte die Trennung Ostpreußens im Kriegsfall bedeutet. Deshalb verlangte er Westpreußen — Danzig und Thorn konzedierte Katharina nicht! — und den Netzedistrikt für Preußen. Die Grenze sollte wenige Kilometer südlich der Netze verlaufen, die kleinen Städte an der Netze zu Preußen gehören.

Der mit der Grenzziehung beauftragte Geheime Finanzrat von Brenckenhoff, späterer Erbauer des Bromberger Kanals, begann seine Arbeit am 13. September 1772. Vier Tage später übernachtete er in dem kleinen Städtchen Samotschin. Hier suchte ihn in der Nacht, als Bäuerin verkleidet, die Gräfin Maryanna Skórzewska aus Margonin auf und bat ihn inständig, die Grenze so zu ziehen, daß ihre im Schubiner Raum bei Labischin liegenden Güter noch zu Preußen kämen. Sie befürchtete, daß diese andernfalls von der von Rußland abhängigen Warschauer Regierung konfisziert werden würden, weil man dort ihre antirussische, propreußische Einstellung kannte.

Die Labischiner Güter stammten von ihrem Manne, dem polnischen Generalleutnant Franz Skórzewski — zusammen besaßen sie rd. 100 000 Morgen. Die Gräfin war polnische Patriotin und sah in Rußland die größte Gefahr für Polen. Deshalb hatte sie sich an Preußen gewandt und Beziehungen zum Berliner Hofe gesucht. Dank ihrer umfassenden philosophischen Bildung hatte sie die Anerkennung des im allgemeinen frauenfeindlichen Königs gefunden, den ihre Sprachkenntnisse in Lateinisch, Griechisch, Französisch, Italienisch und Englisch und ihre Vertrautheit mit den Klassikern beeindruckte. Er hatte die Patenschaft ihres 1768 geborenen ältesten Sohnes Friedrich übernommen.

Brenckenhoff sah deshalb keinen Grund, ihrer Bitte nicht nachzukommen. Er folgte also der Netze auch in dem Teil ihres süd-nördlichen Verlaufes und bezog Labischin und Bartschin mit ein. Dadurch wies aber die Grenze einen rechtwinkligen Knick auf, eine wenig glückliche Lösung. Um dies abzustellen, erfolgte im Frühjahr 1773 eine Begradigung, die den größten Teil des Schubiner Raumes zu Preußen schlug. Dazu gehörte auch die Herrschaft Grocholin. Sie reichte im Norden bis an die Netze oder in den Endmoränengürtel und umfaßte etwa 20 000 Morgen.

Hieronymus Baranowski, der damalige Besitzer und letzte Sproß seines Zweiges, florierte anfänglich ausgesprochen. Er erwarb mehrere Güter nordöstlich von Grocholin sowie 1795 die den Grafen Mycielski gehörenden Schubiner Güter. Damit war er als Besitzer von rd. 70 000 Morgen der größte Grundherr im Raum Schubin. Aber er hatte sich übernommen und stark verschuldet. Auch wirkte sich die Krise während und nach den Napoleonischen Kriegen aus. Als Hieronymus 1818 kinderlos starb, hinterließ er seiner Witwe Kordula, geb. Grabowska, die große Herrschaft in einem unhaltbaren Zustand.

Nachdem schon vorher Versuche fehlgeschlagen waren, Teile der Begüterung zu verpachten, bemühte sich die Besitzerin jetzt dadurch um Sanierung, daß sie Teile ihres Besitzes abstieß. Dazu bot sich das Land an der Netze an. Es war früher wertloses Unland gewesen. Durch die Regulierung, die der große König sofort eingeleitet hatte, war der Flußlauf begradigt und wesentlich verkürzt worden. Das gesteigerte Gefälle hatte die Vorflut geschaffen. Die versauerten Ländereien trockneten allmählich aus, ein großzügiges Grabensystem und die Zufuhr großer Mengen Sand machten das Land nutzbar.

Diese Arbeiten waren freilich nicht mehr Sache des Staates, sondern der Besitzer der Grundstücke, also der polnischen Grundherren. Im Kreise Schubin waren das vor allem die Radzimiński auf Żórawia und die Baranowski. Mit ihren leibeigenen polnischen Bauern konnten sie solche Meliorationen natürlich genau so wenig durchführen wie im 17. und 18. Jahrhundert. Damals hatten die Herren Deutsche angesiedelt, in den „Hauländereien" und „Schulzendörfern". Jetzt wiederholten sie dies in Gestalt der „Kolonien". Der einzige Unterschied gegenüber früher bestand wohl darin, daß der preußische Staat, ohne sonst das Geringste dabei zu tun, gewisse, sehr berechtigte Bauvorschriften erließ. Dazu gehöre z. B. ein gemauerter Schornstein statt des bisher üblichen offenen Abzugs im — stroh- oder riedgedeckten — Dach.

So enstanden längs der mittleren Netze wie an einer Perlenschnur aufgereiht die „Netzekolonien", eine in die andere übergehend. Die Gehöfte lagen alle auf der einen Seite der am Rande des Tales gebauten Straße, jedes auf einem handtuchartigen Streifen, der sich bis zum Flusse einerseits, auf die Höhe andererseits erstreckte. Ackerbau war nur in Beetform möglich. Die Gründer benannten die Dörfer nach ihren Kindern: Paulina, Georgental, Veronika, Paulstal. Kordula Baranowska, kinderlos, griff auf den Vornamen ihres Schwiegervaters zurück und nannte die 1823 gegründete Siedlung Ludwikowo; sie war die westlichste der ganzen Reihe.

Aber der Erlös aus diesem Landverkauf reichte nicht aus, um die bei der „Landschaft" aufgenommenen Kredite abzudecken, die Witwe mußte die Verfügungsgewalt über Grocholin nebst Zubehör an das Landgericht Bromberg abtreten. 1828 erwarb Friedrich Skórzewski Grocholin in der Subhastation für seinen jüngeren Sohn Arnold, 1829 wurden die Schubiner Güter zwangsversteigert. Den Zuschlag erhielt die Westpreußische Landschaft in Bromberg — die Nachfrage war minimal.

Arnold Skórzewski übernahm auch die Labischiner Güter mit dem kurz nach 1800 in klassizistischem Stil erbauten Schloß Lubostroń als Hauptsitz. Grocholin war also für ihn Nebenbesitz. 1831 beteiligte er sich aktiv an dem polnischen Aufstand im „Königreich Polen", dem russischen Teilgebiet. Er wurde zu einem Jahr Festungshaft und einer Geldstrafe verurteilt. Diese wurde ihm auf Betreiben seines Bruders Heliodor geschenkt, ebenso die Hälfte der Haftstrafe. Aber er legte offenbar auf Grocholin keinen Wert, widmete sich lieber der Löwenjagd in Afrika und verkaufte Grocholin mit Sipiory und Gromaden 1836 an Carl von Treskow.

Es ist also kein langjähriger polnischer Besitzer durch einen Deutschen von seiner ererbten und teuren Scholle vertrieben worden. Carl von Treskow aber war, obwohl seit 1817 auf Friedrichsfelde bei Berlin wohnhaft — es hatte einmal dem Bruder Friedrichs des Großen, Prinz Ferdinand von Preußen, gehört —, mit den Posener und allgemein mit den polnischen Verhältnissen von Kindheit an vertraut, wirtschaftlich versiert und ein guter Landwirt dazu.

Die Treskows

Carls Vater, Sigmund Otto (von) Treskow, 1756 geboren, war der Sohn des Albrecht von Treskow auf Milow an der Havel und der Marie Elisabeth Mangelsdorf. Beide waren nicht verheiratet, lebten aber in einer „Gewissensehe", der drei Kinder entsprossen. Elfjährig verlor Sigmund Otto den Vater, kam zu einem Freunde der Familie nach Leipzig und wurde Kaufmann in Berlin. Er heiratete Anna Sara George, die Tochter des wohlhabenden Spirituosenkaufmanns Benjamin George aus einer aus Metz stammenden Hugenottenfamilie. Benjamin hatte sich um den Ausbau der nach ihm benannten Georgenstraße in Berlin verdient gemacht, seine Familie läßt sich vier Generationen zurück verfolgen. Die alttestamentlichen Namen sind typisch für die Hugenotten.

Der junge Treskow — diesen Namen führte er nach einer Eintragung im Milower Kirchenbuch — trat nicht in die Handlung seines Schwiegervaters ein, sondern blieb Tuchkaufmann. Aber er profitierte von den Beziehungen der Hugenotten nach Südfrankreich und erwarb sich gute Kenntnisse auf dem Gebiet der Seidenfabrikation. In den neunziger Jahren lieferte er große Mengen Tuch an die französische Armee und verschaffte dadurch den preußischen Tuchmanufakturen guten Absatz. Außerdem lieferte er 1796 innerhalb von vier Wochen mehr als 10 000 Pferde — Napoleon stand vor dem Ägypten-Feldzug. Das war zu jener Zeit eine höchst beachtliche Leistung — und bestimmt ein Bombengeschäft. Da Frankreich ein unsicherer Zahler war, ließ der kluge Geschäftsmann sich als Pfand den Kron-Diamanten „le régent" aushändigen. Sein Wert wurde damals auf zwölf Millionen francs veranschlagt. Treskow brachte ihn in abenteuerlicher Fahrt, mit seinem Kutscher die Rollen tauschend, nach Berlin. Napoleon hat ihn 1800 wieder eingelöst. Heute befindet er sich im Louvre.

Sigmund Otto ist am königlichen Hofe gut angeschrieben gewesen. Er kam um die Nobilitierung ein und erhielt sie 1797. Das kgl. preuß. Heroldsamt bestätigte seine Abstammung von Albrecht von Treskow, indem es ihm ein zum Verwechseln ähnliches Wappen verlieh — lediglich die drei Entenköpfe des alten Geschlechts wurden durch Pfauenköpfe ersetzt. Die nachträgliche Legitimierung hatte Sigmund Otto verdient. In einem Brief an seine Söhne vom 31. 1. 1801 schreibt er:

„Wehe Euch, wenn Ihr den ehrwürdigen Namen Treskow brandmarktet. Eben weil Ihr Edelleute seid, macht das Zeitalter strengere und gerechte Ansprüche an Eure Humanität."

Noblesse oblige — zur Humanität.

Im gleichen Jahre 1797 machte er sich in den damals zu Preußen gehörenden polnischen Gebieten ansässig, in „Südpreußen". Er kaufte dem General von Dolffs die Herrschaft Strzelce im Kreise Kutno ab, die dieser als Dotation erhalten hatte. Dotationen erhielten in der Regel verdiente Männer anstatt einer Geldabfindung, die der Staat zu zahlen nicht in der Lage war. Unter Friedrich Wilhelm II. nahm diese Gewohnheit übermäßige Formen an, wozu die Erwerbungen in der 3. Teilung Polens verlockten. Hier waren zahllose königliche, kirchliche und sog. „Starosteigüter" in den Besitz der kgl. preuß. Chatulle gelangt. Sie waren indes fast ausnahmslos ausgepowert und minderwertig.

Das galt besonders für eine Sandbüchse wie das Klostergut Owinsk, 15 Kilometer nördlich Posen an der Warthe gelegen, das Sigmund Otto 1796 „aus königlicher ihm zugetragener Huld und gnädigem Wohlwollen" übereignet worden war. Diese „Huld" bestand darin, daß ein „vorgezogenes Besitzrecht" eingeräumt wurde, statt einer Kaufsumme waren jährliche Zahlungen zu leisten. Sie betrugen im Falle Owinsk 3208,— Taler. Nimmt man 25 Jahre für die Abzahlung an — 4 % Rendite —, so sind das 80 000 Taler gewesen, in heutiger Währung etwa 7 bis 8 Millionen Mark. „Geschenkt" war Owinsk also keineswegs.

Sigmund Otto hat große Beträge in seine Besitzungen investiert. Sein Programm war ebenso klar wie anspruchsvoll:
● rationelle Bewirtschaftung des Waldes — in Owinsk fast nur Kiefern;
● Schaffung eines großen Viehbestandes, vor allem an Schafen — der Tuch-Kaufmann verleugnete sich nicht;
● Hebung und Erziehung des tief gesunkenen leibeigenen Bauernstandes.

Das letztere war wirtschaftlich unerläßlich, entsprach aber auch seinen Auffassungen von Humanität. Er unterschied sich darin wohl kaum von den meisten deutschen Erwerbern polnischer Güter, aber von manchen Donataren, die sich nicht um ihre Güter kümmerten. Niemand hat das so anerkannt, wie der Verfasser des „Schwarzen Registers", Zerboni di Sposetti. Der griff in dieser Schrift gegen die Dotationen den Provinzialminister Grafen Hoym mit ätzender Schärfe an, teilweise berechtigt, aber maßlos übertrieben und teilweise fälschlich. Über Sigmund Otto von Treskow aber schreibt er:

„Der Treskow ist jedoch der nützlichste von allen Donatarien wegen des rastlosen, verständigen, ja verschwenderischen Eifers, mit dem er seine Güter instandsetzt und seine Bauern zu arbeitsamen Menschen macht."

Zu den Investitionen gehörte ein nach Plänen Schinkels in den Jahren 1804–06 erbautes, auch heute noch sehenswertes Schloß. Der Bau kostete 100 000 Taler. Selbst der finanzstarke Sigmund Otto mußte Geld aufnehmen, u. a. ein Darlehen in Höhe von 38 000 Talern von Wilhelm von Humboldt, mit dem er gut bekannt war. Nicht bekannt sind die Summen, die er für die Wirtschaftsgebäude, für die Straßen usw. aufwandte. Es handelte sich um zwölf Güter,

Vorwerke und Dörfer, die die Herrschaft Owinsk bildeten. In Radojewo, das Owinsk gegenüber auf der linken Seite der Warthe lag, ließ
er gleichfalls nach Plänen Schinkels ein reizendes Jagdschlößchen errichten. Auch baute er in Owinsk die erste Kartoffelbrennerei in
Posen.

In den nachfolgenden schweren Zeiten halfen ihm die Einnahmen
aus der Gaststätte „Goldene Kugel" in der Zimmerstraße in Berlin.
Seine Frau hatte sie geerbt. Nach Preußens Niederlage 1806/07 gehörten die Begüterungen zu dem von Napoleon geschaffenen „Her-
zogtum Warschau", was die Bewirtschaftung natürlich erschwerte.
Sigmund Otto machte sich in dieser Epoche um Preußen verdient,
indem er als eine Art „Wirtschafts-Diplomat" in Paris erreichte, daß
die Kriegskontributionen in Ware statt in Bargeld gezahlt werden
durften. So blieb das Geld im Lande und belebte die darniederlie-
gende Wirtschaft. Die Verhandlungen mit den Franzosen gestalteten
sich sehr schwierig, sie dauerten anderthalb Jahre. Während dieser
Zeit lebte Sigmund Otto auf eigene Kosten in Paris und zwar, der
Mission entsprechend, bestimmt nicht spartanisch.

Bei seinem Tode im Jahre 1825 hinterließ er seinen noch lebenden
acht Kindern 80 000 Morgen eigenen Besitz. Er hatte die Güter
schon vorher an die Söhne verpachtet; jetzt wurden sie von diesen
gekauft und dabei teilweise gewechselt.

Bei dieser Erbteilung erwies sich Carl Sigismund, der zweite der
sieben Söhne, eindeutig als der fähigste. Er hatte schon früher Besitz
in der Mark erworben, Gade und Friedrichsfelde. Jetzt übernahm er
die Herrschaft Strzelce, die im russischen Teilgebiet lag, und überließ
seinem Bruder Otto Owinsk, das er bisher gepachtet hatte. Er hat
Strzelce mit 17 000 Morgen und eigener Zuckerfabrik seinen acht
Kindern 1846 als ungeteilte Erbengemeinschaft hinterlassen. Sie hat
bis zu dem zwangsweisen Ende 1924 bestanden, es waren zum
Schluß 29 Anteile sehr unterschiedlicher Größe, je nach der Nachkommenschaft der einstigen Anteilseigner.

Carl war am 6. 12. 1787 geboren, besuchte das Gymnasium zu
Gotha und die Ritterakademie in Brandenburg. Fünfzehnjährig
übernahm er die Verwaltung der väterlichen Güter. In dieser Eigen-
schaft empfing er Ende November 1806, also mit knapp 19 Jahren,
den Kaiser Napoleon, der von Posen aus einen Inspektionsritt machte. Carls Vater befand sich im belagerten Danzig. Carl hat über
diese Begegnung eine Niederschrift in französisch gemacht, die ihn
als ungewöhnlich reif, geschickt und bar jeder Scheu vor dem Empe-
reur auswies, vor dem doch die Welt zitterte. Sie lautet in Überset-
zung:

„Meine Begegnung mit Seiner Majestät dem Kaiser Napoleon.
Indem ich mich vor seinem Pferd aufstellte, fragte er mich: „Wer
sind Sie?"

ich Sire, ich bin der Sohn des Besitzers dieses Landes, gekommen, Sie um die Gnade zu bitten, einen Augenblick vom Pferde zu steigen, um eine Erfrischung im Schloß einzunehmen.

E. N. Danke verbindlichst, die Zeit erlaubt es mir nicht, weil ich um 3 Uhr in Posen zurück sein muß. (Indem er auf das Kloster zeigte:) Ist dies das Kloster, von dem man mir erzählt hat?

ich Ja, Sire.

E. N. Sind Nonnen oder Mönche darinnen?

ich Nonnen.

E. N. Wie viele?

ich Es sind vierzehn, wie ich glaube, und vier dienende Schwestern.

E. N. Wovon leben sie?

ich Sie haben ihr Fixum in Geld, in allen Arten Getreide, in Holz usw.

E. N. Wieviel Geld erhalten sie?

ich Dreitausend und zweihundert Taler.

E. N. Das ist genug, und wer gibt ihnen das Geld?

ich Mein Vater, Sire.

E. N. (sich an den Ober-Quartiermeister wendend) Gehen Sie und fragen Sie die Damen, ob sie zufrieden gewesen sind mit der Führung meiner Soldaten, ob sie irgendwelche Klagen haben oder irgendwelche Fragen an mich zu richten haben. — Demnach muß Ihr Besitz bedeutend sein.

ich Ziemlich, Sire.

E. N. Was hat Ihr Vater für diese Güter gegeben?

ich (keine Antwort meinerseits, um der ganzen Erklärung auszuweichen)

E. N. Ist es nicht Ihr Vater gewesen, der den régent erhalten hat als Pfand des Direktoriums?

ich Ja, Sire, er bekam ihn.

E. N. Ist Ihre Mutter Preußin oder Polin?

ich Sie ist in Berlin geboren.

E. N. Wie viele Kinder sind Sie?

ich Wir sind acht, sieben Söhne und eine Tochter.

E. N. Wo haben Sie Ihre Studien getrieben?

ich Ich war in Brandenburg und in Gotha.

E. N. Gibt es Stellen, wo man den Fluß passieren kann, ohne den Grund zu verlieren?

ich Wenn das Wasser niedrig ist, dann kann man passieren, aber gegenwärtig ist es unmöglich.

E. N. Ist es weit von hier nach Bromberg?

ich 30 Meilen, Sire.

E. N. Haben meine Soldaten Ihnen Böses getan, haben Sie Klagen gegen sie?

ich Das macht nichts, Sire.

15

E. N. Wie es scheint, hat Ihr Vater viel bauen lassen und gute Me-
lioratioen machen lassen?

ich Ja, Sire, mein Vater hat sein Möglichstes getan, um den Land-
leuten ein gutes Beispiel zu geben und dem Staat nützlich zu
sein.

Ganz nahe an der Fähre:

E. N. Werden wir alle einsteigen?

Ein Offizier: Ich glaube, die Hälfte wird genug sein.

Auf der Fähre stieg der Kaiser vom Pferd, ich war ihm am nächsten. Indem er seinen Rock betrachtete, sagte er zu seinen Marschäl-
len: „Sehen Sie, ich bin schmutzig wie ein Schwein."

Ein Marschall: Eure Majestät, das kann nicht anders sein, inmitten von uns allen und da die Wege so schlecht sind.

Die Fähre verlassend, fragte ich den Kaiser um Erlaubnis, ihn be-
gleiten zu dürfen; er erlaubte es und aufbrechend neigte er ein wenig
den Kopf, aber da mein Pferd noch auf der anderen Seite des Flusses war, konnte ich den Kaiser nicht mehr einholen, der sogleich
aufgebrochen war — aber ich überholte alle diejenigen, die zur gleichen Zeit mit mir aufgebrochen waren."

Interessant daran ist, daß Napoleon sich des „régent" erinnert,
aber noch mehr, daß er dem jungen Preußen gestattet, an seiner
Seite zu reiten.

Carl heiratet 1812 Marie Julie Jouanne, eine Kusine I. Grades,
also auch eine Hugenottin. Im gleichen Jahre erwirbt er das Ritter-
gut Gade bei Genthin, 1816 Friedrichsfelde — er ist 29 Jahre alt.
Dies geschah vor bzw. unmittelbar nach den Befreiungskriegen. Carl
war ein sehr fortschrittlicher Landwirt, er stand in engen Beziehungen zu Albrecht Thaer, dem Begründer neuzeitlicher Landwirt-
schaftslehre. Thaer hatte auf seinem Gute Möglin die erste höhere
landwirtschaftliche Schule ins Leben gerufen. Carl legte selbständig
eine „Landschule" für Voll- und Halbwaisen an, in der neben verschiedenen Handwerken vor allem Ackerbau und Gärtnerei theoretisch und praktisch gelehrt wurden. Auf einem Denkmal für den
„Altmeister der Landwirtschaft" ist auch Carl auf dem Relief abge-
bildet, es ist ein sehr gutes Bild von ihm.

Zu seinen landwirtschaftlichen Maßnahmen gehörte vor allem:
eine richtige Fruchtfolge, gute Bodenbearbeitung, verstärkte Viehhaltung, dementsprechend stärkere Düngung mit dem Erfolge höherer Ernten und der Anbau neuer Kulturpflanzen. Als erster Gutsbesitzer versorgte er Berlin mit Frischmilch. Auch die Herrschaft
Strzelce, die er 1826 übernahm, machte er in kurzer Zeit zu einem
Musterbetrieb. 1838 baute er dort die erste große Zuckerfabrik im
Königreich Polen — sie hat bis 1924 ihren Dienst getan.

Und dann kaufte er Grocholin.

1836 — Erwerb und Aufbau

Es sind mehrere Briefe seiner Frau aus diesen Wochen erhalten — denn so lange dauerte die Transaktion —, die einen guten Einblick in das Geschehen gewähren. Sie zeigen aber auch Marie Julie als eine kluge Frau mit gesundem Menschenverstande. Wir lesen:

„12. May 36
Wir haben uns alle gefreut, daß deinem herumziehenden Leben ein Ziel gesetzt ist, und hoffentlich ein erfreuliches, denn nach unserer Weisheit hast du sehr gut gekauft und wir volles Vertrauen zu deiner Umsicht (haben). Ich wäre gern dort und muß gestehen, daß mein thatenloses Leben mir anfängt langweilig zu werden..., so mußt du mir schon erlauben, nächstes Jahr mit dir herumzuziehen. Wir haben das Gut auf der Karte aufgesucht, darauf zwar nur Exin gefunden und ganz so in den Entfernungen wie du beschreibst. Die Lage scheint mir ganz angenehm und bin ich froh daß du nicht nach Preußen ziehst... Die Güter in Preußen sollen noch immer im steigen sein und nach einigen Jahren nicht mehr so vortheilhaft anzukommen sein. Beitzke hat sich geäußert daß wenn die Verhältnisse nur erst sicherer gestellt würden, er wohl gern darauf entriren würde... Die Gräfin Itzenplitz bietet dir 200 Mutterschafe an und werde ich sie ersuchen, selbige bis zu deinem Entschluß darüber, dir aufzubewahren, schreibe dann aber so gleich."

„25. Juny 1836
Ich habe gestern bei der großen Hitze immer deiner gedacht, du mußt nach 2 Nächten im Wagen zugebracht, wohl davon gelitten haben, und gebe nur Gott, daß du nicht krank wirst. Du hast viel auf dich geladen, ich erkenne es dankbar, bin aber wahrhaft besorgt, daß deine Gesundheit unterliegt, weil bei so verwickelten Geschäften und Plänen, dich der Schlaaf verläßt. Heute ist es etwas kühler, wie unheimlich muß es aber im ausgeräumten Hause sein, mich überläuft es, wenn ich daran denke... Ich denke mir es muß bei dir wie in einer Nomaden Wirtschaft sein, und thut es mir weh daß du jede Behaglichkeit entbehren mußt, doch die Kinder sind nicht immer dankbar für alle Opfer die von den Eltern ihnen gebracht werden, doch es ist einmahl so der Welt Lauf, man muß sich drin finden..."

„28ten Juny 1836
Soeben erhielt ich deinen freundlichen Brief lieber Mann, und bin dir sehr dankbar dafür. Meine Gedanken haben dich immer verfolgt, wozu ich bei meiner Einsamkeit auch volle Muße habe, jeder heiße Tag, vorzüglich der 24te, bei dem ich mir die Übergabe dachte, that mir im Herzen für dich leid, seitdem wirst du mit dem Wetter zufrieden gewesen sein. Ich möchte dich zureden mit der Einrichtung

des Schlosses zum Speicher nicht zu eilen, ich habe viel Vorliebe für dies Grocholin und denke die Lage, Fläche, alles ist geeignet einmahl ein angenehmer Wohnort, für eins unserer Kinder zu sein. Alles kannst du ja doch nicht behalten, und ich würde dies im Auge behalten bei allen Einrichtungen, attachire dich nicht zu sehr daran, sonst geht es dir nachher wie Lüttichau, du glaubst nichts missen zu können. Nim dies nicht übel auf, es ist gut gemeint, auch weiß ich daß du deiner ganzen Familie schuldig bist vornehmlich für dich zu erwerben, doch ließe sich das ja vorerst durch eine starke tantieme eins der Kinder übergeben, die dem Alter der Selbständigkeit herranreifen und denen ich von Herzen nebst Vortheil, auch eine angenehme Lage für die Zukunft wünsche, Gewiß ich will dir nicht einreden, und überlasse alles deiner höheren Einsicht, Pläne mußt du mir aber gewähren... Wie fatal daß der Fuhrmann noch nicht da war, wenn er nur vor dem Abgange des Pächters angelangt ist, sonst weiß ich nicht wie du willst kochen und decken lassen, du armer Mann. Diese desolate Wirtschaftseinrichtung erscheint mir schrecklich. Ich freue mich daß Hermann deine Zufriedenheit erlangte, bin aber auch deiner Meinung, daß er seine Kenntnisse noch befestigen muß. Wenn ich ihn recht beurtheile, so glaube ich wird er einmahl gut mit den Leuten umzugehen wissen, was ein großer Vortheil für den Landwirth ist. Grüße ihn herzlich, auch soll er mir schreiben."

Die Verhandlungen dauerten also sechs Wochen, das Grocholiner Haus war leer, der Besitzer war nicht anwesend, der Pächter bewohnte sicher eine der üblichen Katen. Immerhin hatte Carl seinen ältesten Sohn bei sich, den 23jährigen Hermann. Daß Carl ihm Grocholin nicht zur Pacht überlassen hat, — er hat später auf Chodowo im Gouvernement Warschau gesessen — erscheint uns mangels näherer Unterlagen nicht ganz verständlich.

In dieser Zeit, den dreißiger Jahren, kamen viele polnische Güter unter den Hammer, weil ihre Besitzer sich nicht von ihrem aufwendigen Leben trennen konnten. Keiner von ihnen war Landwirt, keiner sah in dem Besitz des Landes eine Aufgabe, keiner besaß das Pflichtbewußtsein, zu dem die preußischen Könige (und schon der Große Kurfürst) den landgesessenen Adel erzogen hatten. Damals gingen 10 v. H. des Posener Grundbesitzes in deutsche Hände über.

Die Erwerber waren nur zum Teil wohlhabend, vielfach waren es Söhne von Pächtern, Schulzen, Bauern mit nur ganz bescheidenen eigenen Mitteln. Sie erhielten Kredite aus dem neu geschaffenen Güterbetriebsfond, aber die mußten verzinst und zurückgezahlt werden. Fast ausnahmslos brachten sie die heruntergewirtschafteten Betriebe innerhalb von 20–30 Jahren auf beachtliche Höhe. Aus den der Herkunft und Gesellschaftsklasse nach sehr unterschiedlichen neuen Besitzern entstand eine einheitliche Schicht. Sie hat sich außerordentlich bewährt — nicht umsonst wurde die Provinz Posen trotz ihrer im Durchschnitt leichten Böden und des trockenen Klimas zur „Kornkammer des Reiches". Unter den besonderen Anforderungen entstand ein „Posener Preußentum", das sich durch eine gewisse Beweglichkeit, Liberalität und Toleranz auszeichnete. Carl von Treskow scheint hierfür ein Prototyp gewesen zu sein in seiner Humanität, seinem heiteren Gemüt, seiner offenen Hand und seinem Bestreben, Menschen zu beglücken.

Für eine Reihe von Gütern, die damals in deutsche Hand kamen, gibt es anschauliche Schilderungen ihres trostlosen Zustandes. In der „Bilanz — das deutsche Gut in Posen und Pommerellen" ist über Markowitz (von Wilamowitz-Moellendorff), Wierzbiczany (von Roy), Borowo (von Bernuth), Bialokosch (von Massenbach), Wirsa (von Lehmann) berichtet; es handelte sich zumeist um große Herrschaften. Die Baulichkeiten waren überall erbärmlich, bewohnbare Häuser selten vorhanden. Grocholin machte hinsichtlich des Wohnhauses eine Ausnahme. Daneben gab es die Ruine des „Alten Schlosses", die Carl zunächst als Speicher auszubauen vorhatte. Die Wirtschaftsgebäude waren völlig unzureichend. Noch im Jahre des Erwerbs begann Carl mit der Errichtung eines neuen Hofes. Er umfaßte etwa 50 Morgen, hatte also die Größe eines mittleren Bauernhofs. Der Größe entsprechend bestand er aus vier Teilen. Als ersten erbaute Carl den südlichsten Teil, den Speicherhof. Seine Rückseite nahm der vierstöckige „Alte Speicher" ein — Marie Julies „Pläne" waren auf guten Boden gefallen! — mit der Jahreszahl „1836" über der Türe. Die anderen Seiten wurden von Scheunen eingenommen, alle diese Gebäude in einem recht gefälligen neugotischen Stil.

Die weiteren Gebäude sind vermutlich durch Carls Sohn Julius erbaut worden: Der Kuhstall für rd. 100 Milchkühe, der Ackerpferdestall für 16 Gespanne zu vier Pferden, die Brennerei, die nach einem Brande als „Neuer Speicher" aufgebaut wurde; das Beamtenhaus, Schmiede, Stellmacherei, Kutschstall und Remisen; Ochsenstall und Schafställe für 1000 Muttern auf dem Ostteil des Hofes, zwischen ihnen ein Teich, die „Schwemme", durch die die Gespanne nach der Arbeit geritten wurden; die „Pappscheune" und die Dünger- und Maschinenschuppen, alle mit Pappe gedeckt, sind erst erheblich später gebaut worden. Dagegen stammten der alte Fohlenstall, der später als Schweinestall diente, die Hengststation und das Hofbeamten- und Försterhaus noch aus alter Zeit und die unweit davon stehende strohgedeckte Scheune vielleicht sogar aus polnischer Zeit — sie hieß die „Magazinscheune", auch der Name deutet wohl darauf hin.

Der schnelle Aufbau zahlreicher großer Gebäude war nur möglich, da die Ziegeln im Eigenbetrieb gestochen und gebrannt wurden. Das geschah direkt vor dem westlichen Parkausgang in der Nähe der dort stehenden Kapelle, s. Zt. eine Holzkapelle, die später, weil sie baufällig war, durch eine steinerne ersetzt wurde. Die Eigengewinnung der benötigten Ziegel war weit verbreitet.

Etwa 50 Meter vom Hofe abgesetzt lag das Herrenhaus. Es war wahrscheinlich um die Mitte des 18. Jahrhunderts erbaut worden und zeugte von der Kultur seiner Erbauer. Zwar war es kein „Schloß", obwohl es allgemein „das neue Schloß" genannt wurde, es fehlte ein Saal für große Festlichkeiten und die Räume waren auch nicht hoch — es war ein „Herrenhaus", wie es deren im Osten, vor allem im Baltikum viele gab, harmonisch in den Linien und Proportionen, zweistöckig mit stark abgewalmten Giebeln. An der Vorderfront, dem Hofe abgewandt, sprang der Mittelteil etwas vor, gekrönt von einem Giebel. Den Eingang bildete eine bogenförmig überwölbte, etwa einen Meter tiefe Nische. Vor ihr lag die Freitreppe.

Auch das Innere war einfach, aber formschön. In der Mitte des Hauses führte eine breite Treppe mit hübschem Geländer, selbstverständlich aus Holz, in drei abgewinkelten Absätzen in das Obergeschoß. Flure gab es nicht, man erreichte die Räume an beiden Giebelseiten durch die davor liegenden Zimmer. Das war bei Unterbringung mehrerer Partien von Gästen etwas hinderlich, wirkte aber ungleich wohnlicher als lange Korridore. Zudem wurden die „Durchgangszimmer" auch anderweitig gut genutzt.

Natürlich war es ein leeres, hundert Jahre altes und bestimmt seit langem nicht instandgehaltenes Haus. Aber dafür war ja Geld da — und ganz bestimmt auch Geschmack. Davon zeugten die eingebauten Bücherschränke im Empirestil im „Grünen Zimmer", die Parkettfußböden in den Wohnzimmern, vor allem in dem entzückenden kleinen „Roten Zimmer" mit seiner gewölbten Decke, das vielleicht einmal als Hauskapelle gedient hatte und jetzt mit sehr schönen Empire-Möbeln für die Hausfrau ausgestattet wurde. Auch die herrlichen Kachelöfen sind vermutlich neu gesetzt worden.

Es war mithin kein neues Wohnhaus zu bauen wie auf nahezu allen damals erworbenen Gütern — Adolph Koerber, der 1838 auf der Suche nach einem geeigneten Gut durch Posen fuhr, sagt von einem polnischen Gutsbesitzer, er habe 6000 Morgen, wohne aber in einem Schweinestall. Aber in Grocholin war dafür die Ruine der alten Burg aufzubauen. Auch dies hat Carl unverzüglich in Angriff genommen. Er baute ein steiles Dach mit Treppengiebeln, die gut zu dem Stil des alten Ziegelbaues paßten, und zog auch den zur Hälfte eingefallenen, unregelmäßig fünfeckigen Turm wieder hoch und versah ihn mit Zinnen. Der Turm stand, etwas sonderbar, fast außerhalb des eigentlichen Gebäudes an dessen Südwestecke, er war nur vom Obergeschoß und vom Dachgeschoß aus zugänglich. Die drei Räume des Obergeschosses — der vierte war das Treppenhaus — wurden zu Repräsentationszwecken hergerichtet und haben ein halbes Jahrhundert lang den Rahmen für große Festlichkeiten hergegeben. Hier wurden die Manöver- und die „Remonte"-Bälle gefeiert.

Der Saal maß 10 x 9 Meter, er hatte eine schöne Stuckdecke. Carl ließ auch ein barockes Portal mit dem Treskowschen Wappen errichten. Die Arbeiten müssen sehr zügig durchgeführt worden sein, die Wetterfahne auf dem Südgiebel des Alten Schlosses trug die Jahreszahl 1837.

Vor dem Herrenhaus und dem „Alten Schloß", die etwa im rechten Winkel zueinander standen, legte Carl ein Rondell von 70 Meter Durchmesser an. Vor allem aber ließ er den Morast entwässern, der sich im Westen und Süden um die Wohnanlage herumzog. Auf diese Weise entstanden drei ineinander übergehende Teiche, von denen der unterste der bei weitem größte war; in ihm gab es eine kleine Insel. Dahinter wurde ein Park angelegt, 50 Morgen groß (plus 10 Morgen Obst- und Gemüsegarten, die aber wohl erst später zugeschlagen wurden). Der Zeit entsprechend pflanzte Carl eine Menge seltener Bäume und Sträucher an, in wirkungsvollen Gruppen, dazwischen große Rasenflächen. Aus alter Zeit stammte eine Platane, nicht weit vom „Alten Schloß", die einen Umfang von 4,50 m hatte. Ihr Alter betrug schätzungsweise 400 Jahre, ein Beweis dafür, daß sie wohl schon von einem Grocholski angepflanzt worden war.

Den ganzen Komplex von Hof, Park und Garten umgab eine 2400 m lange Mauer, größtenteils aus Lehmmörtel zwischen Ziegelpfeilern, teilweise aber auch aus Ziegeln, die im Kreuzverband diagonal ein sehr hübsches, netzförmiges Muster abgaben. Die Mauer dürfte auch erst etwas später errichtet worden sein, es gab in dem benachbarten Panigrodz, das um die Mitte des Jahrhunderts eine Zeitlang zu Grocholin gehörte, eine gleiche — übrigens ebenfalls eine solche Mauer in Owinsk.

Aus dem Komplex führten fünf große Tore auf die Ausfallstraßen. Sicherlich hat Carl auch bereits mit der Hebung der „Infrastruktur" begonnen, also die Wege befestigen lassen. Er pflanzte besonders gern Eschen an, daneben Kastanien und auch Linden. Am schönsten war die Bepflanzung des Verbindungsweges zur staatlichen Chaussee Wongrowitz-Exin-Bromberg, den Julius chaussieren ließ und der deshalb die „Privatchaussee" hieß. Man fuhr wie durch einen Dom, herrlich vor allem zur Zeit der Kastanienblüte oder auch im Rauhreif — für hochbeladene Erntewagen oder größere Landmaschinen war diese Romantik allerdings etwas hinderlich. Aber das wirkte sich um 1850 noch nicht aus.

Carl setzte bereits vier Jahre nach dem Erwerb des Gutes seinen drittältesten Sohn Julius, das fünfte Kind, als Herrn auf Grocholin ein; er war zu der Zeit ganze 22 Jahre alt — aber Carl selbst hatte ja schon mit 15 Jahren verantwortlich gewirtschaftet. Der Nächstälteste, Carl Sigismund, erhielt später Friedrichsfelde. Beide Brüder haben stark aneinander gehangen. Es gab in Grocholin eine entzückende Kreidezeichnung der beiden, auf der sie etwa 12–14 Jahre alt waren. Beide und auch ihre Frauen haben ihre letzte Ruhestätte auf dem Erbbegräbnisplatz in Friedrichsfelde gefunden. Hermann und Rudolf, die beiden ältesten Söhne, wurden anderweitig abgefunden.

Julius heiratete 23jährig die zwei Jahre ältere Leontine von Enckevort. Es ist eine sehr glückliche Ehe gewesen und Julius hat seine gute und schöne Frau unendlich geliebt. Davon zeugen einige Gedichte — das letzte ist einundeinhalb Jahre vor ihrem Tode verfaßt. Leontine war am 1. Mai geboren.

„Du ersten Maitags Lieblingskind,
wie schütz' ich dich vor rauhem Wind?
Wie schaff' ich richt'ge Lebensluft,
mir zu erhalten deinen Duft?"

„Warum grüßt jeder wohl den Mai?
Ist's, weil der Winter dann vorbei?
Nein, weil der Mensch so gerne glaubt,
des Lebens Mai würd' nie geraubt."

„Wie dieses Blümchen lieb und mild
lebt lange Jahr in mir dein Bild;
bis ich die Augen schließe zu,
bist meines Maies Blüthe Du!"

„Zum 1. Mai 1874
Von Jugend an hatt' ich dich lieb,
jetzt bin ich alt, die Liebe blieb.
Ich danke Gott für jedes Jahr,
das ich mit dir vereinigt war.

Dein liebes, gutes Angesicht,
in meinen Augen alters nicht.
Und doch sind's dreiunddreißig Jahr,
die ich mit Dir so glücklich war.

Du trugst der Krankheit schweres Leid
schon lange mit Ergebenheit,
dein stiller Sinn, dein frommer Muth
macht mich beinah' noch selber gut.

Doch wenn zu Ende deine Kraft,
wenn leben — dir nur Leiden schafft,
dann bitt' ich Gott, und bitt' um viel:
Er schenk uns eines Lebens Ziel.

Du meines Lebens Sonnenschein,
o laß, o laß mich nicht allein!
Wie könnt' ich feiern je den Mai,
wärst du, mein Liebstes, nicht dabei!"

Julius hat den 1. Mai noch achtzehnmal allein feiern müssen.

Den beiden Grocholinern wurden drei Töchter geboren: Julie 1842, Hildegard 1843 und Hedwig 1845. Der einzige Sohn, Heinrich, starb am Tage seiner Geburt, im August 1849. Vielleicht war es auf die angegriffene Gesundheit der Mutter zurückzuführen, der die Aufregungen des Revolutionsjahres 1848 stark zugesetzt hatten. Damals waren polnische Aufständische, mit Sensen bewaffnet, vor das Haus gezogen, und Julius hatte seine Frau und die drei kleinen Mädchen in der Kalesche nach Berlin gebracht, er und einer seiner Brüder mit Gewehr daneben reitend. Er hatte sich auch an die Spitze deutscher Bauern gestellt, die sich gegen die Aufständischen zur Wehr setzten. Es ging damals um den Plan, den östlichen Teil Posens zu einem selbständigen Polen zu machen, den westlichen aber ohne Sonderrechte an Preußen anzuschließen — ein absurder Plan angesichts der Tatsache, daß ein solches Polen ganze 4 % des ehemaligen Polen umfaßt hätte; denn weder Rußland noch Österreich hätten ihre Anteile dazugeschlagen. Der Plan scheiterte auch daran, daß man sich nicht auf die Demarkationslinie einigen konnte. Es war undenkbar, daß z. B. der Schubiner Raum, der schon vor 1772 fast zur Hälfte deutsch besiedelt war, zu Polen kommen konnte, und die Deutschen wehrten sich selbstverständlich gegen derartige polnische Versuche. In der polnischen Literatur unserer Zeit wird dem Grocholiner Treskow sein Eintreten für die deutsche Sache noch immer angekreidet. Übrigens haben etwas später die polnischen Seminaristen aus Exin, die Geheimbündler, ihre nächtlichen Treffen im Grocholiner Forst abgehalten.

Der dreißigjährige Julius setzte sich damals politisch stark ein und wurde als einer der zwölf Posener Abgeordneten in das Paulskirchen-Parlament entsandt. Dort gehörte er der äußersten Rechten an, die für einen preußischen Erbkaiser stimmte und diesbezüglich bitter enttäuscht wurde. Er hat darüber gesagt:

„Auf der Rechten saßen wir, saßen ohne Wanken,
saßen da pro patria, keiner thät's uns danken!"

Mehr Erfolg hatten sie auf heimatpolitischem Gebiet. Die Idee einer Teilung Posens wurde abgelehnt. Am 10. Mai 1849 trug Julius sich mit seiner kraftvollen und sympathischen Schrift in das Parlamentsalbum ein.

„Die Männer, die ich in der deutschen Nationalversammlung in Frankfurt vertreten, haben alle ihre Kräfte an eine innige unzertrennliche Vereinigung mit Deutschland gesetzt. Dieser Wunsch ist uns erfüllt worden, die Ostmarken, welche wir bewohnen sind durch

Beschluß der deutschen Nationalversammlung Deutschland einverleibt und werden in aller Zukunft treu und fest zu Deutschland stehen. Leider ist dagegen das Streben so vieler, edler deutscher Männer eine Einheit des Vaterlandes zu Stande zu bringen vergebens gewesen. Ich habe mich diesem Streben mit ganzem, ungetheiltem Herzen angeschlossen und, indem ich heute aus der Nationalversammlung scheide gebe ich die Sache, für die wir kämpften nicht verloren, halte vielmehr fest an der Überzeugung, daß je trauriger die nächste Zukunft Deutschlands sich gestalten möge, um so schneller die Naturnothwendigkeit der deutschen Einheit zur Geltung kommen und ins Leben treten wird."

Er unterschreibt als „Abgeordneter für Schubin in Deutsch-Posen".

Daß seine Erwartung im Januar 1871 Wirklichkeit wurde, wird die letzten Jahrzehnte seines Lebens verschönt haben — politisch hat er sich seit der Frankfurter Episode nicht mehr betätigt. Berlin duldete keine politische Betätigung, weder von polnischer noch von deutscher Seite. Er hat sich dem Betriebe gewidmet und damit der Aufgabe, die alle deutschen Landwirte ausübten.

Das erforderte eine systematische, langwierige und aufwendige Arbeit. Zuerst mußte die stauende Nässe beseitigt werden, die große Teile des Ackerlandes wertlos machte. Die Entwässerung mittels offener Graben setzte eine „Vorflut" voraus. Sie war für das Gebiet um Exin herum durch die Netze-Regulierung unter Friedrich dem Großen geschaffen worden. Die Senke zwischen Exin und Zurawia wurde durch einen Hauptgraben, den Vorfluter, entwässert. Dieser Graben hatte 1773 bis 1792 die Grenze zwischen Polen und Preußen gebildet und hieß noch zu unserer Zeit der „Grenzgraben". Er war auch im wesentlichen die Grenze des Gutes im Süden und Westen, an einzelnen Stellen griff der Gutsbereich mit einem schmalen Streifen darüber hinaus. Nur im äußersten Westen gehörten ein paar hundert Morgen Ackerland jenseits des Grabens noch zu Grocholin, sie lagen im Nachbarkreis Wongrowitz und stammten sehr wahrscheinlich aus der Zeit, als Panigrodz im Besitz von Julius von Treskow war.

Der Grenzgraben trat an der Stelle in das Grocholiner Gebiet ein, wo es einige wenige Meter an Zurawia grenzte, und durchfloß es bis zur Nordwestecke, wo Grocholin, Rospentek und Karolinowo zusammenstießen. Im obersten Teil wurden Be- und Entwässerungsanlagen der Wiesen geschaffen — die von daher den Namen „Kunstwiese" trug. Der Graben passierte dann das „Glogowinitzer" Wäldchen, ein Stück von 200 Morgen, überwiegend Kiefern und Birken, hinter dem auf 150–200 Meter Entfernung der Hof der Domäne Glogowiniec lag, deutsch Zwölfhufen. Anschließend durchschnitt er die „Hutung", das einstige Sumpfgelände, in dem die schon erwähnte Schwedenschanze lag. Die nunmehr trockengelegte Hutung blieb

wegen ihres sandigen Untergrundes zweitrangig und diente lange als
Weide für das Leutevieh. Westlich schloß sich das „große Wäldchen"
an mit etwa 400 Morgen. Es war landschaftlich besonders schön
durch die tief einschneidenden Wiesenschlenken. Der landwirtschaftliche Wert dieser Wiesen war natürlich gering, das Gras trocknete
schlecht und das Heu wurde oft minderwertig. Die Grünlanderträge
waren ohnehin nicht bedeutend, weil die Niederschläge in dem Kon-
tinentalklima mit durchschnittlich 450 mm nicht ausreichten. In
trockenen Jahren fiel der zweite Schnitt, das „Grummet", oft aus.
Das war, so lange nicht Ackerfutter gebaut wurde, für eine stärkere
Viehhaltung sehr nachteilig, der Ackerfutterbau setzte sich aber erst
spät durch. Hier, im „großen Wäldchen", mündete auch der Haupt-
abflußgraben aus dem nördlichen, dem wertvollsten Teile des Grocholiner Landes. Er floß durch die drei Teiche, die auf diese Weise
zumindest während der feuchteren Jahreszeit einen gewissen dau-
ernden Zu- und Abfluß hatten.

Der entwässerte Boden mußte nun durchlässig gemacht und ent-
säuert werden. Das geschieht am besten durch Zufuhr von Kalk.
Damals kannte man keine künstlichen Düngemittel, mithin auch
keinen Düngekalk. Man behalf sich mit dem „Mergeln". Mergel
nennt man Kalkablagerungen an Stellen, die lange Zeit unter Wasser
gestanden haben. Solche Schichten liegen zumeist dicht unter der
Oberfläche, sind aber flach und keineswegs hochprozentig. Der
Abbau und Transport auf den zu kalkenden Acker war deshalb mit
viel Arbeit verbunden. Aber es lohnte sich in der Regel, die Erträge
wurden höher und vor allem sicherer. In Grocholin ist im Laufe der
Zeit der gesamte Acker gemergelt worden, die Wiese vor dem „großen Wäldchen", von der er stammte, hieß die „Mergelwiese". Sie lag
etwa einen halben Meter tiefer als das Land rundum.

Der gelockerte Boden kam vor allem den Kartoffeln zugute, deren
Anbau den großen Aufschwung der Landwirtschaft in der ersten
Hälfte des vorigen Jahrhunderts ermöglichte. Sie brachten nicht nur
wesentlich höhere Erträge von der Flächeneinheit als das Getreide
und verbesserten die Bodenstruktur durch die starke Lockerung,
sondern sie lieferten zusätzlich wertvolles Futter. Ihr Abfallprodukt
beim Brennen, die Schlempe, gab ein sicheres und ausreichendes
Winterfutter für das Rindvieh, das bis dahin im Winter oft bittere
Not leiden mußte. Mehr Vieh bedeutete mehr Einnahmen, aber auch
mehr Stallmist, mehr Humus im Boden und höhere Erträge. So kam
man aus dem jahrhundertelangen Stillstand: $2/3$ Getreide, $1/3$ Brache
zu einer sinnvollen Fruchtfolge. Überall auf den Gütern entstanden
Kartoffelbrennereien — und die Getreidebrennerei hörte endlich auf.
Die Grocholiner Brennerei wird vor 1841 errichtet worden sein, ein
Bild aus diesem Jahre zeigt den rauchenden Schornstein.

Ob und wie stark sich Julius die in den sechziger Jahren auf-
kommenden Erkenntnisse von den künstlichen Düngemitteln —

verbunden mit dem Namen Liebig — zunutze gemacht hat, wissen wir nicht. Leider sind keine Aufzeichnungen oder Unterlagen aus jener Zeit erhalten geblieben. Von anderen Gütern ist bekannt und bis heute nachweisbar, daß Roh- und Reinerträge innerhalb von 20 bis 30 Jahren verdoppelt und verdreifacht wurden.

Das mag auch in Grocholin der Fall gewesen sein, nur steckte Julius zu viel Geld in seine Liebhaberei, die Pferdezucht. Er richtete eine Deckstation vom Landgestüt Gnesen ein, zog selbst Fohlen und kaufte zusätzlich jedes Jahr einen größeren Posten zweijährige Ostpreußen hinzu. Die alten Grocholiner erzählten uns noch von den Zeiten, als die Jungpferde von berittenen Hirten auf den weiten Flächen nach Exin zu, also auf den besten Böden, geweidet wurden. Der Betrieb drehte sich um die Pferde. Das ist eine in hohem Grade sympathische Passion, aber in der Regel eine kostspielige. Jedenfalls stieß Julius im Laufe seines Grocholiner Wirkens nicht nur Panigrodz wieder ab, sondern auch Sipiory und Gromaden. Nur Reste der Torfwiesen an der Netze bei Ludwikowo blieben beim Gute, sie wurden an die dortigen Bauern verpachtet, der Pachtzins zumeist in Torf, teilweise auch in Güsseln entrichtet. Grocholin blieb mit mehr als 5000 Morgen Land ein wertvoller Besitz. Davon waren 3500 Morgen Ackerland, zumeist um den Hof herum gelegen und von hier aus bewirtschaftet, 500 Morgen Wiesen und 600 Morgen Wald.

Übrigens ist Julius lange Zeit hindurch Vorsitzender und Bevollmächtigter der Strzelcer Erbengemeinschaft gewesen. In dieser Zeit erlebte Strzelce unter dem alten Tschirschnitz seine Glanzzeit, es war das Mustergut in Kongreßpolen.

Nach dem frühen Tode seiner geliebten Frau im Jahre 1875 zog sich Julius von dem nachbarlichen Leben zurück. Nach den Erzählungen seiner Enkelin Anna war „Großpapa" sehr eigenwillig und ziemlich schwierig. Er hat ja selbst von sich gesagt:

„... macht mich beinah' noch selber gut."

„Beinahe!"

Die drei Töchter hatten Offiziere geheiratet — keine auf ein Posener oder auch sonstwo gelegenes Gut. Die zweitälteste, Hildegard, heiratete als erste und zwar den Premierleutnant Robert von dem Knesebeck. Er fiel am 3. Juli 1866 im Kriege gegen Österreich, das Töchterchen Roberta kam erst zweieinhalb Monate später zur Welt. Unter diesen Umständen ist es ganz natürlich, daß Hildegard dem elterlichen Hause besonders eng verbunden blieb. Sie verbrachte jeden Sommer in Grocholin, Roberta später genau so.

Auch Julie, die Älteste, hing an Grocholin. Sie heiratete Hermann Freiherrn von Dobeneck. Von ihren sechs Kindern erblickten Anna und Sophie das Licht der Welt in Grocholin, beide noch zu Lebzeiten ihrer Großmutter. Dobenecks verbrachten ebenfalls die Ferien oft in Grocholin, es war für die Enkel ein Paradies. Schon zu ihrer Zeit war der große Teich mit der Insel ein Hauptanziehungspunkt.

Einmal hatten die Brüder die kleine Sophie auf der Insel ausgesetzt und umfuhren die Insel, um niemand heranzulassen. Sophie schrie: „Ich stürze mich ins Wasser und ihr seid meine Mörder!" Anna rannte hilflos rund um den Teich — passiert ist indessen nichts. Ein andermal saßen Sophie und Leontine auf der Treppe im Hause, die eine hatte sich gestoßen und heulte, die andere rief: „Gebt mir ein Taschentuch, ich werde weinen!"

Während Julie und Hildegard, auch im Alter einander nahe, sehr zusammenhielten, hat Hedwig von Weiher offenbar etwas außerhalb gestanden, ist auch seltener in Grocholin gewesen. Das mag auch darauf zurückzuführen sein, daß die Familie von Weiher in Hinterpommern ansässig war. In der nächsten Generation haben aber Roberta und Anna, die ältesten Enkelinnen von Julius, eng mit Margarethe, der ältesten Tochter Weiher, verheiratet mit einem Putkammer, zusammengehalten.

1894 — der Sommersitz

Julius von Treskow starb im Januar 1894. In der letzten Periode seiner Wirtschaftsführung hatte der Siegeszug der Zuckerrübe begonnen. Sie war sozusagen „die Kartoffel in Potenz". Sie brachte einen erheblich höheren Ertrag von der Fläche wie auch finanziell, außerdem große Mengen wertvollen Viehfutters in Gestalt der Rübenblätter und der aus der Zuckerfabrik zurückgelieferten Schnitzel. Natürlich tat sie das alles nicht „umsonst", sie verlangte guten, humusreichen, tadellos bearbeiteten Boden, häufiges Hacken in der Wachstumsperiode und viel Handarbeit in der Ernte.

Für einen Siebzigjährigen war das zuviel verlangt, er stellte den Betrieb nicht mehr um. Grocholin stagnierte. Es war nicht zu leugnen, daß die drei Erbinnen das Gut in einem nicht sehr ertragbringenden Zustand übernahmen. Alle drei waren bereits verwitwet, keine verstand etwas von Landwirtschaft. Grocholin mußte aber hochgewirtschaftet werden!

Zu allem Überfluß befand sich die deutsche Landwirtschaft in einer schweren Krise. Bismarck hatte die Landwirtschaft für das Rückgrat des Staates gehalten und durch hohe Einfuhrzölle gegen das billiger produzierende Ausland abgeschirmt. Nun hatte Wilhelm II. ihn gehen lassen und einen Marine-Offizier zum Kanzler gemacht, der sich dieser Aufgabe nicht gewachsen fühlte und dem jungen, hoch begabten, aber sprunghaften und unbeherrschten Kaiser die Vorhand ließ. Das wirkte sich bald aus. Der Alte aus dem Sachsenwald hatte das Schiff des Reiches außenpolitisch geschickt gesteuert, indem er sich um Frieden nach allen Seiten bemühte. Das war ihm gegenüber Rußland und England gelungen — die „révanche"-Gelüste Frankreichs auszuräumen war völlig unmöglich. Wilhelm II. brachte es fertig, sich in kurzer Zeit mit den beiden Großmächten zu überwerfen. Innenpolitisch läßt sich freilich nicht verkennen, daß Bismarck die Probleme des „vierten Standes" nicht erkannte und wohl auch die industrielle Entwicklung nicht voraussah. Diesbezüglich erwiesen sich Herr von Caprivi und auch der Kaiser als die Klügeren.

Aber sie erkauften das auf Kosten der Landwirtschaft. Die Schutzzölle wurden fast ganz aufgehoben, der Getreidepreis sank rapide. Für die deutsche Landwirtschaft, vor allem für die Güter, war er immer noch von großer Bedeutung, wenn auch nicht mehr so stark wie in den zwanziger Jahren. Aber ein Weizenpreis von 4 Mark je Zentner deckte eben die Ausgaben des Durchschnittsbetriebes nicht mehr, da half weder Intensivierung noch Extensivierung noch Änderung des Anbauverhältnisses. Caprivi amtierte von 1890 bis 1894, aber die Auswirkungen der Zollsenkung waren bis in das neue Jahrhundert hinein spürbar. Als sich die Verhältnisse um 1905 wieder besserten, hatte mehr als ein Gutsbesitzer Haus und Hof verloren — ohne eigenes Versagen.

In diese schwere Zeit steuerten also die drei Schwestern auf Grocholin hinein. Da erwuchs ihnen ein Helfer in der Gestalt ihres wesentlich jüngeren Vetters Sigismund-Friedrichsfelde. Er war der einzige Sohn von Carl Sigismund, der schon kurz erwähnt wurde — Seite 21 — und der Adelheid Gräfin Haeseler. Sigismund unterbrach seine Tätigkeit bei der Regierung, um sich ganz der Bewirtschaftung von Grocholin zu widmen. Damals war er knapp 30 Jahre alt. Später hat er die Arbeit im öffentlichen Dienst wieder aufgenommen und ist Landrat des Kreises Niederbarnim gewesen, und zwar ein vorzüglicher Landrat. Im Spaß hat er einmal gesagt: „Ich war Bonner Preuße — damit war ich preußischer Landrat!" Bestimmt hat die Zugehörigkeit zu dem feudalsten aller Corps eine Rolle gespielt und sind auch zu kaiserlicher Zeit hin und wieder wenig oder gar nicht geeignete Elemente durch Beziehungen zu Posten gekommen, auf die sie nicht gehörten. Aber in seinem Falle kann man mit gutem Gewissen sagen, daß er nach Anlagen, Wissen, Charakter und Lebensumständen für dieses Amt geradezu prädestiniert war. Er hat es auch sehr gern ausgeübt.

Sigismund von Treskow war ein Grandseigneur der alten Schule mit allen sympathischen Seiten dieser Species und auch ihren Schrullen. Das hatte ihm in der Familie den Namen „Der Fürst von Friedrichsfelde" eingetragen — allgemein ging er unter „Onkel Münte". Der Zuschnitt des Friedrichsfelder Schlosses inmitten eines Parkes von 240 Morgen mit herrlichen alten Lindenalleen paßte zu beiden seiner Namen. Der weitaus größte Teil des Parkes, der dann in Wald überging, war für jedermann zugänglich, ohne Eintrittsgeld. So kam es, daß der „Fürst" an einem schönen Sommermorgen in aller Frühe einen ihm unbekannten Mann beim Mähen einer Parkwiese antraf. Er fragte freundlich, wieso er dazu komme, und erhielt die klassische, echt Berliner Antwort: „Se sinn woll der Pächter, watt?" Worauf Onkel Münte sich kopfschüttelnd abwandte.

Landwirtschaft hatte er freilich nicht gelernt, erkannte aber klar, daß der Betrieb modernisiert und die Bewirtschaftung intensiviert werden mußte, wenn er rentabel werden sollte. Voller Schwung stürzte er sich in diese Aufgabe. Er fand Unterstützung durch junge, tatkräftige Beamte, denen allerdings Reife und Erfahrung fehlten.

Der überwiegende Teil des Ackerlandes wurde drainiert. Das war eine kostspielige Angelegenheit. Einige hundert Kilometer Röhren mußten etwa einen Meter tief verlegt werden. Die fischgrätenförmig angelegten „Sauger" gaben das Wasser an die größeren „Sammler" ab, die es in offene Gräben leiteten. Auch diese mußten neu ausgehoben werden, weil sich die bisher benutzten Gräben zu stark der Oberflächengestaltung angepaßt hatten, während das Drainagesystem gradlinig verlaufende Abzugsgräben verlangte. Trotz des großen Aufwands war aber diese Maßnahme der Kultivierung des Bodens sinnvoll, weil der Untergrund weitgehend wasser-undurchlässig war, der Acker deshalb im Frühjahr spät abtrocknete und die Vegetationszeit auf diese Weise verkürzt wurde. Das galt besonders für die besten Stücke im Osten und Norden des Betriebes. Diese Maßnahme war also richtig.

Anders verhielt es sich mit der Bodenbearbeitung mittels eines eigens angeschafften Dampfpflugs. Bisher war nicht tief gepflügt worden, die Ackerkrume war deshalb flach. Jetzt riß die Kraft der Maschine nicht nur ungezählte Steine heraus, sondern brachte den „toten Boden" an die Oberfläche. Die Humusbildenden Kleinstlebewesen gedeihen nur bis zu etwa 25 cm Tiefe. Nun wurde plötzlich 35 und 40 cm tief gepflügt, steriler Boden heraufgeholt, die fruchtbare Schicht aber eingebuddelt. Darauf reagierten die Kulturen ausgesprochen negativ und die Erträge sanken, statt zu steigen.

Die tatkräftigen jungen Betriebsführer erkannten diese Zusammenhänge nicht, sondern glaubten nur an einen Nährstoffmangel. Diesen wollten sie mit Hilfe gesteigerter Düngung mit Handelsdüngern beseitigen. Damit begingen sie aber einen zweiten Fehler. Die zugeführten Nährstoffe kamen den Pflanzen nicht zugute, weil diese auf dem sterilen Boden gar nicht wuchsen. Sie wurden also ausgewaschen oder in unlöslichem Zustand abgelegt. Das Geld war glatt herausgeworfen.

Nicht genug damit, wurde auch noch mit dem Anbau von Zuckerrüben angefangen und zwar gleich in großem Stil. Das war angesichts der Erfolge dieses Anbaus auf zahlreichen Betrieben verständlich, erwies sich aber auf Grocholin als weiterer schwerer Fehler. Denn hier fehlten die Voraussetzungen: ein gut durchlüfteter, nicht verkrustender, „warmer" Boden — ein Boden „in Kultur". Die zarten Keimlinge der Rübenknollen (Samenkörner) konnten die harte Kruste der Oberfläche nicht durchstoßen, liefen schlecht oder gar nicht auf, der Bestand war also völlig unzureichend und die Erträge kläglich.

So gab es Mißernten — und das in den bösen Caprivi-Jahren! Die Besitzer mußten Geld in den Betrieb hineinstecken, statt etwas herauszuholen. Das war zumindest für zwei von ihnen ärgerlich, weil sie von einer nicht gerade üppigen Witwenpension die eine vier, die andere sogar sechs Kinder ausstaffieren mußten. Natürlich mußten die Söhne in „guten" Regimentern dienen, in der Garde oder bei der Kavallerie, und das war nicht umsonst. Da konnten Mutter Dobeneck und Mutter Weiher nicht noch Geld für Grocholiner Investitionen abzweigen. Sie nahmen deshalb das Angebot des wohlhabenden Friedrichsfelder Vetters an und verkauften ihm ihre Anteile. Nur Hildegard Knesebeck behielt ihr Drittel und überschrieb es später ihrer einzigen Tochter.

Aber die Spritzen wirkten nicht, die Lage blieb bedenklich. Mehrfacher Beamtenwechsel erwies sich ebenfalls als wenig nützlich. Mit der Zeit empfand auch Onkel Münte es ärgerlich, Jahr für Jahr rote Zahlen in der Abschlußrechnung zu sehen. So entschlossen sich die beiden Besitzer, Grocholin der Kgl. Preuß. Ansiedlungskommission anzubieten. Sie war 1886 angesichts der Zunahme des polnischen Bevölkerungsanteils ins Leben gerufen worden. Bismarck hatte erklärt, es gehe darum, das Deutschtum davor zu schützen, daß es ausgerottet würde. Das war sicherlich nicht zu befürchten, aber etwas besorgniserregend war die Entwicklung in jedem Falle. Ursprünglich hatte er die aufzukaufenden polnischen Güter als Domänen mit deutschen Pächtern besetzen wollen. Die National-Liberalen, von deren Zustimmung er abhing, sahen darin mit Recht keine Stärkung des Deutschtums und verlangten die Ansiedlung deutscher Bauern.

Anfänglich wurden der Kommission, die gut zahlte, genügend polnische Güter angeboten. Aber das änderte sich schnell. Die Polen appellierten an das Nationalgefühl und gründeten zugleich eine „Parzellierungsbank", die ihrerseits Land aufkaufte. Die Bodenpreise stiegen bis auf das Dreifache, gewissenlose „Güterschlächter" und Strohmänner machten schmutzige Geschäfte. Bald kamen überwiegend deutsche Güter auf den Markt, teilweise sogar in polnische Hand. Das an Grocholin grenzende Gut Lankowitz und das dahinter liegende Iwno wurden aber deutsch besiedelt.

1904 also wurde auch über Grocholin verhandelt. Die Ansiedlungskommission bot 1600 Mark für den Hektar, Onkel Münte hatte sich als unterste Grenze 1800 Mark gesetzt und ging davon nicht ab. An diesen fünfzig Mark je Morgen ist der Verkauf gescheitert! Im Kreise Schubin stammten von 10 817 Hektar Ansiedlungsfläche 71 % aus deutscher Hand — ein Ruhmesblatt für die Polen!

Noch einmal wurde investiert und dieses Samenkorn fiel auf fruchtbar gewordenes Land. Die „Caprivizeit" neigte sich ihrem Ende zu, die Gesamtlage der Landwirtschaft begann sich zu bessern, die kostspieligen Meliorationen in Grocholin fingen an sich auszuwirken. Dazu kam, daß die Verkehrslage durch den Bau der Bahnlinie Posen—Wongrowitz—Schubin—Bromberg ganz wesentlich günstiger wurde. Sie schnitt zwar einen südlichen Teil des Gutes ab und teilte dabei das „große Wäldchen" und die „Mergelwiese" — Tante Hildegard hat diese Verschandelung der schönen Landschaft zeitlebens nicht verwunden. Der Bahnhof Grocholin wurde am Schnittpunkt der Bahntrasse mit der Staats-Chaussee, mehr als drei Kilometer vom Gutshof, angelegt. — „Dann hätten sie ihn nicht ‚Grocholin' nennen dürfen!", erregte sich die gute alte Tante. Aber dieser Nachteil wurde aufgefangen durch die Anlage einer betriebseigenen Verladerampe, der „Treskow-Weiche", an der Kreuzung mit dem Panigrodzer Weg. Hierhin wurde vom Hofe her festes Feldbahngleis gelegt, und da es diese 800 Meter leicht bergab ging, rollten die Feldbahnloren fast von selbst. Das Gleis wurde bis vor den alten Speicher und zu den gemauerten „Schnitzelkaulen" geführt, in denen die Naßschnitzel eingesäuert wurden. Es fand seine wesentliche Ergänzung in 2500 Meter verlegbarem Gleis, mit dem sämtliche Schläge bis zur Grenze der Feldmark zu erreichen waren. Jeder Feldbahnzug, bestehend aus zwei Loren und von zwei Pferden bequem gezogen, beförderte 80 Zentner, so viel wie anderthalb vierspännige Kastenwagen — sofern der Boden nicht aufgeweicht war, dann waren eine Abfuhr mit dem Wagen überhaupt nicht möglich. Allerdings war das ständige Verlegen des „Stranges" handarbeitsaufwendig. Doch war das kein Problem.

Es gelang, bis zum Kriege die aufgelaufenen Schulden zu tilgen. Der 1908 eingesetzte Administrator Hoyer, ein großer, wuchtiger, etwas cholerischer Hannoveraner, war tüchtig — ein Mensch des Ostens wurde er allerdings nie und die Mentalität der Polen blieb ihm fremd. Der „Fürst" konnte sich zunehmend auf eine Oberaufsicht beschränken und sich seiner Arbeit als Landrat und Besitzer von Friedrichsfelde widmen. Nach Grocholin kam er nunmehr hauptsächlich zur Hühnerjagd. Die ausgedehnten Kartoffel- und Rübenfelder boten den Rebhühnern ideale Deckung, von Landmaschinen wurden sie nicht gestört und so gab es Völker über Völker. In einem Sommer wurden einmal 1100 geschossen. Das klingt in unseren heutigen Ohren schrecklich. Aber erstens blieben immer noch genug übrig und zweitens war diese Jagd durchaus mit körperlicher Anstrengung verbunden und verlangte einen guten Schützen. In der Regel waren außer dem Förster noch ein oder zwei Gäste Onkel Müntes beteiligt.

Als Hausfrau fungierte im Sommer Tante Hildegard. Ehe Knesebecks im September in die Hallesche Straße in Berlin zurückkehrten, wurden große Mengen Obst eingekocht. Robertas Lieblingskusine Anna — sie war mit Fabian Freiherrn von Rosen verheiratet — erhielt viele Jahre lang regelmäßig einen großen Korb oder auch eine Kiste mit Eingemachtem. Die Familie Rosen war auch oft im Sommer in Grocholin zu Besuch. Dabei passierte 1908 etwas Schreckliches. Der jüngere der beiden Söhne, der vierjährige Kersten, hatte sich von einem Schäfergesellen mit der (wahrscheinlich nicht allzu sauberen) Schafschermaschine eine breite Bahn durch seine wohlgepflegten, dunkelblonden Locken scheren lassen. Er war völlig verschandelt — und er war doch das Entzücken und der Verzug aller Tanten! Es setzte Prügel, nicht nur für ihn, sondern auch für den älteren Bruder, der das nicht hätte zulassen dürfen. Immerhin ist dieser ältere Bruder später reichlich für die Bestrafung entschädigt worden, indem er Grocholin erbte. Nach der Lüftung dieses Geheimnisses wird er nun, gegen alle Regeln der Schriftstellerei, dazu übergehen, von der bisher verwendeten dritten Person des Verfassers in die erste überzugehen. Es sei um Verständnis dafür gebeten.

Positiver als der mißglückte Haarschnitt verlief 1913 ein anderes Vorkommnis in Grocholin. Die fünfjährige Schwester der beiden Brüder, Ingeborg, hatte die Hand voller Warzen. Man hatte alles nur Erdenkbare dagegen unternommen, aber ohne jeden Erfolg. Die ärztliche Kunst war am Ende. Schließlich nahm die an sich sehr christliche, nicht abergläubische Mutter ihre Zuflucht zur „Besprechung". Pelagja, die Nichte des uralten Gärtners Swialkowski, selbst auch schon betagt, mußte die „obskure Kunst" an dem Kinde ausüben. Pelagja war während der winterlichen Abwesenheit der Besitzer Beschließerin des Hauses und genoß das uneingeschränkte Vertrauen. Das Besprechen geschah nachts bei einer bestimmten Stellung des Mondes, der Patient mußte fest an den Erfolg der Prozedur glauben. Das Kind tat es — wir Brüder spöttelten natürlich. Nach kurzer Zeit waren die Warzen verschwunden und sind nicht wiedergekommen. Es gibt eben Kräfte, von denen sich die Schulmedizin nichts träumen läßt.

Besonders ausgedehnt und ergiebig war der Ferienaufenthalt 1916. Es war die Zeit, als in den deutschen Städten schon gehungert wurde, und so war es für uns Kinder unendlich viel wert, sich wieder rundum sattessen zu können. Fettigkeiten gab es zwar auch nur in sehr beschränktem Maße, die Besitzer hielten sich streng an die Vorschriften. Butter gab es deshalb nur für Bedürftige. Das war in erster Linie Botho, ohnehin Tante Robchens Liebling, ein hübscher, guter, ein wenig weichlicher Junge, und in zweiter Linie Kersten. Wir anderen mußten uns mit Marmelade und Rübensirup begnügen, waren indes vollauf zufrieden damit. Zudem standen die Obstbäume im Garten zur Verfügung — mit gewissen Einschränkungen, genau wie im Paradiese. Aber welcher Junge würde nicht handeln wie Adam! Jedenfalls lächelten wir nur mitleidig, wenn Tante Roberta sich bei Tisch hocherfreut über die ersten „schon reifen Pflaumen" äußerte, die wir seit Tagen auf den Bäumen futterten. Botho freilich hatte Hemmungen, weniger moralische als hygienische. Er meinte:

„Wenn auf die Stelle, wo die Birne liegt, vorher jemand gespuckt hat, der lungenkrank ist, dann werde ich es auch!"

Wir haben ihn darin bestärkt.

Nun war das Kirschenpflücken offiziell nur ganz kurze Zeit am Tage erlaubt. Onkel Münte hatte sich der zahlreichen vaterlosen Kinder — teils wirklich vaterlos, teils kriegsbedingt — angenommen und machte Erziehungsversuche. Es war sehr gut gemeint, aber nicht unbedingt pädagogisch — er war ja unverheiratet und hatte keine Praxis. Sein Tagesplan sah vor:

● Gartenarbeiten — die wir überwiegend in den Kirschen ableisteten;
● Schularbeiten — obligatorisch für diejenigen, die schlecht in der

Penne standen; des gerechten Ausgleichs wegen (und damit wir anderen die armen Schul-Arbeitenden nicht störten) mußten auch alle anderen etwas lernen, und so deklamierte Walter Treskow täglich laut Verse aus der „Glocke";

● Turnen in der Schule in Miaskowo — ist bei einer einzigen Stunde geblieben;

● landwirtschaftlicher Unterricht durch den Fürsten persönlich im dämmerigen, von der großen Linde beschatteten Bücherzimmer; es ging darum, uns die primitivsten Kenntnisse der Pflanzennährstoffe und der künstlichen Düngemittel zu vermitteln. Dabei entschlummerte der zwölfjährige Kersten sanft — wer konnte ihm das verübeln! Indes gab es natürlich einen Riesenkrach:
„Du undankbarer Bengel, ich mühe mich hier ab, um euch etwas fürs Leben beizubringen, und du schläfst einfach ein! Da muß man ja jede Lust verlieren!"
Kersten heulend:
„Bitte, lieber Onkel Münte, verzeih, ich höre doch so gern zu, erzähl weiter!"
Doch meine ich mich zu entsinnen, daß wir nicht weiter mit Kalk, Stickstoff, Kali und Phosphorsäure konfrontiert worden sind.

Wir waren eben richtige Jungens in entsprechendem Alter, also gegen Ende der „Flegeljahre". Vor allem nahmen wir Tante Leontine aufs Korn, Mutters nächstälteste Schwester. Sie war ein nicht glücklich veranlagtes Menschenkind, unverheiratet und zudem Lehrerin. Das war schon damals ein Minuspunkt in den Augen unreifer Jugend, und da sie gern an ihren Neffen herumerzog — die Eltern hatten es natürlich nicht richtig gemacht —, war unsere Abneigung auch zu verstehen. Später haben wir eingesehen, daß sie es gut mit uns gemeint hat, daß sie wahrscheinlich auch tüchtig war in ihrem nicht eben einfachen Beruf und daß wir ihr oft Unrecht getan haben. Aber wir waren eben 14, 15, 16 Jahre alt. Wir warfen ihr spätabends kleine Holzstückchen gegen die Fenster ihres Zimmers, und als sie daraufhin die Läden schloß, konnten wir getrost Steinchen nehmen, ohne die Scheiben zu riskieren. Am nächsten Morgen verkündete sie beim Frühstück.

„Dumme Gassenjungen haben mich nachts zu stören versucht, aber es ist ihnen nicht gelungen!"
Wir wußten es besser und hatten noch einmal unseren Spaß.
Mehr Jux ließ sich mit Mutters jüngster Schwester, Tante Mieze, treiben. Sie hatte viel Humor, war weltklug — ihre Devise war: Leben und leben lassen! Wir luden zu einem Fest auf der Insel ein, deren urwaldähnlichen Bewuchs wir etwas gelichtet hatten. Natürlich war der alte Kahn aus Mutters Kinderzeit längst vergammelt. Wir behalfen uns mit zwei Schlachttrögen, um die Nichtschwimmer überzusetzen. Den einen nannten wir „Roberta", er war so behäbig; Tante Robchen hatte es bei kleinem Wuchs und zartem Knochen-

bau in ihren guten Zeiten immerhin auf 105 Kilo gebracht, von denen im Kriege allerdings 30 wieder abgingen.

Der andere Trog erhielt den Namen „Leontine", er fuhr immer im Kreise herum, also „verrückt". Als Miezchen in „Roberta" saß, stürzten wir uns im Wasser auf das schwankende Fahrzeug: „Wir torpedieren euch!" Indessen haben wir die Angstschreie ausstoßende Tante nicht ins Wasser geworfen.

Eine große Rolle spielten Croquet und Boccia. Tante Robchen hatte dabei erstaunliche Leistungen aufzuweisen. Als Spielplatz diente der breite Fahrweg vor dem Alten Schloß, der fest und eben genug war. Croquet war besonders bei Lynckers beliebt, der Familie des Kaiserlichen Flügeladjutanten, mit der Tante Roberta enge Freundschaft verband. Die beiden älteren Söhne standen im Felde, Wilhelm, der jüngste, war mein Jahrgang, Gela, seine jüngste Schwester, fand ich mit ihren langen blonden Haaren besonders anziehend.

Alles in allem waren es herrliche Ferien — und für mich die letzten. Ein Jahr später hatte ich das Notabitur gemacht, war aber, hoch aufgeschossen und unterernährt, nicht „k. v." geschrieben worden. Statt dessen absolvierte ich $3/4$ Jahr „Kriegshilfsdienst" in der Landwirtschaft in Grocholin. Ich brauchte aber nur vormittags zu arbeiten, immerhin volle sechs Stunden, und wurde auch nicht zu den allerschwersten Arbeiten eingesetzt, etwa zum Stallmistladen. Aber die körperliche Arbeit kräftigte den Körper doch, sie ist für den heranwachsenden Menschen, gleich welchen Beruf er ergreifen will, ein Segen.

Als Tante Roberta im September nach Berlin zurückkehrte, siedelte ich ins Beamtenhaus über und aß am Tische der Familie Hoyer. Da staunte ich nun nicht schlecht: fünferlei Wurst gab es im vierten Kriegsjahr auf dem Tisch, und das jeden Tag! Als ich mir einmal etwas zu viel Salz genommen hatte und davon etwas auf dem Teller übrig blieb, wies mich Herr Hoyer indes zurecht — ich habe später verstanden, daß er in mir einen Aufpasser witterte, der ich in meiner Kindlichkeit nicht im Entferntesten war; übrigens hätte Onkel Münte jedes Spionieren abgelehnt. Einer der französischen Kriegsgefangenen, die im Alten Schloß untergebracht waren, ruhige, fleißige und zuverlässige Leute, die ohne Aufsicht arbeiteten, Henri aus der Gegend von Bordeaux, sagte mir einmal:

„Monsieur l'administrateur krank — trinken ßu viel Wein — Henri krank — trinken ßu wenig Wein!"

Ich ging Sonntag Nachmittag manchmal zu ihnen und lernte in kurzer Zeit mehr sprechen als in drei Jahren Penne. Als ich einmal meinem alten „Supul", bei dem ich ab Untersekunda Französisch gehabt und den ich, das muß ich zugeben, bitter enttäuscht und schwer geärgert hatte — „Sie Rädelsführer einer faulen Bande!" hatte er mich als den Klassensprecher wutschnaubend betitelt —

einen französischen Brief schrieb, antwortete er deutsch! Freilich waren meine Besuche bei den Franzosen nicht gern gesehen. Ostern 1918 verließ ich Grocholin und wurde Soldat. Daß ich einmal wieder dorthin zurückkehren würde, habe ich mir nicht im Traume vorgestellt.

1919 — das Land wird polnisch

Der Krieg endete mit dem Zusammenbruch der drei Teilungsmächte und der Wiedererrichtung des selbständigen Polen nach 123
Jahren der Unfreiheit. Daß ein Volk ein solches Schicksal durch-
steht, ist eine bewundernswerte Leistung, und dies um so mehr, als
das polnische Volk in den drei Teilgebieten sehr unterschiedlichen
Einflüssen ausgesetzt gewesen war und sich erheblich auseinander-
entwickelt hatte.

An der preußisch-deutschen Polenpolitik ist vor allem der Zickzack-Kurs zu kritisieren; mal versuchte man, Adel und Klerus für
das Herrscherhaus zu gewinnen, dann begünstigte man eine Zeitlang
Bauern und Mittelstand, dann wieder ließ man der politisch arbei-
tenden Katholischen Kirche freie Hand, so daß sie unter den Augen
der Regierung deutsche katholische Dörfer polonisierte, obwohl
diese sich verzweifelt dagegen sträubten; darauf gab es den „Kultur-
kampf", der in Posen und Westpreußen eine nationale Seite bekam,
man versuchte durch die Ansiedlung das deutsche Element zu stärken und griff, als dies fehlschlug, zu einseitig antipolnischen Geset-
zen, gewährte aber zur selben Zeit kulturelle Zugeständnisse dafür,
daß die polnische Fraktion im Reichstag die Flottenbau-Politik Wil-
helms II. unterstützte. Gewiß war die deutsche Politik häufig eine
Antwort auf das Verhalten der Polen, man „schaukelte sich gegenseitig hoch", aber als Ganzes war sie ohne jede Linie und deshalb
grundfalsch.

Dazu kam die innerdeutsche Entwicklung. In dem Preußen Friedrichs d. Gr. hatte die Nationalität überhaupt keine Rolle gespielt. Es
folgte das Erwachen des deutschen Nationalbewußtseins in den Befreiungskriegen und der gescheiterte Versuch einer Einigung 1848.
Das 1871 geschaffene Reich hatte gegenüber den westlichen Staaten
einen großen Nachholbedarf auf nationalem Sektor. Das Pendel
schlug naturgemäß manchmal zu stark nach dieser Seite aus, zumal
die „Gründerjahre" einen gewaltigen wirtschaftlichen Aufschwung
brachten. Endlich darf nicht vergessen werden, daß sich in der gleichen Zeit die gesellschaftliche Struktur allgemein stark veränderte.
Das war in Polen besonders der Fall, wo die szlachta, ungeachtet
ihrer politischen Entmachtung in den Teilgebieten (zumindest im
russischen und im preußischen) immer noch „die Nation" verkörperte, den „naród szlachecki", die Adelsnation, während alle anderen
Schichten der „lud", das Volk in einem absprechenden Sinne waren.
Erst durch die Entwicklung im Laufe des 19. Jahrhunderts entstand
der „naród polski", durch das Aufkommen eines bürgerlichen Mit-
telstandes und die Befreiung der Bauern aus der Leibeigenschaft.

Am 27. Dezember 1918 übernahmen polnische Aufständische die
Herrschaft in der Stadt Posen und anschließend in einem großen Teil
der Provinz. Erst südlich der Netze stießen sie auf deutschen Wider-

stand, ungefähr dort, wo 1772/73 die preußisch-polnische Grenze gezogen worden war. Sie bildete also nach 150 Jahren immer noch eine gewisse Völkerscheide. In der Neujahrsnacht 1919 nahmen polnische Abteilungen überraschend Exin, das der Kommandeur dieses Abschnitts zu seinem Standquartier machte. Auch Grocholin geriet in die polnische Zone, im Alten Schloß quartierten sich Freischärler ein. Durch Unvorsichtigkeit entstand im Saal ein Brand, der die Paneele an den Wänden erfaßte, aber noch gelöscht werden konnte. Auch sonst führten sie sich übel auf.

Von Exin aus stießen Aufständische nach Osten vor. Schubin wechselte, hart umkämpft, mehrmals den Besitzer, ähnlich Znin, Bartschin und Labischin. Schließlich kam es zur Frontbildung an der Netze. Ein deutscher Gegenstoß gegen Exin kam nur bis Rostau, mehrere Geschütze gingen verloren.

Die Grocholiner Besitzer konnten im Sommer 1919 natürlich nicht hinkommen. Die Lage drohte schwierig zu werden, als Herr Hoyer, der keinesfalls in Polen bleiben wollte — er hatte auch keinen Anspruch auf die polnische Staatszugehörigkeit, weil er erst nach dem 1. Januar 1908 in dem Gebiet wohnhaft geworden war — kündigte. Onkel Münte mußte sich in der allerschwierigsten Zeit um einen Nachfolger bemühen, ohne ihn kennenlernen zu können. Um so größeres Glück entwickelte er, indem es ihm gelang, Herrn Rudolf Hoppe, den langjährigen Beamten in Turzyn, einem Nebengut von Zalesie, zu engagieren. Für Hoppe wurde die völlig selbständige Stellung in Grocholin der coup seines Lebens. Vom 1. Januar 1920 bis Ende 1937 hat er den Grocholiner Betrieb geleitet und Hervorragendes geleistet. Man konnte sich keinen besseren Landwirt und zugleich keinen menschlich hervorragenderen Mann denken als ihn. Für einen Betrieb, dessen Besitzer nur zeitweilig anwesend waren, war das eine ebenso entscheidend wie das andere.

Die zwanzig Jahre polnische Zeit zwischen den Kriegen waren für alle dortigen Deutschen hart, für die Landwirte in besonderem Maße. Zunächst gab es die Inflation. Sie entwickelte sich zwar längst nicht so galoppierend wie im Reich, erschwerte aber das Wirtschaften deshalb so stark, weil die Verhältnisse in dem jungen Staat noch nicht konsolidiert, die Geschäftsbeziehungen vielfach abgerissen waren, die Märkte fehlten. Als sich dies allmählich normalisiert hatte, kam Grocholin 1925 auf die Liquidationsliste. Es handelte sich um eine Neuauflage des Zaren-Ukas von 1887, wonach Angehörige anderer Staaten nicht Land besitzen durften. Damals hatte Onkel Münte, der junge Jurist, ein Mittel gefunden, die Herrschaft Strzelce in der Hand der — durchweg reichsdeutschen — Familie von Treskow zu erhalten. Er berief sich auf die „Wiener Schlußakte", in der die Hohen Vertragspartner sich feierlich verpflichtet hatten, die derzeitigen Besitzer von Grund und Boden für immer in ihrem Besitzstand zu belassen. Das war in erster Linie wohl für preußische Untertanen gedacht, die nach der dritten Teilung sich in Neupreußen angekauft hatten. Aber die Herrschaft des Zaren und des Königs von Preußen war zu Ende und man konnte verstehen, daß Polen, damals nicht befragt, sich um die Wiener Schlußakte nicht kümmerte.

Es ging also um die Staatsangehörigkeit der Grocholiner. Beide hatten in Grocholin einwandfrei einen Wohnsitz gehabt, aber nicht den Hauptwohnsitz — sofern man davon ausging, daß jemand zwei Wohnsitze haben konnte. Das aber leugneten die Polen. Beiden Besitzern wurde eine polnische Staatsangehörigkeit abgesprochen und Grocholin auf die Liquidationsliste gesetzt. Es wurden mehrere Gebote auf Grocholin gemacht und die Kaution in der lächerlichen Höhe von 10 000 Zloty — 8000 Mark — gestellt.

Natürlich hatten Sigismund und Roberta Beschwerde gegen die Verweigerung der polnischen Staatsangehörigkeit eingelegt, der Entscheid über die Liquidation war also nicht rechtskräftig. Das bekümmerte aber das Liquidationsamt nicht im Geringsten, es setzte seine Aktion seelenruhig fort. Wollte man die endgültige Liquidation des Gutes verhindern, so gab es nur einen Weg: eine einstweilige Verfügung des Obersten Verwaltungsgerichts. Diese zu erwirken, fuhr ich Ende 1925 nach Warschau. Dort hatte die deutsche Fraktion in Sejm und Senat ein Büro. Fraktionsführer war Landrat a. D. Eugen Naumann, Besitzer des Gutes Suchorenz, das vorher zu Zalesie gehört hatte. Naumann war Enkel des langjährigen, aus der Zeit von 1848 her bekannten Oberbürgermeisters von Posen, im Lande aufgewachsen und mit der Heimat verwachsen. Als Landrat unseres Nachbarkreises Znin hatte er sich während des Krieges mit seiner vorgesetzten Behörde überworfen, weil er die Politik gegenüber den Polen, die loyal ihre staatsbürgerlichen Pflichten erfüllten, für falsch hielt — er hatte auf einer Anweisung von oben den Randvermerk: „Das ist das Ende!" gemacht. Daraufhin wurde er strafversetzt und es wurde ihm untersagt, sich als Beamter zum Reichstag aufstellen zu lassen. Er nahm 1917 den Abschied und kaufte Suchorenz.

Naumann entwickelte sich von Anfang an zur führenden Persönlichkeit des Deutschtums nicht nur im Posenschen, sondern in ganz Polen. Er hatte maßgebenden Anteil an dem günstigen Ausgang der Wahlen von 1923, die den Deutschen 17 Sitze im Sejm und 5 im Senat einbrachten — dank des Wahlbündnisses mit den anderen Minderheiten. Jahrelang hat er die Belange der Volksgruppe mit Energie, diplomatischem Geschick und auch mit gewissem Erfolg in Warschau und vor dem Völkerbund in Genf vertreten — er war eine Persönlichkeit, auch in seiner äußeren Erscheinung.

In Warschau wies mich Naumann an den Posener deutschen Domherrn Klinke, einen der Sejmabgeordneten. Klinke war ein ebenso streitbarer wie humorvoller Mann. Er hat mir einmal gesagt: „Ich mache jeden Krach vor jeder Behörde — nur muß ich natürlich

Unterlagen dafür haben!" Als er im Spätherbst 1926 eine Bereisung der deutschen Siedlungen in Wolhynien unternahm, die über trostlose Wege führte, kamen sie an eine Brücke, die, wie sehr häufig, wenig vertrauenerweckend wirkte. Davon erzählte Klinke mit dem Satz: „Meine Herren: da habe ich beten gelernt!" In diesem Zusammenhang sei ein treffendes polnisches Sprichwort erwähnt:

„Polski most — polnische Brücke
niemiecki post — deutsches Fasten
francuskie małżeństwo — französische Ehe
włoskie nabożeństwo — italienischer Gottesdienst
to wszystko błażeństwo — das ist alles für die Katz'!"

Auf der Fahrt mit der Droschke zum Obersten Verwaltungs-Tribunal wollte ich dem Domherrn den Grocholiner Fall näher schildern. Aber ich kam nicht dazu: er erzählte pausenlos, vor allem von seinem Warschauer Leben. „Und wenn dann die anderen Herren spät abends sagen: So, jetzt gehen wir uns amüsieren, aber Du, Pfäfflein, geh beten!, dann finde ich das gar nicht gut — schließlich will ich ja auch mein Vergnügen haben!"

Vor dem Verwaltungsgericht stand ein uniformierter Zerberus. Klinke, ohne irgend einen Ausweis zu zeigen, sagte nur herablassend:

„Ksiądz kanonik Klinke — poseł do Sejmu!" Domherr Klinke — Sejmabgeordneter — schon sprang die Tür auf und wir begaben uns gleich zum Präsidenten der 1. Kammer, Herrn Różycki — er war vermutlich ukrainischer Abstammung. Wir brachten also unser Anliegen vor, d. h. Klinke tat es. Nach wenigen Minuten sagte der Präsident:

„Wenn es Ihnen lieber ist, meine Herren, können wir deutsch sprechen."

„O ja, danke!" sagte Klinke und legte in einer Weise los, daß mir himmelangst wurde. Es sei doch eine Schande für einen fortschrittlichen Staat wie Polen, wenn hier ein Unrechtszustand geschaffen würde, nur weil ein einwandfreier Rechtsfall noch nicht entschieden wäre.

Herr Różycki hörte sich die temperamentvollen Ausführungen an und ging dann kurz aus dem Zimmer. Fünf Minuten darauf brachte ein Angestellter ein Schriftstück herein.

„Hier, meine Herren, haben Sie eine Einstweilige Verfügung, die dem Liquidationsamt weitere Schritte untersagt, ehe die Staatsangehörigkeitsfrage nicht endgültig entschieden ist."

Als wir anschließend in dem vornehmen „Bristol" im Kreise der deutschen Abgeordneten Mittag aßen, erzählte Klinke mit Stentorstimme politische Witze — an den Nebentischen saßen Polen und man konnte sicher sein, daß sie genügend deutsch verstanden. Keiner von ihnen nahm Anstoß, es herrschte eine erstaunliche Toleranz.

Dabei hatte der streitbare Domherr es an Deutlichkeit wirklich nicht fehlen lassen:

In Grocholin trat ein Schwebezustand ein. Er dauerte zwei Jahre. Das Liquidationsamt drängte auf eine Entscheidung in der Staatsangehörigkeitsfrage — der Innenminister als oberste Instanz wollte die Entscheidung nicht fällen. Schließlich mußten wir befürchten, daß sich das Amt über die Einstweilige Verfügung hinwegsetzen würde, aus „höheren Interessen". Onkel Münte hatte es bisher stets abgelehnt, selbst nach Warschau zu fahren, um seine Sachen dort durchzufechten. „Ich habe keine Lust, zu antichambrieren!", erklärte er. Zugegeben, daß es für den alten Herrn, kgl. preußischen Landrat a. D., unangenehmer war, als Bittsteller vor einer polnischen Dienststelle aufzukreuzen als für mich jungen Mann — zumal ich nicht einmal für mich selbst etwas herausholen wollte. Aber eben deshalb konnte ich nichts mehr erreichen — er mußte selbst tätig werden. Endlich ließ er sich dazu bewegen, zu fahren, und zwar zusammen mit Naumann. Dieser machte ihn mit einem Legationsrat der Deutschen Botschaft bekannt, der, welch freudige Überraschung, sich auch als Bonner Preuße entpuppte. Es stellte sich heraus, daß der Minister des Äußeren sich für einen polnischen Großgrundbesitzer im deutsch gebliebenen Teil von Westpreußen um die deutsche Staatsangehörigkeit bemühte. Damit bot sich ein Tauschgeschäft geradezu an. Es kam bereits einen Tag später zustande. Der Fürst kam in bester Stimmung zurück — „Siehst du, mein Lieber, so einfach ist das Ganze, wenn man es richtig anfängt!" Im Stillen fügte ich hinzu: Wenn gute Vorarbeit geleistet ist und man die entsprechenden Beziehungen hat.

1927 — der zweite Aufbau

Nun war die Gefahr der Liquidation gebannt, der fette Happen den Spekulanten durch die Lappen gegangen — der Aufbau konnte mit voller Kraft begonnen werden. In Rudolf Hoppe war der ideale Mann dafür gewonnen worden. Er war, das sei wiederholt, ein hervorragender Landwirt und ein unbedingt zuverlässiger Mensch. Das bewies er 1931. Damals hatte der Administrator von Wierzonka, dem Gut der alten Ange von Treskow, für einen deutschen Getreidehändler in Posen einen Wechsel quergeschrieben — man sprach von 300 000,— Zloty. Der Wechsel ging zu Protest. Der Adminstrator besaß Generalvollmacht, aber kein eigenes Vermögen. Die Besitzerin haftete und mußte eines der Güter verkaufen. Daraufhin schickte Herr Hoppe seine Generalvollmacht nach Friedrichsfelde und schrieb, er würde zwar niemals etwas derartiges tun, aber der Herr Landrat solle jeglicher Befürchtung enthoben sein.

Das Verhältnis zwischen Beiden war eben kein alltägliches. Das kommt u. a. in einem Brief zum Ausdruck, der es lohnt, überliefert zu werden.

„Friedrichsfelde, 9. 2. 1927.
Mein verehrter Herr Hoppe!
Zur Feier Ihrer silbernen Hochzeit bitte ich Ihrer Frau Gemahlin und Ihnen meine aufrichtigen Glückwünsche aussprechen zu dürfen. Möge diesem Ehrentage noch eine lange Reihe von Jahren folgen, die Sie in gemeinsamer Tätigkeit in alter Frische und Rüstigkeit verleben möchten zur Freude Ihrer Kinder und aller derer, die Ihnen nahestehen.

Zu diesen bitte ich in erster Linie auch mich rechnen zu wollen. Wenn mir etwas die schwere Zeit, die ich in Grocholin seit 1918 durchgemacht habe, erleichtert hat, so war es Ihre vom starken Willen des Durchhaltens geleitete rastlose und erfolgreiche Tätigkeit.

Ich möchte Ihnen nochmals an diesem Tage meinen herzlichen, tiefgefühlten Dank aussprechen. Ihnen verdanke ich es, wenn ich trotz vielem Schweren in Grocholin in den letzten Jahren stets so glückliche Stunden verlebt habe, die mich körperlich und seelisch erhoben und gefestigt haben.

Ich hoffe, daß auch der neuerliche Ansturm vorüber gehen wird und wir noch manche Tage in ungetrübter Harmonie in Grocholin verleben können. Sollte es anders beschlossen sein, so werde ich aber stets dankbar alles dessen gedenken, was Ihre Frau Gemahlin und Sie getan haben, um mir das heimatliche Grocholin zu erhalten und lieb zu machen.

Mein Neffe hat es übernommen, Ihnen persönlich mit einer kleinen Gabe meine Glückwünsche zu überbringen. Hoffentlich bringt die Fülle der Arbeit, die ihm zur Zeit obliegt, keine Behinderung,

Sie an diesem Tage zu begrüßen. Jedenfalls bitte ich überzeugt zu sein, daß wir alle mit dem Herzen und mit unseren Wünschen für Sie und Ihre Familie an diesem hohen Festtag mit Ihnen sind.

In aufrichtiger Teilnahme und Dankbarkeit

stets Ihr ganz ergebener (—) S. von Treskow."

Mit dem „neuerlichen Ansturm" war sicherlich die immer noch nicht gebannte Gefahr der Liquidation bzw. die noch immer nicht entschiedene Staatsangehörigkeit gemeint. Der Sommer brachte die günstige Wendung, das wurde bereits geschildert.

Die polnische Landwirtschaft befand sich 1927 in einer starken Aufwärtsentwicklung, die Preise waren hoch, die Löhne niedrig. Arbeitskräfte gab es mehr als man brauchen konnte, die „Leute" — die Bezeichnung gibt den patriarchalisch-vertrauensvollen Zustand wieder — waren dankbar, wenn sie Arbeit fanden. Von „Arbeitslosengeld" war noch keine Rede. Sie waren auch „seßhaft", manche in der dritten und vierten Generation auf dem gleichen Arbeitsplatz. Maschinen waren unverhältnismäßig teuer und dementsprechend selten. So war es richtig, Früchte wie Zuckerrüben zu kultivieren, die einen sehr hohen Hand-Arbeitsaufwand erforderten. Hoppe weitete den Rübenanbau auf 700 Morgen, 20 v. H. der Ackerfläche aus. Diese Flächen zu bestellen, zu pflegen und vor allem zu ernten, bedurfte es einer hervorragenden Organisation. Betrug doch die Ernte 100 000 Zentner Rüben plus 60 000 Zentner Rübenblätter plus 50 000 Zentner Naßschnitzel. Das gesamte Transportvolumen des Betriebes kam auf 350 000 Zentner. Ohne die Feldbahn wäre das niemals zu bewältigen gewesen.

Aber der Rübenanbau — wozu ja noch einige hundert Morgen Kartoffeln und Futterrüben kamen, letztere waren für die frischmelkenden Kühe und das heranwachsende Jungvieh unerläßlich — erforderte auch einen verstärkten Zugkraftbesatz. Die erste Frage war: Tierische oder maschinelle? Für Zugochsen sprach, daß sie verhältnismäßig preiswert zu kaufen und nach ein paar Jahren gemästet wieder zu verkaufen waren. Da sie den ganzen Winter über nichts bekamen als Sauerfutter und Strohhäcksel, war die Fütterung denkbar billig. Noch 1920 hatte mein Lehrchef in Beerbaum diese Frage zugunsten der Ochsen entschieden mit der an Fritz Reuter erinnernden Festellung:

„De Oß' schiet in de Furch — de Motoploch nich!"

Inzwischen war die Technik fortgeschritten, der damalige Motorpflug der Firma Stock war längst überholt. In Mannheim baute Heinrich Lanz den ersten Rohölmotor der Welt, mit Glühkopfzündung. Er wurde unter dem Namen „Bulldog" weltberühmt. Nach Polen kam er nicht, der Zoll war zu hoch — der Schutz-Zoll. Amerikanische Schlepper waren zollbegünstigt und so liefen die ersten Fordson-Traktoren, 25 PS, mit Benzinmotor. Nun hieß es: 40 Ochsen oder fünf Trecker oder — einen Dampfpflug! Sie alle hatten etwa die gleiche Arbeitsleistung.

Die Ochsen schieden für Herrn Hoppe aus, weniger wegen des Futters im Winter, das ja billig war, als wegen der zehn benötigten Gespannführer im Sommer. Die Trecker und der Dampfpflug benötigten jeweils nur fünf Mann. Also mußte die Entscheidung zwischen diesen beiden Zugkräften fallen. Es ging um zwei Fragen: Lebensdauer und Arbeitsqualität. Beides sprach beim damaligen Stande der Technik eindeutig für den Dampfpflug. Das ist heute, ein halbes Jahrhundert stürmischer Entwicklung später, anders. Aber auch heute noch gilt für die Effektivität der Arbeit bzw. die Ausnutzung des Arbeitsaufwands, daß diese beim Dampfpflug höher sind: die schweren Lokomotiven stehen am Feldrand und ziehen den Pflug zwischen sich hin und her — die Trecker schleppen ihr gesamtes Eigengewicht (das damals doppelt so hoch war je PS wie heute) die ganze Zeit über den Acker. Im Übrigen konnte man mit den 25-PS-Treckern niemals so tief pflügen wie mit den 90 PS des Dampfpflugs, und man wollte ja tief pflügen oder zumindest lockern. Der Grocholiner Boden war seit dem ersten, wenig glücklichen Einsatz des Dampfpflugs längst in Kultur gekommen und vertrug eine tiefe Furche.

Also fällte Hoppe die Entscheidung zugunsten des Dampfpflugs und kaufte einen Kemna-Breslau Schnelläufer (300 Touren/min), dritte Größenklasse, mit Pflug, Grubber und schwerer Scheibenegge. Er kostete 140 000 Zloty — 20 000 Zentner Getreide, die Ernte von 1300 Morgen. Hoppe deckte diese Summe indes mit dem Ertrag von nur 800 Morgen Braugerste ab. Sie brachte den anderthalbfachen Preis von Weizen, 12,— Zloty. Die Grocholiner Braugerste war vorzüglich und der große Posten gleichmäßiger Ware — immerhin 12 000 Zentner, 40 Waggons — spielte natürlich eine wichtige Rolle. Hoppe hatte ein feines Gespür für den Markt, er war ein gewiegter Kaufmann und hatte stets erstklassige Abnehmer. Die Braugerste ging an Baerwald in Nakel. In diesem Jahre, 1928, werden die Barabführungen an die Besitzer sicherlich nicht so hoch wie sonst gewesen sein, aber leer sind sie bestimmt auch nicht ausgegangen. Die 700 Morgen Rüben und die restlichen 2000 Morgen Acker haben vermutlich etwa 350 000 Zloty erbracht und damit mehr, als die gesamten Ausgaben betrugen.

Allerdings war dies das letzte Jahr günstiger Konjunktur gewesen — 1929 begann eine weltweite Wirtschaftskrise größten Ausmaßes. Sie traf die Landwirtschaft ganz besonders schwer. Der Getreidepreis sank in Polen innerhalb von sechs Jahren auf 28 v. H. der Höhe von 1928, der Liter Milch kostete zeitweilig 5 polnische Groschen und hielt sich dann bei 9 Groschen, d. h. bei 4 deutschen Pfennigen. Zur gleichen Zeit lagen die Preise in Deutschland etwa doppelt so hoch, die Preise für Betriebsmittel — totes Inventar,

Düngemittel, Kohle — aber wesentlich niedriger. Auf dieses Verhältnis aber kam es entscheidend an. So kamen viele Güter in Polen in Not, auch deutsche, und es gehörte ein überdurchschnittliches Können dazu, um unter diesen Umständen noch nennenswerte Reinerträge herauszuwirtschaften. Herr Hoppe verstand es! Er war Landwirt und Kaufmann, in der Hinsicht sehr fortschrittlich, fast an den Farmer in Amerika erinnernd — für die Mehrzahl der deutschen Landwirte galt die althergebrachte Verbundenheit mit der Scholle, „Blut und Boden" der Nationalsozialisten, galt Tradition und Festhalten am Alten mehr als Neuerungen wirtschaftlicher Art. Daß dabei die ererbte Scholle unter Umständen eher verloren gehen konnte als wenn der Landwirt kaufmännisch dachte und handelte, wurde übersehen.

Hoppe war Ackerwirt. Das Vieh hatte für ihn hauptsächlich den Zweck, dem Acker zu dienen, also Stallmist zu produzieren. Das war in einem Gebiet mit so geringen Niederschlägen wirtschaftlich durchaus richtig. Die großen Mengen Rübenblatt und -schnitzel machten einen größeren Ackerfutterbau überflüssig. Das Heu von den Wiesen reichte für Jungvieh und Fohlen, für die frischmelkenden Kühe und für die Pferde während der Hauptarbeitszeit. In dieser Periode erhielten auch die Zugochsen Heu, nicht aber während ihrer winterlichen Ruhezeit. Ich hatte im Zuge meines Studiums einmal eine Auseinandersetzung mit dem Ordinarius für Fütterungslehre, Professor Pańkowski. Er erklärte als Norm je Stück und Tag eine Ration von 20 Pfund Heu für unerläßlich. Als ich ihm sagte, daß dabei jegliche Rentabilität der Ochsenhaltung auf der Strecke bleiben würde, und als Beweis für eine wirtschaftlich sinnvolle Winterfütterung von der Grocholiner Praxis erzählte, fuhr er mich an:

„Sie werden doch wohl nicht behaupten wollen, daß Ihr großer Landsmann (der Professor Kellner, dessen Futtertabellen wir unseren Berechnungen zugrunde legen mußten) Unrecht hätte?!" Ich war geschlagen, aber mein Vertrauen in die reine Wissenschaft hatte einen spürbaren Knacks bekommen.

Natürlich waren die Milch- und Masterträge des so billig gehaltenen Viehes nicht weltbewegend hoch. Aber in den Tiefställen, in denen der Stallmist liegen blieb, im Kuhstall jede vier Monate, im Schafstall nur einmal im Jahre ausgefahren wurde, produzierten die Tiere so viel Stallmist, daß rund ein Drittel der Ackerfläche jährlich abgedüngt werden konnte. Voraussetzung für diese Haltung war eine Stroheinstreu von 10—12 kg je Tag und Großvieheinheit, d. h. das Fünffache des in Westdeutschland üblichen. Zugleich war dieser von Jauche durchzogene Mist von erstklassiger Qualität. Das Ganze entsprach den Vorstellungen idealer Humusversorgung des Bodens, die gesamte Hackfrucht, also Rüben und Kartoffeln, und der Raps „standen in Stallmist". In Verbindung mit einer für damalige östliche Begriffe hohen Gabe künstlicher Düngemittel ergab es eine steigende

Ertragskraft des Bodens. Zwar waren die Erträge je Flächeneinheit nur halb so hoch wie heute in der westlichen Landwirtschaft, aber die Wirtschaftsweise war absolut gesund, sie entsprach den Naturgesetzen des wechselseitigen Gebens und Nehmens zwischen Tier und Pflanze.

Sie wirkte sich dahin aus, daß trotz der geringen Niederschläge, die zudem oft in der Zeit der Getreideernte fielen, während die Wachstumsmonate Mai und Juni knochentrocken waren, die Durchschnittserträge je Morgen betrugen: Weizen und Gerste 17 Zentner, Roggen und Hafer 15, Kartoffeln 125, Zuckerrüben 150. Das war für damalige Verhältnisse und den dortigen Raum viel. Die Feldmark war in zwei Kreise eingeteilt: einen inneren von 12 Binnenschlägen zu 200 Morgen mit der Fruchtfolge Rüben — Gerste — Weizen — mit einmal in zehn Jahren Klee-Einsaat in die Gerste und im Jahre darauf Kleeschlag; und einen äußeren — die neun Außenschläge waren durchschnittlich 150 Morgen groß und trugen Kartoffeln — Hafer — Roggen. Es war sehr günstig, daß die Außenschläge leichteren Boden hatten, der eine frühere Bestellung gestattete und somit auch eine frühere Ernte. So verteilte sich die Arbeit in allen Jahreszeiten. Es gab trotzdem erhebliche Arbeitsspitzen bei einer so intensiven Bewirtschaftung, zumindest ab August. Hier stieß die Herbstbestellung mit der Hackfruchternte zusammen. Der Roggen mußte bis zum 25. September gesät sein, der Weizen bis zum 30. September, sonst gab es erhebliche Ausfälle. Bis Mitte September dauerte die Ernte des Sommerweizens, zugleich begann die Kartoffelernte und anschließend die große Rübenernte. Alles geschah in Handarbeit. Die Kartoffeln wurden mit Kastenwagen — das Verlegen des Feldbahngleises war hier unzweckmäßig — in große Mieten am Hofe gefahren, die Rüben geköpft und in kleine Mieten auf dem Felde geworfen; oft genug fror es in diese hinein, denn es gab in der Regel Anfang November schon spürbaren, wenn auch nicht anhaltenden Frost und die Fabrik arbeitete von Ende September bis kurz vor Weihnachten. Außer den Rüben mußten auch die Blätter abgefahren und am Feldrand in großen Mieten eingesäuert werden. Die Gespanne waren also eingedeckt.

Inzwischen erledigte der Dampfpflug die „Winterfurche", d. h. die Pflugarbeit für Sommergetreide und Hackfrucht. Er hat jährlich etwa 2000 Morgen gepflügt und eine gleich große Fläche nach der Getreideernte mit dem Grubber und der Scheibenegge flach bearbeitet. Dabei betrug die Tagesleistung 80 Morgen, beim Pflügen je nach der Tiefe zu Sommerung 40, zu Hackfrucht 30. Ein Jahr haben wir den Untergrundlockerer eingesetzt, der die Sohle jeder Pflugschar noch einmal 15—20 cm tief aufriß, ohne aber den Boden nach oben zu bringen. Man versprach sich davon mit Recht die Durchbrechung des „Horizonts" der Pflugsohle, der die Zirkulation des Wassers im Boden behinderte. Indes verringerte sich die Flächenleistung auf die

Hälfte, während gleichzeitig die Maschinen unverhältnismäßig stärker beansprucht wurden, deshalb blieb es bei diesem einen Mal. Das Gleiche galt für das Ausleihen des Dampfpflugs, das zwecks besserer Ausnutzung anfänglich vorgesehen gewesen war. Der Nachbar setzte dem Pflug seinen steinigsten Boden vor, es kostete dauernd neue Schare, die Leistung blieb niedrig. Das war von seinem Standpunkt durchaus begreiflich, keineswegs aber in unserem Sinne.

Ideal war es hinsichtlich der Arbeitskräfte. Grocholin hatte einen Stamm von rd. 50 Deputantenfamilien, die je einen Mann und zumeist noch einen Scharwerker stellten. Da die jungen Leute untereinander heirateten und in den elterlichen Wohnungen blieben — man konnte weder mehr Deputanten einstellen noch neue Häuser bauen, erst recht aber nicht die arbeitswilligen, mit dem Betrieb verwachsenen Menschen fortschicken —, waren das ganze Jahr über mehr als hundert Arbeitskräfte beschäftigt. Davon waren: 3 Vögte, je 3—4 Mann im Kuh- und Schafstall, 1—2 bei den Schweinen, 1 Ochsenfütterer — auch für die Fohlen zuständig —, 1 Maurer, 1 Gärtner mit 2 Lehrlingen, je 2 Mann in der Schmiede, der Stellmacherei und der Schlosserei — dies die Dampfpflugmeister und Maschinisten —, 2 herrschaftliche Kutscher — auch für die Beamten —, 16 Gespannführer, die „fornals".

Zur morgendlichen und mittäglichen Arbeitseinteilung kamen etwa 8 Männer, 15—20 Jungen und 20—30 Mädels auf den „Platz". Dazu traten von Mai bis November 30—35 „Schnitter", zumeist Mädchen. Sie stammten aus innerpolnischen Gebieten (Kongreßpolen) von den dort vorherrschenden, nicht lebensfähigen Kleinstbetrieben. Viele gingen weit nach Deutschland hinein, manche blieben dort auf den Gütern hängen — auf meinem Lehrbetrieb in der Mark gab es mehrere solcher allmählich eingedeutschter Familien. Die meisten brachten das verdiente Geld nach Hause und ermöglichten es auf diese Weise, die Zwergbetriebe zu erhalten.

Die Löhne der Deputanten waren ausgesprochen niedrig und bestanden zu einem guten Teil in Naturalien — Wohnung, Brennung, Licht, Brot- und Futterkorn, Kartoffeln, Haltung einer bzw. zweier Kühe, Garten- und anderthalb Morgen Ackerland im Gesamtwert von heute etwa 6000 DM. Dazu kam ein sehr geringer Barlohn. Auch die Scharwerker erhielten Roggen und Kartoffeln sowie einen, naturgemäß höheren Barlohn. Am besten standen sich die Schnitter. Ihre Arbeit wurde meist in Akkord vergeben und sie arbeiteten sehr hart, oft zwölf Stunden am Tag. Da die Löhne nicht die Abwärtsbewegung der Preise mitmachten — was für die Naturallöhne galt und sich z. B. insofern auswirkte, als die Familien in der Regel eins ihrer zwei oder drei gemästeten Schweine auf dem Markt verkauften — kamen die Männer auf etwa 1 Zentner Roggen täglich, die Mädchen nicht viel weniger. Freilich waren auch das nur 6—7 Zloty oder 60—70 Groschen die Stunde. Die Schnitter waren geschlossen in

zwei Gebäuden am Eingang des Dorfes untergebracht, den sogenannten „Schnitterkasernen", wurden gemeinsam bekocht und ver-
pflegt, unterstanden dem „Vorschnitter", der sie anwarb und ent-
lohnte — für die Betriebsführung die angenehmste Lösung. Nach
heutigen Begriffen keine sehr menschenwürdigen Verhältnisse —
obwohl es in den Staaten des Ostens auch heute noch teilweise viel
schlimmer zugeht.

Unter den geschilderten, teils schwierigen, teils aber eben auch
günstigen Umständen gelang es Rudolf Hoppe, Grocholin in den
Jahren der großen Krise zu einem der besten Betriebe im Lande zu
entwickeln.

1933 — Erbübernahme

Sigismund und Roberta hatten sich entschlossen, mich als den ältesten Urenkel von Julius von Treskow als Erben auf Grocholin einzusetzen. Der Tradition der Familie gemäß hatte ich Offizier werden wollen, war 1918 beim „Kgl. Preuß. Königin-Elisabeth-Garde-Grenadier-Regiment Nr. 3" in Berlin-Charlottenburg als Fahnenjunker eingetreten; noch kurze Zeit im Westen gewesen und Anfang 1919 mit der „Freiwilligen-Kompanie Elisabeth" nach Kurland gegangen. Als erkennbar wurde, daß Deutschland nur ein Heer von Berufssoldaten haben würde und damit die schönste Aufgabe des Offiziers entfiele, nämlich den „sprödesten Stoff, den menschlichen, zu formen", quittierte ich den Dienst.

Onkel Münte schlug mir vor, Landwirt zu werden. Ich wußte nichts Besseres und ging darauf ein. Daß er gewisse Gedanken oder gar Pläne hatte, kam mir nicht in den Sinn. Der beste Beweis dafür ist wohl, daß ich nach etwa zweiundeinhalb Jahren umsatteln wollte, auf Schiffsbau-Ingenieur. Als Junge hatte ich Dutzende von Schiffsmodellen angefertigt, maßstabgerechte Modelle kaiserlicher Kriegsschiffe. Aber der Chef der großen Hamburger Werft von Blohm und Voß, an den ich mich wandte, riet mir dringend zu, in der Landwirtschaft zu bleiben. Ein „passionierter" Landwirt bin ich freilich nie geworden.

Dann griff der Fürst erneut ein und brachte mich nach Strzelce. Hier lernte ich schnell Polnisch, und zwar das gute Warschauer Polnisch, und fungierte 1924 als Adjutant und Dolmetscher des Generalbevollmächtigten der Familie, meines ehemaligen Regimentskommandeurs Heinrich von Hadeln beim Verkauf der Herrschaft; Onkel Münte, der dreißig Jahre lang diesen Posten bekleidet hatte, wollte nicht aktiv an dem traurigen Ende beteiligt sein. Die Abwicklung dieses Geschäftes war in der Tat wenig erfreulich, andererseits hochinteressant. Man kam mit den unterschiedlichsten Bewerbern zusammen, vom alten Magnaten Fürst Lubomirski, vollendetem Grandseigneur, über die attraktive, sehr „polnische" Gräfin Przezdziecka samt Galan, zu einem Lowitscher Bauern, der behauptete, eine halbe Million Dollar geerbt zu haben — er kam mit einem kleinen Leiterwägelchen, einspännig, angefahren — und schließlich einem masowischen Kollektiv unter Führung eines idealistischen Professors. Da keiner auch nur annähernd genug Bargeld hatte, verkauften wir die Herrschaft an die Staatsagrarbank. Es geschah zwischen Weihnachten und Neujahr 1924, es waren wenig schöne Tage in Warschau, den Scheck erhielten wir erst am 2. Januar. Er lautete über 325 000 Dollar, das entsprach etwa einem Drittel des geschätzten Wertes. Aber es war „bar Geld", ohne einen Rattenschwanz von Hypotheken. Als ich den Scheck an der Grenze vorwies, war der Zöllner sprachlos und salutierte bloß. Das Reich zahlte noch eine nicht unerhebliche Entschädigung für den erlittenen Verlust, so daß die Erben, die nicht während der Notzeit der Inflation ihre Anteile verkauft hatten und dabei zumeist übel übers Ohr gehauen worden waren — etwa sämtliche Schwestern meiner Mutter — recht gut davonkamen.

Im Oktober 1924 hatte ich in Posen Landwirtschaft zu studieren begonnen. Onkel Münte hatte mir seine Grocholiner Pläne mitgeteilt und ich wollte mich um die polnische Staatsangehörigkeit bemühen. Ich hätte auch als Reichsdeutscher erben können, wäre dann aber in meiner ganzen Verhaltensweise stark behindert gewesen. Z. B. konnte ein Reichsdeutscher leicht ausgewiesen und dann sein Besitz unter Zwangsleitung gestellt werden.

Trotz meiner für einen Posener Deutschen guten Kenntnisse der polnischen Sprache — ich wurde ein paar mal von Polen gefragt, ob ich aus Warschau stamme — gab es im Anfang Augenblicke der Verzweiflung. Von den wissenschaftlichen Ausdrücken hatte ich keinen Schimmer. Aber dann faßte ich Fuß, die Professoren zeigten sich in der Mehrzahl tolerant, einige betont entgegenkommend. Das traf vor allem für den Botaniker zu, Professor Namysłowski, der Ähnlichkeiten zwischen mir und Rosens in der Ukraine feststellte — es sind Nachkommen des Dekabristen Andreas gewesen, die im Gouvernement Charkow ansässig waren. Fünfzig Jahre später habe ich mehr von ihnen erfahren, man blickte in der Familie nicht gerade besonders stolz auf den Empörer gegen die geheiligte Person des Zaren von 1825. Bei den Prüfungen, insgesamt dreißig, erlebte ich reizende Szenen, obwohl ich manchmal lauter deutsche Fachausdrücke verwendete.

Mit den polnischen Kollegen kam ich reibungslos aus und wurde bald Jahrgangssprecher — ich hatte keine Hemmungen gegenüber Professoren, Dekan und sogar Rektor, während die Polen eine fast devote Scheu vor jedem Beamten an den Tag legten. In die Fachschaft, das „koło rolników" (Kreis der Landwirte) trat ich auf besondere Bitte des Vorstands ein, und bei einer Gastlesung des berühmten Schweizer Landbetriebswissenschaftlers Laur in Warschau war ich der Sprecher der Posener Delegation. Die Warschauer Kollegen gratulierten mir nachher zu meinem „exzellenten Deutsch". Das Staatsexamen bestand ich plangerecht nach vier Jahren mit „gut".

Was mir aber das Studium in Posen einmalig schön gemacht hat und für meine Entwicklung zum politischen Menschen entscheidend wichtig gewesen ist, das war der VdH, der „Verein deutscher Hochschüler Posen". Wir gründeten ihn am 6. März 1925 auf Betreiben von Kurt Lück — wir: acht Studenten und vier Studentinnen. Außer Werner Stiller, der bereits zwei Jahre vorher in Posen zu studieren angefangen hatte, hatten wir Alle uns im Herbst 1924 immatrikulieren lassen. Lück, mein Jahrgang, war von geradezu unerhörtem

Schwung, voller Lieder — natürlich spielte er Klampfe. Dabei war er sich völlig klar über die Aufgaben des deutschen Akademikers im Ausland und über die dafür erforderliche Erziehung des akademischen Nachwuchses — sie mußte anders sein als an einer deutschen Hochschule.

In dieser Erkenntnis prägte er den VdH als eine Mischung aus politischer Schulung, wie sie die „Vereine deutscher Studenten" seit vierzig Jahren mit Erfolg betrieben — zahlreiche führende Männer des Posener Deutschtums waren VdSt-er — und dem Gedankengut der Jugendbewegung.

In diesem Rahmen bewegte sich unser „Fuxen"-Unterricht — ich war zwei Jahre lang Fuxmajor —, unsere Vortragsabende, unsere Betätigung im Posener Deutschtum, aber auch die Erwanderung unserer bei aller Herbheit schönen Posener Heimat. Der Zusammenschluß mit den anderen VVdH brachte uns nach Lemberg, Krakau, Warschau, Lodz und Bielitz, es entstand die Keimzelle einer „deutschen Volksgruppe in Polen".

Diese Jahre wurden richtungsweisend für mein Leben. Doch habe ich auch meinerseits den VdH mitgeformt als der an Jahren Älteste und gesellschaftlich Gewandteste. Vor allem aber bemühte ich mich, im Sinne des „zu keiner Konzession bereiten Idealismus" zu wirken, wie ihn Ernst Wurche in Walter Flex' „Wanderer zwischen beiden Welten" rein und hell verkörperte. 1918 hatte ich dieses Buch von Onkel Münte geschenkt erhalten.

Im VdH fiel auch die Entscheidung für mein weiteres Leben, die Wahl meiner Frau. Wir künftigen Akademiker standen bei den Eltern heiratsfähiger Töchter hoch im Kurs und haben das auch weidlich ausgenutzt. Als Erbe eines so wertvollen Gutes erweckte ich natürlich besonderes Interesse. Man hätte es gern gesehen, wenn ich meine Wahl unter den Gutsbesitzerstöchtern getroffen hätte. Unter ihnen gab es mehrere nette, prächtige Mädels, die eine gute Gutsfrau abzugeben versprachen. Auch Onkel Münte und Tante Robchen hatten gewisse Ideen, die sie mit größter Zartheit verfolgten.

Es war mehr ein Instinkt als eine klare Erkenntnis, daß ich einen Ausgleich für meine eigenen Schwächen und Mängel suchte, eine Ergänzung, die im Interesse der Nachkommen lag. Ich fand sie in Eva Krüger, die im Herbst 1927 in Posen Germanistik zu studieren begann. Wir stimmten in den wesentlichen Fragen des Lebens überein, wir hatten die gleichen Ideale, auch die gleichen Anschauungen über das Verhältnis der Geschlechter zueinander — einigermaßen andere als sie heute üblich sind. Aber zugleich ergänzte sie mich in ihrer stärker geistigen Haltung, ihrem großen Wissen auf unterschiedlichen Gebieten — Sternen-, Vogel-, Pflanzenkunde, vor allem germanische und altdeutsche Geschichte. Auch war sie viel musikalischer als ich — Kurt Lück nannte sie „das lebende Volkslied". Die Freude am Wandern war uns jedoch beiden in gleicher Weise eigen, wir haben viele Fahrten mit Bundesbrüdern und Bundesschwestern gemacht.

Meinerseits sorgte ich dafür, daß die sehr zurückhaltende Studentin in der Posener Gesellschaft Eingang fand — im Allgemeinen waren die Studentinnen als „Konkurrenz" für die eigenen Töchter nicht so unbedingt gern gesehen. Doch gab es auch Häuser, in denen das „Konkurrenz"-Problem keine Rolle spielte — ich denke z. B. an das Haus von Treskow-Radojewo, in dem ich seit dem Februar 1925 oft zu Gast war und in dem wir wunderschöne Feste gefeiert haben.

Eva und ich tanzten uns schnell ein in den schönsten aller Tänze, den Walzer, und auch in den polnischen oberek. Das ist ein temperamentvoller Tanz im Dreivierteltakt, bei dem der Tänzer bei jedem zweiten Takt ins Knie geht. Er schwenkt dabei das rechte Bein hinter sich herum, es muß also genug Platz vorhanden sein. Vor allem aber muß ihn die Tänzerin halten, die ihm hinter ihrem Rücken die rechte Hand gibt. Es gehört deshalb schon ein gewisses Können dazu. Auf einem kleinen abendlichen Empfang des deutschen Generalkonsuls Dr. Wassel zu Ehren einer in Posen gastierenden jungen Tänzerin, Senta Maria, war die junge Dame so begeistert von unserem oberek, daß sie ihn unbedingt auch versuchen wollte. Nachdem sie aber zweimal „zu Boden gegangen war", stoppte ihre Mutter weitere Versuche, da ein Sturz die Laufbahn der Tochter gefährden konnte.

Selbstverständlich war ich nicht der einzige, der Eva Krüger verehrte, und schon gar nicht der erste. Schließlich war sie fast zwanzig Jahre alt, als sie nach Posen kam, und ihre Bromberger Schulkameraden hatten ja auch „Augen im Kopfe" gehabt. Aber ich hatte allen eines voraus: ich war älter und hatte eine nach menschlichem Ermessen gesicherte Zukunft vor mir. Das mag für Eva nicht viel bedeutet haben, jedes Berechnen lag ihr völlig fern — mir gab es ein Gefühl der Sicherheit. Es hat sich vor allem gegenüber dem zurückhaltenden Werner Stiller ausgewirkt, der still zurücktrat, als er merkte, daß wir zwei uns fanden. Er ist uns Beiden der treueste Freund und zuverlässigste Kamerad für das ganze Leben geblieben.

Am 28. Juni 1928 machte ich das Diplom. Wir feierten es, indem wir am Nachmittag zu zweit an einen der Posener Seen radelten und dort über Gott und die Welt sprachen. Es floß kein Tropfen Alkohol.

Nun mußte das nächste Hindernis genommen werden: der Erwerb der polnischen Staatsangehörigkeit. Ich hatte ja keinerlei Anspruch darauf. Meine ursprüngliche Hoffnung, es auf dem Wege über das Posener Studium zu erreichen, hatte sich nicht erfüllt. In Posen, wo der deutsch-polnische Gegensatz nach wie vor am schärfsten zu Tage trat, war das unmöglich. Ich hätte eine Gelegenheit gehabt, es doch zu schaffen, aber ich hatte sie verpaßt. Im November 1924 war Ignacy Paderewski, der große Pianist und erste polnische Ministerpräsident, aus Amerika nach Posen gekommen. Er war in II. Ehe mit Helene, geb. Rosen (aus dem Hause Lückholm) verheiratet. Ich hatte sie auf gut Glück angeschrieben, wurde zum Tee eingeladen und denkbar herzlich aufgenommen. Die damals 64jährige war sichtlich eingenommen von dem jungen Vetter, der fließend polnisch sprach, und es wäre wahrscheinlich eine Kleinigkeit gewesen, über diese Beziehungen die polnische Staatsangehörigkeit zu erhalten — und gleichzeitig bei der Behörde als eine Figur dazustehen, mit der man rechnen mußte. Ich hätte viel Zeit, Mühe, Nerven und eine astronomische Summe „łapówki", Schmiergelder, gespart. Allerdings hätte ich als polnischer Staatsbürger nicht mehr alle paar Monate ins Reich fahren können, was ich mit dem deutschen Paß und stets vorher erwirktem „Rückreise"-Visum nach Polen konnte. Aber 1924 war ich viel zu harmlos-unbedacht, um Beziehungen auszunutzen.

In Posen hatte ich mich zudem bis 1928 durch die Tätigkeit in VdH polnischerseits nicht gerade beliebt gemacht. Ich ging nach Ostgalizien. Im ehemaligen österreichischen Teilgebiet herrschte immer noch ein wenig Erinnerung an die toleranten Zeiten unter Franz Joseph, in Ostgalizien war die ukrainische Mehrheit für die Polen der Feind Nr. 1. Und zwar wirklich ein Feind! Ich bekam durch einen ukrainischen Studenten, Roman Korduba, bei dem ich ukrainisch lernen wollte — aber wir haben nur deutsch gesprochen, wir hatten uns viel zu viel zu erzählen —, einen kleinen Einblick in den beiderseits verbissen und fanatisch geführten Kampf. Die Ukrainer scheuten nicht vor Mord zurück, um zu provozieren.

Natürlich hielt ich mich völlig heraus. Ein ehemaliger k. u. k. Kreishauptmann in einem Karpathenstädtchen nahm sich meiner Sache an. Aber es erwies sich als viel schwieriger, als ich erwartet hatte. Um nicht tatenlos herumzusitzen, betätigte ich mich als (unbezahlter) Hilfsrevisor im Deutschen Genossenschaftsverband unter dem famosen Anwalt Bolek, dem Führer des Deutschtums in Galizien. Das erste Vierteljahr 1930 war ich — inoffizieller — Leiter des ersten landwirtschaftlichen Lehrgangs in der großen Pfälzersiedlung Brigidau. Dort fühlte ich mich sofort heimisch, sang und spielte mit der Jugend und verlebte eine sehr schöne Zeit. Mehr als fünfzig Jahre später, auf dem großen Treffen der Galizier zur Erinnerung an ihre Auswanderung vor 200 Jahren, in Kaiserslautern, stieß ich auf alte Brigidauer, die sich noch des Lehrgangs erinnerten, und erntete stürmischen Beifall, als ich in einem kurzen Grußwort sagte, wie wohl ich mich als Preuße unter „dene Pälzer" gefühlt hätte. „Sie san der, wo uns verzählt hat, wie man Zuckerrübe baue soll!" Auch meine gute Bekanntschaft mit dem Hause Zöckler in Stanislau stammte aus der galizischen Zeit — er war der „Bodelschwingh des Ostens", seine Anstalten waren bei aller Einfachheit überwältigend.

Einem unglaublichen Glücksfall verdankte ich es, daß ich während der Brigidauer Zeit meine Staatsangehörigkeitssache ins Reine brachte. Einer Eingebung folgend, fuhr ich eines Tages nach Lemberg und wurde Zeuge, wie sich in der Wojewodschaft zwei Herren über mein Problem unterhielten. Sie wollten es mit der Begründung unerledigt lassen, daß ich nicht in der Wojewodschaft Lemberg wohnte. Ich trat den Gegenbeweis an und sie hatten keine Ausflüchte mehr.

Als man mich dann auf dem Kreiswehrkommando in Stryj regelrecht einzuziehen drohte, weil ich kein polnisches Abitur hätte — der Ing. agr. der Universität nützte gar nichts —, half wiederum eine Überweisung „für einen patriotischen Zweck" auf ein Privatkonto. Das 1928 abgelaufene Gesetz, wonach Offiziere der drei Teilungsmächte entweder als polnische Reserve-Offiziere anerkannt oder von der Wehrpflicht befreit waren, wurde für meinen Fall „verlängert". Dabei besaß ich nur den „Charakter als Leutnant a. D." und selbst der hatte mir, genau genommen, auch nicht zugestanden. Er wurde nur an Portepeeträger verliehen, die Offiziersdienst getan hatten (was für jeden Fähnrich oder Vicefeldwebel zutraf). Ich aber war nur Fahnenjunker Unteroffizier gewesen. Als solcher hatte ich in Kurland einen Zug schwere Maschinengewehre geführt, der aus zwei Gewehren bestand. Man war s. Zt., 1921, in Berlin großzügig gewesen.

Also war auch diese Klippe umschifft und ich konnte am 1. Juli 1930 eine Stellung als Administrator des Gutes Nickelskowo, Kreis Kolmar, antreten. Es gehörte Annie Jouanne. Ihre Mutter Hedwig war das einzige Kind des wahrscheinlich bedeutendsten deutschen Landwirts in der Provinz Posen gewesen, des Hermann Kennemann. Er hatte klein angefangen und besaß schließlich 85 000 Morgen. Vor allem aber hatte er sich um die Organisation des auf sich gestellten Posener Deutschtums gekümmert, schon um die Mitte des Jahrhunderts. Später gehörte er zu den drei Gründern des „Vereins zur Stützung des Deutschtums im Osten", der dann in „Ostmarkenverein" umbenannt worden ist und allmählich in eine kraß nationale Haltung einschwenkte. Als Student hatte ich die reizende alte Dame auf ihrem wunderschönen Besitz Santomischl noch erlebt.

Der einzige noch lebende Sohn, Max Jouanne, besaß die Herrschaft Klenka, Kreis Jarotschin. Er führte die Oberaufsicht über die Güter seiner Schwestern, ein ungewöhnlich fortschrittlicher Landwirt. Doch waren alle Glieder der Familie ausgesprochen kluge, dazu künstlerisch hoch begabte Menschen — Musik, Malerei, Plastik. Drei von ihnen waren unverheiratet geblieben. Über meine Ururgroßmutter Marie Jouanne-Treskow bestand entfernte Verwandtschaft.

Eva hatte inzwischen ihr Studium schweren Herzens abgebrochen und sich auf die Aufgaben einer Gutsfrau vorbereitet.

Am 26. September 1930 heirateten wir und wurden von Superintendent Aßmann, der Eva auch eingesegnet hatte, in der Paulskirche

getraut. Evas Pfadfinderinnen standen vorm Kirchenportal Spalier.
Evas Mutter hatte eine sehr schöne Hochzeit in ihrem Hause ausge-
richtet und unsere Freunde aus der Posener Zeit sorgten zusammen
mit Kersten und Brigitte, Evas Schwester, für einen fröhlichen Polterabend und eine „Überbrückung des toten Punktes", der naturgemäß
nach unserer Abfahrt entstand. Kersten, Leutnant in Breslau, insze-
nierte eine „Reitstunde" auf Stühlen mit lauten Kommandos — auf
der Straße blieben die Leute stehen, obwohl die Wohnung im dritten
Stockwerk lag. Aber die Hochzeit erregte großes Aufsehen, es wurde
von einem preußischen „General" gemunkelt. Die Post beförderte
ein Telegramm von Robert Rosen aus Schweden, den ich 1925 besucht hatte, an das „Hochzeitshaus von Rosen Bromberg Posen
Deutschland" richtig und ohne jede (berechtigte!) Beanstandung in
die Wohnung der Frau Krüger in der Danziger Straße.

Wir fuhren für zwei Tage in die Tucheler Heide — länger glaubte
ich mich während der Kartoffelernte und Herbstbestellung nicht von
meinem Posten entfernen zu dürfen.

Am 26. Juni 1931 kam Hans-Kunibert auf die Welt. Es war sehr
heiß, und der kleine Kerl machte uns anfänglich erhebliche Sorgen
hinsichtlich der Ernährung. Der Schneidemühler Kinderarzt Dr.
Wasser, Jude und Weltkriegsteilnehmer, verschrieb Alete-Babynah-
rung — es half sofort, der Junge trank die reichliche Muttermilch
und gedieh prächtig. Hassan, unser deutscher Doggenrüde, bewachte
das Körbchen vor dem Hause.

Am 13. Dezember 1932 wurde Barbara geboren. Ihr kamen die
inzwischen gemachten Erfahrungen mit Kleinstkindern zugute. Aber
unsere Tage in Nickelskowo waren gezählt. Im November war Tante
Roberta gestorben. Sie hatte mich zu ihrem Alleinerben eingesetzt.
Es bot sich an, daß wir nach Grocholin zogen. Dies erfolgte am 1.
Februar. Als wir uns am Abend des 30. Januar von Klitzings in
Dziembowo verabschiedeten, das Nickelskowo gegenüber auf dem
rechten Netze-Ufer lag, übertrug der Rundfunk den Vorbeimarsch
der 100 000 SA-Männer vor Hindenburg und Hitler. Der alte Klit-
zing, langjähriger Präses der Synode der Uniierten Kirche in Posen,
äußerte sich voller Sorgen für die Zukunft. Uns erschien sie hoff-
nungsvoll, Deutschland würde wieder erstarken und auch uns schützen.

Aber wir wußten ja auch vom Nationalsozialismus so gut wie gar
nichts, und was wir gehört oder gelesen hatten, schien uns positiv zu
sein. Man hat der Jugendbewegung mit Recht vorgeworfen, daß sie
ihren hohen Idealismus nicht in Politik umgesetzt hatte. Nun tat
sich jenseits der Grenzen etwas Politisches, was eben auch den
Bruch mit vielem Überkommenen bedeutete — kein Wunder, daß
wir glaubten oder zumindest glauben wollten, daß es die Verwirklichung unserer Ideen brächte. So wie uns, ist es ja Vielen im Reich
gegangen, und sie waren dem Geschehen doch ungleich näher. Un-

mittelbar, vom Augenzeugen, hatten Eva und ich 1931 gehört. Da kam Hermann Bülow-Zurawia aus München, wo er studierte, schilderte die SA als eine Elite, einen „Orden", und spielte uns mit einem Finger auf dem Klavier das Horst-Wessel-Lied vor. Bestärkt wurden wir in unserer Meinung auch durch das abfällige Urteil der polnischen Presse über die „Bewegung" — wenn man sie in Polen schlechtmachte, mußte sie für Deutschland gut sein. Nun also war Hitler an der Macht.

Wir aber zogen nach Grocholin.

Ein halbes Jahrhundert oder noch erheblich länger war am Hause nichts geschehen. Auch Onkel Münte hatte volles Verständnis dafür, daß wir das Haus instandsetzen, Kleinigkeiten ändern und ein paar Neuerungen durchführen wollten. Die Küchentreppe wurde um 90° verlegt. Der Eingang zu ihr wurde bisher durch einen Paravent abgedeckt, der zwei Meter hinter der Eingangstür stand und das ganze Treppenhaus verschandelte. Als Junge war ich einmal von draußen aus hineingerast, hatte den Schirm umgerissen und laut geschimpft: „In diesem Hause hält auch nichts!" Es erregte mit Recht Tante Hildegards Unwillen. Durch die Verlegung wurde der Platz frei und das schöne Treppengeländer kam voll zur Geltung.

Auf der Rückseite des Hauses führte eine Mauer vom Hofe her bis in eine offene Veranda hinein. An die Mauer stieß ein Teich, offensichtlich noch ein Überbleibsel aus der Zeit der Burg im Morast. Er war voller Entengrütze, im Sommer eine Brutstätte für Fliegen, vor allem aber infolge seiner steilen Ufer eine Gefahr für Kleinkinder, auch wenn er nicht tief war. Er wurde zugeschüttet, die Erde durch Vergrößerung des „großen Teiches" gewonnen, der durch diese Verbreiterung oberhalb der Insel gewann. Zugleich verschwanden zwei wenig schöne Linden, die hier ganz dicht am Hause standen und es unnötig beschatteten — die wunderbar gewachsene, breit ausladende Linde vor der anderen Haushälfte blieb selbstverständlich stehen.

Ein befreundeter Architekt entwarf eine verglaste Veranda, die sich dem alten Hause gut anpaßte — die Mauer wurde abgerissen und durch ein einfaches Tor ersetzt. Die geschlossene Veranda ließ sich, ganz im Gegensatz zu der bisherigen offenen, viel benutzen. Diese Änderungen waren für ein 5000-Morgen-Gut gewiß bescheiden, zumal sie überwiegend mit eigenen Arbeitskräften und in der arbeitsarmen Winterzeit durchgeführt wurden. Außerdem kamen die Änderungen dem Gesamtbild zugute. Das alte Grocholiner Haus war nicht nur für unser Empfinden das stilvollste der ganzen Gegend, es war auch das älteste — alle anderen Häuser waren nach dem Erwerb durch die deutschen Herren gebaut worden, ausgenommen das Zurawer Haus, das auch aus alter polnischer Zeit stammte, ein ebenfalls stilvolles, einstöckiges, langgezogenes Landhaus, das aber durch einen notwendig gewordenen Anbau und einen Vorbau nicht ganz einheitlich wirkte.

In der Inneneinrichtung brauchte nichts geändert zu werden, Evas neue, sehr gediegene Möbel harmonierten vorzüglich mit den wunderschönen Empire- und Biedermeier-Möbeln — und natürlich hatte jedes Zimmer seine eigene Garnitur: Eßzimmer — „Rotes Zimmer" — Bücherzimmer — Herrenzimmer — Diele vor der Veranda — Damenzimmer.

Ebenso behutsam und ohne große Aufwendungen ging es an die weitere Umgebung des Hauses. Auf dem großen Rondell vor dem Hause wurden die schönen alten Bäume wieder freigestellt, darunter eine herrliche, große Blutbuche, und statt der Gebüsche und des Gestrüpps eine Rosenrabatte angelegt. Die weiten Rasenflächen des Parks mit den alten Baumgruppen wurden ebenfalls in der ursprünglichen Form wiederhergestellt. Am Teich entstand unter einer Gruppe alter Fichten ein kleiner Steingarten.

Es war schon ein ganz besonders schöner Wohnsitz. Im Mai fluteten Wellen vom Duft von Millionen Veilchen durch den ganzen Park — im Juli dufteten die Akazien am Giebel des Alten Schlosses und die Linden rundherum — im August war es der Duft des Phloxes am Gewächshaus. Herrlich waren die Sommerabende auf der Freitreppe: über uns der bestirnte Himmel, der Polarstern ein klein wenig nach rechts heraus, halb links vor uns die Silhouette des Schloßturms; aus dem Park scholl das Schluchzen der Nachtigallen (oder auch der Sprosser) und vom Teiche her das Konzert ungezählter Frösche. Es war ein Paradies.

Nicht ganz befriedigend war allerdings die berufliche Seite. Der Fürst hatte erklärt:

„Herr Hoppe wirtschaftet mit unbeschränkter Vollmacht weiter. Ich wünsche nicht, daß sich wiederholt, was sich zwischen Bismarck und Wilhelm II. abgespielt hat."

Diese Entscheidung war bestimmt grundsätzlich richtig. Vielleicht spielte auch die Erinnerung an seine eigenen Erfahrungen nach 1894 im Unterbewußtsein eine Rolle. Aber die Lage unterschied sich doch sowohl von der einen wie von der anderen der beiden Vergleichssituationen. Ich hatte von der Pike auf Landwirtschaft gelernt, praktisch und theoretisch, und hatte mehrere Jahre lang selbst gewirtschaftet. Die Versuchung, in die Grocholiner Betriebsführung ein wenig einzugreifen, war groß — und verständlich. Natürlich bildete ich mir nicht ein, noch mehr herausholen zu können, als Herr Hoppe es seit Jahren tat. Aber ich sah den Besitz nicht ausschließlich unter dem Gesichtswinkel der höchsten Reinerträge, wie dies der Verwalter eines Besitzes eines Anderen selbstverständlich tat und tun mußte. Sondern ich empfand auch eine Verpflichtung, zum allgemeinen Fortschritt der Landwirtschaft etwas beizutragen. Das war die Aufgabe der großen, gut gehenden Betriebe — von wem sonst konnte man das erwarten? Es galt für uns, die vom Staat bekämpfte Minderheit, erst recht. So lockte es mich, hie und da etwas Neues zu versuchen. Darauf erklärte der alte Hoppe mit leicht pfiffigem Ausdruck:

„Herr von Rosen, probieren lassen Sie die Anderen! Wenn es sich als gut herausstellt, ist immer noch Zeit, es auch zu machen."

Zwanzig Jahre später habe ich an dieses Wort denken müssen, als ich erlebte, wie Siedler auf 16 Hektar einen bestechenden, aber noch keineswegs ausreichend getesteten Schlepper anschafften und — leider — dabei Federn lassen mußten. Dabei wäre es in Grocholin um völlig zweitrangige Versuche gegangen.

So hatte ich also keine rechte Aufgabe. Das brachte mich auf die Idee, mich um den Dr. agr. zu bemühen. Es war die Zeit, als das betriebswirtschaftliche Denken weitere Kreise erfaßte — ich hatte mich ja auch in dieser Sparte spezialisiert. Ungleich mehr als heute, spielten die reinen Arbeitskosten eine Rolle. Mir schwebte vor, eine Arbeit über den Einfluß der Feldentfernung auf den Arbeitsaufwand zu erstellen. Ich wollte auf zwölf Gütern, die unter der Oberaufsicht von Max Jouanne-Klenka standen, sämtliche Feldarbeiten peinlich genau erfassen und daraus den Einfluß der Entfernung jedes Schlages vom Hofe auf den Arbeitsaufwand bestimmen. Das war in der Zeit der Gespannarbeiten für die Aufstellung des Wirtschafts- und auch des Fruchtfolgeplans interessant, die „Wege-Zeit" spielte natürlich eine viel größere Rolle als beim Einsatz der viel schneller fahrenden Schlepper. Die vorzügliche Jouanne'sche Buchführung gestattete bereits weitgehende Betriebsvergleiche. Es mußten noch alle Arbeiten für jeden Anbau zusammengefaßt werden, die sich oft über eine längere Zeitspanne als ein Wirtschaftsjahr erstrecken. Sie beginnen z. B. für Rüben mit der Schälfurche im August und enden erst im November/Dezember des nächsten Jahres mit der Abfuhr von Blatt und Rüben.

Diese Arbeit wollte ich allerdings nicht unter polnischer Flagge machen, sondern unter deutscher, schon des Rigorosums willen — der in Deutschland erreichte Doktorgrad mußte zwar in Polen erneut abgelegt werden, aber darauf konnte ich ja verzichten und der Prüfung in Polnisch entgehen. Ich wandte mich an den schon damals bestbekannten Arbeitswirtschaftler Professor Dr. Ludwig Rieß, Leiter des Landarbeitswissenschaftlichen Instituts zu Potsdam-Bornim. Er war voll einverstanden, anscheinend paßte das Thema in seine eigenen Vorhaben. Es war kaum wieder mit einer solchen Breite des Ausgangsmaterials zu rechnen. Wahrscheinlich wäre es nicht so ganz einfach gewesen, die Administratoren der zwölf Betriebe für den Plan zu gewinnen — die Arbeit hätte natürlich auch Fehler oder Mängel der jeweiligen Betriebsführung ans Licht bringen können.

Der schöne Plan ist nicht zur Ausführung gekommen, ich bin zeitlebens nur Diplomlandwirt geblieben.

Der Volkstumskampf

In Versailles war Deutschland Unrecht geschehen. Das vom amerikanischen Präsidenten Wilson feierlich für alle Völker verkündete Selbstbestimmungsrecht hatte man uns Deutschen vorenthalten. Man ließ eine Abstimmung dort nicht zu, wo Polen ein „Lebensrecht" zu haben behauptete, nämlich in Westpreußen, das den Zugang zum Meer darstellte. In einigen Abstimmungsgebieten ging man einfach über ein für Deutschland günstiges Ergebnis hinweg, so in Oberschlesien, dessen Gruben und Industriewerke natürlich von großem Wert für Polen waren. Der Haß der Engländer und vor allem der Franzosen, die nach meiner festen Überzeugung größere Verantwortung für den Kriegsausbruch trugen als der Kaiser, auch wenn seine Politik vielfach höchst ungeschickt gewesen war, hatte dem besiegten Reich eine Schuldenlast aufgebürdet, an der mehrere Generationen zu tragen hatten. Das hatte zu einer Wirtschaftskrise nicht gekannten Ausmaßes geführt. Sieben Millionen Arbeitslose — pausenlos wechselnde Regierungen — es ging unvermeidlich auf ein Chaos zu, auf den Bürgerkrieg. Das mußte nach menschlicher Voraussicht mit dem Kommunismus enden. Diese Gefahr schien jetzt gebannt — eine neue Zeit war angebrochen.

Wir sahen das äußere Erscheinungsbild des Nationalsozialismus, seine politischen und wirtschaftlichen Auswirkungen und Erfolge. Sie konnten wir nicht auf uns übertragen. Aber dahinter mußte eine innere Erneuerung stehen, anders konnten wir uns die Entwicklung nicht erklären. Eine solche konnte sich auch in einer Volksgruppe inmitten eines andersvölkischen Staates vollziehen, ohne diesen zu tangieren oder gar ihm nachteilig zu sein.

Völkische Arbeit hatten wir seit eh und je betrieben. Schon als Studenten hatten wir uns auf mannigfache Art und Weise eingesetzt. Dahin gehörte die „Wolhynienfahrt 1926". Wir waren unser zwölf, alles Studenten oder Jungakademiker, der „Bündischen Jugend" angehörend — die Posener „Deutsche Jungenschaft" hatte selbstverständlich organisatorisch nichts mit den Bünden im Reich zu tun. Die Fahrt ging aus von der Breslauer „Akademischen Freischar", dazu kamen drei Bielitzer Wandervögel, zwei Oberschlesier und wir zwei Posener, Erich Jaensch und ich. Wir zogen in drei Gruppen durch den Raum Luck — Wladimir — Rożyszcze in dem 1921 zu Polen gekommenen Westwolhynien und erfaßten in rd. hundert deutschen Siedlungen gut 10 000 Siedler. Sie befanden sich teilweise in sehr schlimmer Lage. Wenn wir ihnen auch nicht unmittelbar helfen konnten, so bedeutete es doch eine große moralische Unterstützung, daß sie spürten: wir sind nicht ganz vergessen. Man hielt uns für Abgesandte des Völkerbundes, von dem man nur nebelhafte Vorstellungen hatte, aber als einziger Institution noch Hilfe erwartete. Die Hilfe kam dann aber von der deutschen Volksgruppe in

Polen, und sie ging in hohem Maße auf unsere Aktion zurück. Besonderes Verdienst erwarb sich Kurt Lück, der sich für mehrere Jahre nach Luck setzte, Genossenschaften und Kreditkassen ins Leben rief und kulturell arbeitete. Damals hat er sein großes Werk geschrieben: „Die deutschen Aufbaukräfte in Polen im Mittelalter."

Eine andere „Groß-Aktion" war unsere Gedenkfeier an Walter Flex zur zehnjährigen Wiederkehr seines Todes auf Oesel, an der Eva und ich maßgeblich beteiligt waren. Unter Leitung des damaligen Leiters der „Deutschen Bücherei Posen", Dr. Paul Zöckler, veranstalteten wir in Posen, Lissa und Rawitsch im November 1927 eine würdige Feier. U. a. führten wir Teile aus Flex' Drama „Klaus Bismarck" auf. Zusammen mit meinem Leibfux, stud. theol. Helmuth Franke, suchte ich die Eltern von Ernst Wurche in Rawitsch auf.

Auch in Brigidau hatte ich den landwirtschaftlichen Lehrgang stark zu kultureller Betätigung genutzt, hatte der Jugend Kanons beigebracht, Dorfabende veranstaltet, Hans Sachs, Lope de Vega, ja sogar das Schauerdrama „Blut und Liebe" mit ihnen gespielt. Was lag näher, als daß wir jetzt, wirtschaftlich unabhängig und zeitlich frei, solche Arbeit in größerem Rahmen begannen.

Notwendig war eine Arbeit an der Basis, systematische Kleinarbeit. An ihr fehlte es weithin. Sie konnte nur im Rahmen der bestehenden Organisationen vor sich gehen — und das hieß: in sehr begrenztem Umfang. Die Polen waren Meister in der Fähigkeit, Gesetze zu schaffen, die nach außen hin absolut berechtigt und für alle Welt verbindlich erschienen, in Wirklichkeit aber sehr unterschiedliche Auslegung bzw. Anwendung zuließen: „Gummi-Gesetze." Mit ihrer Hilfe ließen sich mißliebige Gruppen legal „fertig machen". Ein Beispiel waren die Bestimmungen des Vereinsgesetzes, wonach sich jeder Verein strikt auf seinen eigentlichen Zweck beschränken mußte. Im Turnverein durfte nicht gesungen, im Gesangverein nicht gewandert werden usw. Genauer gesagt: das Singen im Turnverein konnte verboten, der Verein bestraft werden, dann nämlich, wenn es angezeigt wurde. Es kam auf die örtlichen Behörden an. Sie waren im Kreise Schubin im Großen und Ganzen nicht kleinlich. Wenigstens zu Anfang.

Wir bedienten uns zunächst der beiden genehmigten deutschen Organisationen, der Evangelischen Kirche und der Berufsorganisation Welage — „Westpolnische Landwirtschaftliche Gesellschaft." In beiden lag, wenn auch mehr am Rande, eine gewisse kulturelle Betätigung nicht ganz außerhalb ihrer eigentlichen Bestimmung. So veranstalteten wir unter der Flagge des CVJM (Christlicher Verein Junger Männer) im Juni 1934 sogar ein großes Volks-(Sport-)fest auf der Mergelwiese, an dem etwa vierhundert Menschen teilnahmen. Es gab die verschiedensten Wettkämpfe und ein gemeinsames Mittagessen. Natürlich hatte vorher die Genehmigung eingeholt werden müs-

sen. Da aber weder Ansprachen noch Lieder noch eine Theaterauf-
führung zum Programm gehörten, war es verhältnismäßig einfach,
die Genehmigung zu erhalten. Schwieriger war es bei einer Veranstaltung der Welage, bei der die aus Bromberg kommende Jugendgruppe ein ganz anderes Stück aufführte als vorgesehen, eingereicht
und genehmigt worden war. Erstaunlicherweise war kein Aufpasser
anwesend gewesen, aber es führte doch zu unliebsamen Folgen, ich
hatte der Welage-Ortsgruppe gegenüber die Verantwortung für die
Gestaltung und Abwicklung des Programms übernommen.

Im Allgemeinen beschränkte sich die Arbeit der Welage auf landwirtschaftliche Themen, und natürlich nahm ich mich deren auch
an. Eva arbeitete zunächst in der Evangelischen Frauenhilfe. Zusammen mit unserem Exiner Pastor Werner gründeten sie Gruppen
in Iwno, Neukirchen und Schmiedeberg. Eva besuchte diese Gruppen reihum, jede Woche eine — so etwas hatte es bisher nicht gegeben. Auf ihre Initiative ging auch das weihnachtliche Krippenspiel
zurück, das dann bei uns zur Tradition wurde — sie selbst war anfänglich die Maria, Hermann Bülow der Mohrenkönig.

Trotz der einengenden Bestimmungen des Vereinsgesetzes gab es
also Möglichkeiten einer kulturellen Deutschtumsarbeit. Auf das
große Ganze gesehen, wirkte sich allerdings die räumliche Begren-
zung der Organisationen aus. Daß jedes ehemalige Teilgebiet seine
besondere evangelische Kirche hatte, war zwar nicht Schuld des polnischen Staates. Aber er ließ in der Regel auch die weltlichen Organisationen jeweils nur für eine Wojewodschaft zu — ausgenommen
im alten österreichischen Teilgebiet, wo noch der Code Napoléon
galt. So war die Welage auf Posen beschränkt, in Pommerellen entsprach ihr der „Landbund Weichselgau", im gesamten übrigen
Staatsgebiet gab es aber überhaupt keine entsprechende Berufsorganisation. Dagegen bestanden natürlich überall Turn-, Sport-, Ge-
sangvereine, die in Lodz genau dasselbe Kulturgut pflegten wie in
Lemberg oder Posen oder Graudenz oder Kattowitz. Es war ihnen
aber nicht möglich, sich unter einer Dachorganisation zu vereinigen.
Bei unseren Vereinen deutscher Hochschüler hatten wir die Notlö-
sung einer losen „Interessengemeinschaft der VVdH" gefunden, und
da hierfür die Hochschulen zuständig waren, auch eine Genehmigung erhalten.

Nun also war im „Reich" — das zumindest für uns aus dem ein-
stigen preußischen Teilgebiet immer noch „das Vaterland" war — der
große Umbruch vor sich gegangen, und wir begannen, uns Gedan-
ken zu machen, was bei uns zu geschehen hätte, um eine geistige
Erneuerung zu vollziehen. Diese Überlegungen führten zu einem
Treffen von etwa dreißig jungen Männern, vorwiegend Pastoren,
Lehrern und Gutsbesitzern. Einberufer war Pastor Eichstaedt,
Bromberg, Tagungsort das Mädchenheim in Jägerhof bei Bromberg.
Was wir damals im Einzelnen beredet haben, ist mir entfallen — es

mag ziemlich theoretisch gewesen sein. Im Augenblick unseres Auseinandergehens wurden wir von politischer Polizei verhaftet und die ganze Nacht hindurch einzeln verhört. Ein besonders fanatischer höherer Polizei-Offizier ging von einer Vernehmung zur anderen und gab sich die erdenklichste Mühe, uns durch ein Kreuzverhör Geständnisse zu entlocken. Er wollte seine vorgefaßte Meinung bestätigt erhalten, daß wir eine geheime Organisation gegründet hätten und eine Verschwörung anzetteln wollten. Immer wieder mühte er sich, uns zu unterschieben, wir hätten eine „scementowanie", eine „Zementierung" der Volksgruppe geplant. Dafür konnte er keine Bestätigung finden, weil wir auch nicht im Traume an etwas derartiges gedacht hatten — wenn auch natürlich eine geistige Erneuerung des Deutschtums dessen Durchstehvermögen zu stärken geeignet war und deshalb nicht im Interesse des polnischen Staates lag, der ja seine 40 % Minderheiten möglichst eliminieren wollte; das Schlagwort lautete: „Polen muß rein sein wie ein Glas Wasser!"

Unsere Absichten und Gedankengänge ihm klarzumachen war unmöglich. Erschwert wurde es durch die Tatsache, daß die wenigsten von uns gut polnisch sprachen und das Verhör deshalb deutsch geführt wurde. Übersetzungen sind bei solch kniffligen Themen besonders schwierig. Deshalb blieb ich grundsätzlich beim Polnischen. Das führte zu langatmigen Diskussionen; bewahrte mich aber davor, auf irgendwelche deutschen Schlagworte festgenagelt zu werden. Was der Pole aus solchen machte, lag außerhalb unseres Einflusses. Später habe ich erfahren, daß meine Verhandlungsweise für besonders „intelligent und zugleich gefährlich" erklärt worden ist.

Wenn wir auch keinerlei böse Absichten hatten, so lag der Verdacht doch nahe, daß wir auf die Dauer nicht in einer bloßen Theorie stecken bleiben würden. Wir mußten zu Einfluß kommen, wenn wir unsere Ideen verwirklichen wollten. Das konnte nur in den bestehenden Organisationen geschehen — selbstverständlich ohne sie irgendwie zu gefährden. Im Dezember 1933, zwei Monate nach „Jägerhof", trafen wir uns im Keller der deutschen Druckerei „Concordia" in Posen, dann Ende Januar 1934 in Danzig, um über ein weiteres Vorgehen zu beschließen. Wir begnügten uns damit, durch den Hauptgeschäftsführer des „Deutschen Sejmbüros Bromberg", unserer einzigen Gesamtvertretung, Herrn Wiese, einige Vorschläge an die Verantwortlichen der Volksgruppe heranzutragen. Es handelte sich ausschließlich um sachliche, nicht um personelle Anregungen.

Während wir im „Danziger-Hof" berieten, kam plötzlich am späten Abend des 26. Januar der Vertreter des DNB (Deutsches Nachrichten-Büro), Joachim Nehring, herein und unterbrach unsere Beratungen mit der Mitteilung von dem abgeschlossenen Zehn-Jahres-Pakt zwischen Deutschland und Polen — „Das muß Sie ja besonders interessieren!", sagte er.

Die erste Reaktion war, wie so oft in Fällen derartiger völliger Überraschungen, ein Ulk. Ein Spaßvogel sagte: „Kinder, da kriegen wir am Ende noch Pässe zur Grünen Woche!" Einige Landwirte wollten am nächsten Tag nach Berlin fahren, die „Grüne Woche" war das Treffen der Landwirtschaft. Natürlich fuhren sie „hintenrum", Pässe bekamen wir ja nicht. Als Hermann Bülow einmal einen Paß beantragte, um zum Begräbnis seines Großvaters nach Baden-Baden zu fahren, lehnte man ihm den Paß in Schubin mit der Begründung ab: „Wohin sollte das denn führen, wenn jeder zum Begräbnis seines Großvaters fahren wollte!"

Wer ins Reich fahren wollte, mußte den Umweg über Danzig machen. Hier erhielt er gegen Hinterlegung seines polnischen Personalausweises, der zur Ausreise in die Freie Stadt genügte, einen Sonderausweis des deutschen Konsulats, mit dem er die deutsch-Danziger Grenze bei Elbing/Marienburg passieren konnte. Bei der nächtlichen Fahrt durch den „Korridor" nahm der Schaffner die Fahrkarten an sich und der Schlafwagenbenutzer wurde nicht von polnischer Polizei kontrolliert. Aber so lange man sich auf Danziger Boden befand, bestand natürlich die Gefahr, fotografiert zu werden. Das war vor allem der Fall, wenn man auf dem Zoppoter Seesteg an Bord eines Seebäderdampfers nach Königsberg oder gar Stettin ging. Bei der Vernehmung nach dem Jägerhofer Treffen versuchte man mir das Zugeständnis zu entlocken, daß ich illegal im Reich gewesen sei. Die Akte lag auf dem Tisch und ich sah auf der Titelseite ein Bild, das wahrscheinlich mich zeigte. Aber es war so unscharf, daß ich mit eiserner Stirn leugnete. Ich hatte zur Vorsicht bei Danziger Bekannten ein paar Karten hinterlassen, die sie in kurzen Abständen nach Polen hatten abschicken müssen. Aber ich benötigte dieses Alibi nicht — das schlecht geschossene Bild reichte nicht aus, mich zu überführen. Mancher tat auch etwas zur Tarnung. Als Eva, etwas später, einmal nach Elbing fuhr, fiel ihr ein Herr mit schwarzem Vollbart und grüner Brille auf, er kam ihr bekannt vor. Jenseits der rot-weißen Grenzpfähle trat plötzlich Hermann Bulow auf sie zu, lächelte und sagte: „Jawohl, Gnädige Frau, Sie haben Recht, mich fixiert zu haben: ich bin Ihr Nachbar, der Mann mit dem Vollbart!"

Immerhin war diese Form des Grenzübertritts mühsam. Also: Pässe zur „Grünen Woche"? Aber es wurde nur kurz über diesen Ulk gelacht. Dann meinte ein anderer sehr ernst: „Die Zeche zahlen w i r!" Er hat Recht behalten.

Die Deutschtumsführung lag seit einiger Zeit nicht mehr in den Händen Eugen Naumanns. Er hatte aufgrund seiner langjährigen, überwiegend negativen Erfahrungen ein neues Konzept entwickelt, ähnlich dem Muster aus anderen Staaten. Im Wesentlichen lief es auf eine Kulturautonomie hinaus. Die Minderheiten sollten sich frei entfalten können, die Mittel dafür auch selbst aufbringen, aber von gewissen Pflichten dem Staate gegenüber befreit sein sowie auf gewisse Rechte, etwa das der parlamentarischen Vertretung verzichten.

Das wäre für unsere wirtschaftlich und kulturell starke Volksgruppe sehr günstig gewesen, lag also keineswegs im polnischen Sinn — ganz abgesehen davon, daß dann auch die anderen Minderheiten mit solchen Wünschen gekommen wären, die 6,5 Millionen Ukrainer, die 3,4 Millionen Juden, die 2,5 Millionen Weißrussen, die 0,6 Millionen Litauer. Mit uns Deutschen waren es 14 Millionen Nicht-Polen — niemals konnte der Staat es sich leisten, daß diese nahezu 40 v. H. seiner Bevölkerung mehr oder weniger „abseits standen."

Naumanns Konzept stieß denn auch bei den führenden Männern der deutschen Volksgruppe auf sehr kühle Aufnahme, richtiger: auf Ablehnung. Er zog daraus die Konsequenzen und verzichtete auf seine ohnehin nicht mehr organisatorisch gestützte Stellung; nach dem neuen Wahlgesetz hatten wir keinen Abgeordneten zum Sejm oder Senat mehr durchbringen können. Seine Nachfolge trat Erik von Witzleben-Witzleben an. Er war durch und durch Ehrenmann, voller bester Absichten, freilich ohne große eigene Gedanken und ohne die erforderliche Härte. Er zeigte Verständnis für unser Anliegen und versprach, sich dafür einzusetzen. Sicherlich wird er es getan haben, ist aber nicht damit durchgedrungen. Es erfolgte nichts in der von uns vorgeschlagenen Richtung und so trat das ein, was wir hatten unterlaufen wollen: die politische Radikalisierung.

Man konnte dem Jägerhofer Kreis vorwerfen, daß er ein wenig in „höheren Regionen schwebte." Neuerungen lassen sich in der Regel nur mit Hilfe von Macht durchführen — Hitlers Kampf war das beste Beispiel dafür. Es gab auch bei uns Kreise, die das erkannt hatten — sie drängten nun nach „oben". Der Volkstumskampf ging in eine völlig neue Phase.

„JDP" und „DV"

Das Jahr 1934 wurde für das Deutschtum in Polen ein sehr bewegtes. Im Winter 33/34 begann die „Jungdeutsche Partei" aus Bielitz, Ortsgruppen in Oberschlesien zu gründen. Sie war kurz nach dem Kriege als örtlicher Turn- und Sportverein unter dem Namen „nationalsozialistisch" gegründet worden, zu einer Zeit also, als die NSDAP im Reich noch völlig unbekannt war. Bis 1933 führte der Bielitzer Verein ein beschauliches Kleinstadtleben. Er erwachte, als die große Partei im Reich ans Ruder kam. Man entsann sich, daß eine Organisation aus dem alten Österreich sich ohne besondere Genehmigung über ganz Polen ausdehnen durfte, und man beschloß, dies auszunutzen — die Gelegenheit war verführerisch.

Der entscheidende Mann in der Posener Deutschtumsführung war Dr. Friedrich Swart, der Leiter des deutschen Genossenschaftswesens — man nannte ihn gern den „ungekrönten König von Posen". Ihm war es in entscheidendem Maße zu verdanken, daß das ganz auf sich gestellte deutsche Genossenschaftswesen die schweren Krisenjahre ohne nennenswerte Einbußen durchstand, während die vom Staat gestützten polnischen Genossenschaften zu einem Drittel zusammenbrachen. Unsere Genossenschaften aber waren ausschlaggebend für den deutschen Bauernstand — rein wirtschaftlich; beruflich war die Welage dafür da, doch bestand in den Vorständen und Aufsichtsräten beider großer Organisationen vielfach Personalunion, die einen gleichen Kurs zur Folge hatte und die Gesamtkraft stärkte.

Der stille, zurückhaltende, aber unerhört zähe und zielbewußte Friese Swart machte sich bei seiner autoritären Führung natürlich nicht nur Freunde. Manchmal konnte er nicht helfen, weil ein Kreditantrag nicht genügend abgesichert war oder weil er unsere Möglichkeiten überforderte — manchmal sah er eine Kreditgewährung als schädlich an, weil sie den Willen zu größter Sparsamkeit aufweichte. Aber weder der eine noch der andere abgewiesene Kreditsuchende hatte für die Absage Verständnis.

Swarts Schlüsselposition war denn auch das Hauptangriffsziel der Jungdeutschen, als sie im Frühjahr 1934 die oberschlesisch-posensche Grenze überschritten. Das war für den Jägerhofer Kreis das Signal, auch gewisse persönliche Forderungen anzumelden, um dort, wo Unzufriedenheit herrschte, deren Gründe auszuräumen und größeren Schaden durch das Eindringen radikaler, oft ortsfremder Elemente zu verhindern. Ein über Wiese vorgetragener erneuter Vorstoß stieß indes wieder auf Ablehnung, man unterschätzte die Stoßkraft der Jungdeutschen.

Wir empfanden diese Behandlung als uns gegenüber ungerecht, der Sache abträglich, und reagierten entsprechend, mehr gefühlsmäßig als klug. Ich veröffentlichte in einer Danziger Zeitung einen Aufsatz unter der brüskierenden Überschrift: „Der Zickzack-Kurs des Herrn von Witzleben". Das war Öl ins Feuer und half den Jungdeutschen. Gleich einigen anderen aus unserem Kreis versuchte ich, den Stoß der JDP etwas abzufangen, indem ich mich grundsätzlich für sie einsetzte, um in eine führende Position zu kommen. Im westlichen Teil des Kreises Wirsitz, wo das Krüger'sche Ruhden lag, sprach ich in Versammlungen mit dem Erfolg, daß dort alle maßgebenden Deutschen der Partei beitraten. Aber ich mußte sehr bald feststellen, daß die Parteiführung sich zwar gern unserer bediente, aber keineswegs gewillt war, uns zu größerem Einfluß kommen zu lassen.

Das führte zum Bruch. Ich wurde aufgefordert, am 23. Mai in Thorn auf der Gründungsversammlung zu sprechen. Die dortige Deutschtumsführung war ausgezeichnet, Männer wie der Getreidegroßhändler Laengner, der Onkel unseres Nachbarn aus Dobieszewko, der Gutsbesitzer Krüger-Alt-Thorn und andere standen an der Spitze. Ich sagte unter der Bedingung zu, daß niemand weiter für die JDP sprechen dürfe, vor allem nicht der Parteiführer. Die Zusage wurde mir gegeben — aber eben von Nazis. Als erster Redner trat der Parteiführer auf. Er hetzte wie immer und überall. Sein Leitsatz im Posen'schen lautete: „Sägt die Säule Swart ab, dann bricht alles andere von selbst zusammen!"

Das war eine richtige Erkenntnis. Aber es war Irrsinn. Ich mußte ihm scharf widersprechen und legte statt dieser Klassenkampfparolen ein Bekenntnis zu den uns notwendig erscheinenden Neuerungen ab. Der Beifall war spontan, vor allem seitens des Herrn von Koerber-Koerberrode (Kreis Graudenz), der mit seiner gesamten Gruppe junger Leute zu Rad die 75 Kilometer gekommen war; er leistete ausgezeichnete praktische Arbeit im Rahmen des „Landbundes."

Die Parteiführung reagierte natürlich sauer. In einer mehrstündigen nächtlichen Auseinandersetzung verlangte man von mir unbedingten Gehorsam. Das war für mich ausgeschlossen. Wir trennten uns in Feindschaft — ich saß nunmehr zwischen zwei Stühlen. Und da sitzt es sich bekanntlich nicht besonders gut. Doch ist mir im Laufe der seitdem verflossenen fünfzig Jahre klar geworden, daß nicht nur die Tragik dessen im Spiele war, der Fehler auf beiden Seiten sieht, auf keiner vorbehaltlos mitmachen kann, selbst wenn aber nicht so groß ist, um in der Mitte etwas Besseres zu errichten; sondern daß der Januskopf des Nationalsozialismus gerade junge Menschen irreführte. Wir Grocholiner hatten das besonders deutlich zu spüren bekommen: Peter York von Wartenburg, Graf Brockdorff-Dahlwitz, Graf von der Groeben waren diejenigen, die uns in unserer Einstellung entscheidend beeinflußten. York ist als einer der Männer des 20. Juli hingerichtet worden, Brockdorff gefallen. Sie waren 1934 überzeugte Anhänger der „Bewegung" — später merkten sie, daß sie einem Irrtum verfallen waren.

Am nächsten ist uns Erwin Buchholz getreten, Sohn eines ostpreußischen Superintendenten — zu Wehlau, soweit ich mich erinnere. Er war ein Mensch wie Ernst Wurche, rein und opferbereit. Als er uns in Grocholin besuchte, schrieb er in unser Gästebuch:
„Alles mir das Leben gibt, daß ich leuchtend es verschwende,
wie das meine Seele liebt — ohne Ende, ohne Ende!"
Er nannte es den „Wahlspruch des Hauses Rosen" — uns machte er mit diesem Worte glücklich, es zog uns in den Kreis dieser Menschen mit hinein, die uns vorbildlich zu sein schienen. Und es auch waren. Als wir Erwin Buchholz zum letzten Male sahen, es war während der Berliner Olympiade, schien er uns verändert, irgendwie bedrückt und pessimistisch. Wir ahnten den Grund nicht, waren auch viel zu stark von dem großen sportlichen Geschehen und dem Glanz des neuen Deutschland eingenommen. Er aber wollte uns den Glauben nicht nehmen, deshalb schwieg er. Wir erfuhren nur, daß er von seinem ostpreußischen Landratsamt nach Schlesien versetzt worden war —daß es eine Strafversetzung war, ahnten wir nicht. Bald danach ist er bei einer Dienstfahrt auf Glatteis tötlich verunglückt. Das war wenigstens die offizielle Version.

Im Mai 1934 war also das Zwischenspiel „Jungdeutsche Partei" für mich beendet. Um die gleiche Zeit nahm ich auf eine Einladung Rauschnings hin an einer Besprechung führender Männer in Danzig teil — ich denke, es war eine Senatssitzung; Rauschning war damals Senatspräsident. Ich kannte ihn von Posen her, wo er bis zum Sommer 1927 Leiter der Deutschen Bücherei gewesen war. Als solcher hatte er wesentlich höhere Mittel gefordert — sie kamen aus dem Reich — , um die Bücherei zu einem Kulturzentrum für das gesamte Deutschtum in Polen auszubauen. Er ging von der Erkenntnis aus, daß die kulturelle Überlegenheit für die Existenz einer Minderheit ausschlaggebend ist. Wir besaßen sie — ohne mit diesem Urteil die polnische Kultur irgendwie abwerten zu wollen, man kann zwei Kulturen letztlich überhaupt nicht vergleichen, sie sind viel zu unterschiedlich, zu eigenständig. Aber man brachte seinem Wunsche nicht das genügende Verständnis entgegen, man fürchtete vielleicht auch einen „Kulturpapst" großzuziehen, — kurz, statt der Erhöhung der Mittel erhöhte man lediglich sein Gehalt um 200,— Zloty.

Rauschning fand das mit Recht als derart kränkend und den Gegensatz in grundsätzlichen Fragen so gravierend, daß er seine Stellung aufgab. Es gab unerfreuliche, teils schriftliche, teils mündliche Anschuldigungen von beiden Seiten. Sie wurden, schlecht getarnt, mehr oder minder öffentlich vorgetragen. Für mein Empfinden war Rauschning Unrecht geschehen. Er ging nach Danzig und kaufte sich im Werder an. Es dauerte nicht lange und er war Vorsitzender des „Landbundes". In dieser Zeit habe ich Verbindung zu ihm gehalten, wenn sie auch nur lose sein konnte — von Galizien aus —, und wir haben uns in Zoppot getroffen.

Im Sommer löste er den langjährigen Senatspräsidenten Dr. Sahm ab. Es geschah auf Betreiben der Partei, in der Rauschning eine untergeordnete Rolle spielte, Sahm aber persona non grata war. Rauschning hatte klare Vorstellungen von einem vernünftigen Verhältnis zwischen Deutschland und Polen. Er gab sich keinen Täuschungen über die polnische Politik hin — sein Buch: „Die Entdeutschung Posens und Westpreußens" bewies es —, aber auch keinen Illusionen hinsichtlich einer etwaigen Gewaltlösung. Deshalb begrüßte er den Zehn-Jahres-Pakt als einen, wie er glaubte, ehrlich gemeinten Schritt auf einem friedlichen Wege. Aus diesem Grunde verfolgte er die Entwicklung in der Volksgruppe mit Aufmerksamkeit und wünschte dort eine „Erneuerung", aber keinen Umsturz. Über den Jägerhofer Kreis war er natürlich genau im Bilde.

Als auf der Senatssitzung Stimmen laut wurden, man müsse die deutsch-polnische Entspannung seit dem 26. Januar ausnutzen, um die Polen in Sicherheit zu wiegen und dann mit ihnen abzurechnen, empörte mich das derart, daß ich, obwohl nur Gast, ums Wort bat und dieser Auffassung vom Nationalsozialismus aufs schärfste widersprach. Für uns war er die Verwirklichung sauberer Ziele. Das fand Rauschnings — nicht der meisten anderen Herren — ungeteilte Zustimmung. Er forderte mich nach der Sitzung auf, eine entsprechende Bewegung innerhalb der Volksgruppe ins Leben zu rufen, mit einigen jungen Männern an der Spitze. Angesichts der Verhärtung der Fronten im Deutschtum in Polen hätte ein solches Unterfangen kaum Aussicht auf Erfolg gehabt, die Zerrissenheit wäre nur noch größer geworden — und ich selbst fühlte mich dieser Aufgabe nicht gewachsen, wußte aber auch keinen anderen dafür. So unterblieb der Schritt.

Bald darauf wurde auch Rauschning klar, daß Hitlers Absichten keineswegs so lautere waren, er vielmehr den Danziger Senatspräsidenten als Schachfigur benutzte. Es kam zum Bruch. Der Gauleiter Forster verstand es, Hitler gegen Rauschning einzunehmen. Diesem wurde jede Möglichkeit einer Rechtfertigung abgeschnitten. Grollend zog er sich auf seinen Hof zurück — ich sehe ihn noch in der großen, niedrigen Stube herumlaufen wie ein Löwe im Käfig. Aber obwohl ich gefühlsmäßig zu ihm hielt, identifizierte ich mich nicht mit ihm und zog keine Konsequenzen aus den eben gemachten Erfahrungen. Im Gegenteil, ich machte im Herbst 1934 einen neuen Versuch, unsere Auffassungen zur Geltung zu bringen. Paul Fechter, der bekannte Schriftsteller, und Fritz Klein, bisher Chefredakteur der „Deutschen Allgemeinen Zeitung" — er hatte diesen Posten m. W. deswegen aufgeben müssen, weil er nicht rein „arischer" Abstammung war — gründeten in Danzig eine neue Zeitung, den „Danziger Morgen." Im Freistaat bestand noch Pressefreiheit, aber die dortigen

Zeitungen waren nur wirtschaftlich orientiert und der nationalsozialistische „Vorposten" beherrschte politisch das Feld. Ich finanzierte den „Morgen". Aber unser Vorhaben schlug fehl, nach kurzer Zeit mußte die Zeitung ihr Erscheinen einstellen. Mich kostete das Unternehmen einige dreißigtausend Danziger Gulden und vermutlich den Rest Kredit, den ich noch bei den Machthabern hatte. Ein guter Posener Freund, der enge Beziehungen nach Berlin hatte, warnte mich entsprechend. Aber ich wollte nicht begreifen, ich war mir keiner Schuld bewußt — und letzten Endes hatte ich ja recht, wenn ich diesen Kurs ablehnte. Fritz Klein verunglückte kurz darauf bei einer Reserve-Offiziers-Übung tödlich mit dem Pferde — dies war wenigstens die offizielle Version.

Die deutsch-polnischen Spannungen ließen seit dem Abschluß des Nichtangriffspaktes vom 26. Januar 1934 nach außen hin nach. Tatsächlich standen sich beide Seiten weiterhin voller Mißtrauen gegenüber, keiner meinte es ehrlich. Wir erlebten das im Sommer 1934 in Warschau, wo der „Preis der Nationen" im Mannschaftsreiten ausgetragen wurde. Die deutschen Reiter lagen auf Platz 1. Als sich zeigte, daß sie nicht mehr zu schlagen sein würden, wurde die Veranstaltung unterbrochen — sehr unsportlich! — , der rote Läufer ausgerollt und der Staatspräsident verließ den Turnierplatz. Offensichtlich wollte er es vermeiden, den Deutschen selbst den Preis aushändigen zu müssen. Als dann die schwarz-weiß-rote Fahne und darunter eine kleine Hakenkreuzfahne am Mast aufgezogen wurden, sangen wir mit erhobenem Arm begeistert „Deutschland, Deutschland über alles!" mit.

Im Sommer dieses Jahres genehmigte die Behörde die „Deutsche Vereinigung", die „DV". 1923 war die über ganz Polen reichende Organisation dieses Namens verboten worden, alle Bemühungen dagegen waren erfolglos geblieben. Jetzt wurde sie für Posen und Pommerellen zugelassen. Diese Beschränkung war indes nicht so tragisch, weil es in Mittelpolen den „Deutschen Volksverband", in Oberschlesien den „Deutschen Volksbund" gab, beides Massenorganisationen kulturpolitischer Richtung. Die führenden Männer kannten sich und arbeiteten Hand in Hand, auch ohne eine gemeinsame organisatorische Spitze. Die Behörden machten, jedenfalls anfänglich, auch keine Schwierigkeiten.

Wohl aber entstand eine interne Schwierigkeit. Die JDP hatte in Posen und Pommerellen eine ganze Reihe von Ortsgruppen und wollte diese geschlossen in die neu zu gründenden Ortsgruppen der DV einbringen. Auf diese Weise hätten sie die DV-Gruppen restlos beherrscht — eine in sich geschlossene kleine Gruppe wird immer mit einer „stummen Mehrheit" fertig. Um eine solche, weithin abgelehnte Entwicklung zu verhindern, wurde die Aufnahme in die DV davon abhängig gemacht, daß der Betreffende keiner politischen Partei angehörte. Dadurch wurde indes die DV selbst zu einer Partei. Man nannte es die „Ausschließlichkeitsklausel" — richtiger wäre es gewesen, von einer „Ausschließungsklausel" zu sprechen. Im Endergebnis führte es zu einer Konfrontation, die oft schädlich wirkte, allerdings auch einen Wettbewerb durch Leistung zur Folge hatte.

Die DV wuchs zahlenmäßig sehr schnell über die JDP hinaus. Ich stellte mich der Aufgabe, Ortsgruppen im Lande ins Leben zu rufen, und fuhr mit Otto Bartels, einem Bauern aus Lawrenzhof, bis weit nach Pommerellen hinein. Wir ergänzten uns vorzüglich, paßten uns auch taktisch den unterschiedlichen Gegebenheiten an. Es kam vor, daß ein von der JDP entsandter Beobachter uns ostentativ Beifall klatschte, weil wir bei der Erläuterung der DV-Parole „Einigkeit und Erneuerung" den Hauptton auf diese letztere legten — was nicht der Regel entsprach. Der Gegensatz zwischen den beiden deutschen Organisationen war weithin künstlich oder er beruhte auf persönlichen Zwistigkeiten örtlicher Größen. Typisch war die Antwort, die mir mein „Jungbauernführer" Herbert Eichstaedt gab, als ich ihn fragte, was denn geworden wäre, wenn ich in Exin eine Ortsgruppe der Jungdeutschen Partei aufgezogen hätte: „Dann wären wir eben auch alle jungdeutsch geworden und die DV wäre in Exin ein kleines Häuflein geblieben!" Fünf Jahre später hat sich das wiederholt: Da blieb die SS in Exin ein unbedeutendes Häuflein zumeist bisher nicht durch bewußten Einsatz für das Deutschtum hervorgetretener Leute, weil alle anderen mir in das NSKK folgten.

Bezeichnend war aber auch, was der Grocholiner Gutsmaurer Robert Strehlau auf der Gründungsversammlung der Ortsgruppe Exin der DV erklärte: „Laßt doch den Großen nach vorn, dazu ist er ja da!" Es war die richtige Erkenntnis, daß die ehrenamtliche Tätigkeit für die Allgemeinheit Zeit und Geld kostet, in unserem Falle aber auch den Betreffenden politisch belastete. Wenn sich die meisten Gutsbesitzer nur in den wirtschaftlichen, sozialen oder kirchlichen Organisationen betätigten, sich aber auf dem politischen Sektor im Hintergrund hielten, war das begreiflich. In meiner „Bilanz — das deutsche Gut in Posen und Pommerellen" habe ich ein lebendiges Bild der Gutsbesitzer entworfen und darin auch ihre Leistungen gewürdigt, in „Saat und Ernte — Lebensbilder Posener deutscher Landwirte" in der Mehrzahl ebenfalls Gutsbesitzer geschildert, die sich für unsere Sache eingesetzt haben. Aber es hat sich letztlich doch nur um eine Minderheit gehandelt. Und in seiner „Kleinen Geschichte des deutschen Adels" sagt Robert Steimel mit Recht:

„Es käme, so sprach Hagen, dem Volke gerade recht,
wenn die Herren stritten im vordersten Gefecht."

In die Zeit der Ortsgruppen-Gründungen fiel auch ein privates Ereignis. Am Morgen nach einer sehr positiv verlaufenen Veranstaltung im Kulmer Lande erreichte mich die telefonische Nachricht, daß tags zuvor in Grocholin unser drittes Kind gesund zur Welt gekommen war — Reinhold am 21. Februar 1935. Da ließ ich Otto Bartels die nächste Veranstaltung allein bestreiten und fuhr nach Hause.

Das Jahr 1935 brachte den Höhepunkt besserer deutsch-polnischer Beziehungen. Sie waren eine Folge des Zehn-Jahres-Paktes und dieser ging polnischerseits auf den alten Marschall zurück. Im Mai 1935 starb Piłsudski. Er hatte 1932 und noch einmal 1933 die Westmächte zu einem Präventivkrieg gegen Deutschland zu bewegen versucht, von dem er sich einen erheblichen Landgewinn für Polen versprach. „Principiis obsta!" war ein richtiger Grundsatz. Aber weder Frankreich noch England waren dazu bereit. So hatte Piłsudski schließlich das kleinere Übel gewählt und sich mit Hitler verständigt, ohne sich aber einem uneingeschränkten Antikommunismus zu verschreiben. Sein Entschluß verdient um so höhere Anerkennung, als er in weiten Kreisen Polens nicht auf Verständnis stieß.

Das empfanden wir Deutschen in Polen sehr deutlich. Ich hielt es für nicht nur taktisch geschickt, sondern für eine Sache ehrlichen Bekenntnisses, dieses öffentlich zum Ausdruck zu bringen. Deshalb bestellte ich die Vorsitzenden der anderen neun Ortsgruppen der DV im Kreise Schubin zum Landratsamt und drückte dem Starosten in gutem Polnisch unsere Trauer über den Tod des Marschalls aus. Mit ihm sei nicht nur ein großer Pole, sondern ein großer Mann von uns gegangen. Der Starost hatte bestimmt nicht mit dieser Demonstration gerechnet, er war sichtlich beeindruckt, daß wir alle im schwarzen Anzug gekommen waren, also ganz offiziell, und er spürte wohl auch, daß wir es ehrlich meinten. Ob das für jeden von uns zehn in gleicher Weise galt, vermag ich allerdings nicht zu sagen.

Zunächst war noch keine Änderung in den deutsch-polnischen Beziehungen zu spüren. Zu Pfingsten durften sogar, erst- und einmalig, Jugendgruppen zum großen VDA-Treffen nach Königsberg fahren. Der „Verein für das Deutschtum im Ausland", ursprünglich „Deutscher Schulverein", später „Volksbund für das Deutschtum im Ausland" genannt, war um die Jahrhundertwende ins Leben gerufen worden, um Mittel zur Unterhaltung deutscher Schulen im Ausland zu beschaffen. Er hatte mit dem Nationalsozialismus genau so wenig gemein wie die Jugendbewegung. Doch wurden bald nach der „Machtübernahme" neue Führungskräfte eingesetzt und die Organisationen „gleichgeschaltet" — andere, wie etwa der „Stahlhelm — Bund der Frontsoldaten", wurden aufgelöst.

Ich hatte schon einmal an einem großen VDA-Treffen teilgenommen, Pfingsten 1926 in Hirschberg im Riesengebirge. Auf der studentischen Kundgebung hatte ich unter falschem Namen von der Arbeit des VdH Posen erzählt und großen Beifall geerntet. Ich erinnere mich auch noch gut an den großen Trachtenzug oder doch wenigstens an die „Hallorenbraut", ein bildschönes, blondes Mädchen — am Abend hatte ich das Glück, mit ihr zu tanzen. Damals machte der Ausspruch eines älteren Semesters die Runde: „Wenn ich einmal heiratsfähige Söhne haben werde, schicke ich sie auf Brautschau auf die VDA-Tagung. Nirgends gibt es so viele schöne Mädchen wie hier!" Er hatte recht: In den VDA-Jugendgruppen fand sich eine Elite deutscher Jugend zusammen und der elitären Haltung entsprach auch die äußere Erscheinung.

Diesmal hielt ich mich mehr im Hintergrund. Unsere Exiner Gruppe war auch dabei, Herbert Eichstaedt trug den Wimpel mit der weißen Tatrune auf schwarzem Felde. Die Besichtigung des Kleinen Kreuzers „Königsberg" war für alle ein Erlebnis. Die erhebendste Stunde erlebten wir am Pfingstmontagmorgen im Hofe des alten Königsberger Schlosses. Voller Inbrunst sangen die Tausende bester deutscher Jugend:

„Heilig Vaterland, in Gefahren
deine Söhne sich um dich scharen...
Du sollst bleiben, Land — wir vergehn!"

Unser Vaterland war und blieb Deutschland, das spürten wir in einem solchen Augenblick schmerzhaft deutlich. Wir waren Deutsche polnischer Staatsangehörigkeit, für uns stand Pflicht gegen Blut. Wer das nicht selbst durchgestanden hat in einer Zeit, in der der nationale Gedanke alles beherrschte, der wird niemals begreifen, wie dehnbar der Begriff „loyal" ist. Für uns hieß es und konnte es nur heißen: Die Staatsgesetze halten und nichts tun, was gegen den Staat gerichtet wäre. So haben wir uns verhalten und sind damit absolut „loyal" gewesen. Die Polen verlangten jedoch den bedingungslosen Einsatz für den Staat, ohne zu bedenken, daß eben dieser Staat uns mit äußerster Konsequenz bekämpfte und es damit unmöglich machte, wirklich für ihn einzutreten. Der Konflikt wurde von Jahr zu Jahr schwerer —. 1935 hofften wir noch, daß das Umgekehrte eintreten würde. Den Abschluß für mich bildete ein Essen auf einer Insel in einem der herrlichen ostpreußischen Seen — ich weiß selbst nicht, wie ich zu der Einladung gekommen war. Es nahm der Präsident des VDA, Dr. Steinacher, daran teil, der Kommandeur der I. (ostpreußischen) Infanterie-Division, General von Brauchitsch, und alles, was sonst noch Rang und Würden hatte. Aus allem, was man hörte, klang große Zuversicht auf eine positive Entwicklung heraus — Deutschland war auf dem Wege, wieder etwas zu werden. So bitter es für uns war, nicht unmittelbar dabei beteiligt zu sein, so sehr stärkte uns solch Erlebnis in der Kraft, auszuharren.

Völkisches Zentrum Grocholin

Auch Grocholin erlebte in diesem Jahre einen Höhepunkt völkischer Arbeit. Am 11. August weihten wir das „Mädelheim" im Alten Schlosse ein. Ehe wir nach Grocholin zogen, hatte die alte Burg als Speicher gedient, wie das Carl von Treskow beim Erwerb des Gutes im ersten Augenblick auch gedacht hatte. Damals hatte er einen Speicherneubau sparen wollen. Jetzt veranlaßten die hohen Ernten Herrn Hoppe dazu, den sonst ungenutzten Raum sinnvoll zu verwenden. Die Getreidepreise schwankten im Laufe jeden Jahres um 100 % zwischen der Erntezeit und der Zeit kurz vor der Ernte. Die Landwirte hatten zumeist nicht genügend Speicherraum, sicherlich aber nicht genug Geld, um erst unmittelbar vor der neuen Ernte zu verkaufen. Hoppe hatte beides.

Aber der alte Bau war eigentlich doch zu schade, um rein wirtschaftlichen Zwecken zu dienen. Das fand auch Onkel Münte, und so hörte die Nutzung als Speicher 1933 auf, ohne daß die Räume zunächst anderweitig genutzt wurden. Im Frühjahr 1935 stellte ich sie der „DV" zur Verfügung zur Abhaltung von Lehrgängen für Vorschul-Helferinnen. Etwa die Hälfte aller deutschen Kinder in Polen hörte in der Schule kein einziges Wort Deutsch mehr, und das fünfzehn Jahre, nachdem sich der polnische Staat feierlich verpflichtet hatte, die Rechte der Minderheiten voll zu wahren — und das Recht auf Unterricht in der eigenen Sprache ist wohl das wichtigste davon. Preußen hatte dieses Recht immerhin rund hundert Jahre lang gewahrt. Ein weiteres Drittel unserer Kinder hatte Deutsch als Schulfach — ein ganzes Sechstel Deutsch als Unterrichtssprache. Man konnte also ohne Übertreibung von einer Alarmstufe 3 für die Erhaltung der Volksgruppe sprechen — wir erleben es ja gerade in unserer Zeit, daß vier Jahrzehnte radikaler Unterdrückung schulischer Belange ausreichen, um eine Minderheit „auszulöschen" — heute „gibt es in Polen" lt. Regierung und Kirche „keine Deutschen mehr, weil keiner mehr Deutsch spricht". Dieser Prozeß hätte seinerzeit länger gedauert, weil das damalige Polen zwar nationalistisch, aber noch nicht kommunistisch war. Das Endergebnis wäre das gleiche gewesen.

Es ging also darum, den deutschen Kindern wenigstens die primitivsten Kenntnisse der deutschen Schrift zu vermitteln, damit sie einmal auch deutsche Bücher lesen konnten. Das mußte auf dem Umweg über das Elternhaus geschehen, über die Mütter, denn eine unmittelbare Schulung war natürlich verboten. Dafür brauchten die Mütter Hilfsmittel, materielle wie geistige. In den Grocholiner Lehrgängen sollten die Mädels angelernt werden, solche Hilfsmittel weiterzureichen.

Wir ließen die schönen Räume des „Alten Schlosses" einfach, aber stilvoll instandsetzen, den Saal in ganz zartem Blau. Die „DV" lieferte das erforderliche Mobiliar: Tische, Bänke, Hocker, Betten, Geschirr, Strohsäcke und was sonst noch für ein Heim nötig war. Der Saal diente als Tages- und Schulraum, die beiden anderen Räume zum Schlafen. Küche und Vorratsräume waren im Erdgeschoß untergebracht. Nachteilig war es, daß es kein fließend Wasser im Hause gab, so daß alles herangeschafft werden mußte. Ein „Plumps-Klo" wurde hinter dem Hause gebaut, wo ein dichtes Gebüsch für Abschirmung sorgte.

Bei der Einweihung stand der erste Lehrgang, etwa 25 Mädels in weißen Blusen und schwarzen Röcken unter der Leiterin Hilde Schmidt vor der Schloßfront angetreten. Jugendgruppen aus der Umgebung flankierten, Iwno und Exin natürlich an erster Stelle. Zwei schwarze Fahnen mit der leuchtenden weißen Tatrune hingen zu beiden Seiten des Portals. Die geladenen Gäste saßen gegenüber auf dem Rondell. Hugo Warmbier, stellvertretender Vorsitzender der „DV", uns aus Kolmar gut bekannt, hielt die Festansprache. Brigitte Krüger, die Bromberger Mädelführerin, schloß in der Aufregung ihre kurze Begrüßung mit „Heil Hitler!". Das war für uns polnische Staatsbürger ein Verbrechen. Der uns wohlwollende Exiner Gendarm, der natürlich zu der Feier delegiert war, hatte sich schon während der Festansprache hinter das Schloß verzogen, er hat zumindest nichts gemeldet — andernfalls wäre schon der erste Kursus verboten worden. Zum Schluß sangen wir wie bei allen unseren Veranstaltungen Gutberlets „Feuerspruch", von Eugen Naumann vertont:

„Was dich auch bedrohe: eine heil'ge Lohe geb' dir Sonnenkraft.
Laß dich nimmer knechten, laß dich nicht entrechten,
Gott gibt den Gerechten wahre Heldenschaft.

Was auch immer werde, steh' zur Heimaterde, bleibe wurzelstark,
kämpfe, blute, werbe für dein höchstes Erbe —
siege oder sterbe: Deutsch sei bis ins Mark!"

Es war unsere Hymne — ihre Worte sind nur aus jener Zeit zu verstehen. Deutsch sein war alles!

Es fanden insgesamt neun vierwöchige Lehrgänge statt. Die Mädels lernten Lieder und Spiele, die letzteren teilweise von Lilo Freimann, der DV-Mädelführerin, konzipiert, Buchstaben-Lottos oder Domino oder ähnliches, mit deren Hilfe die Kinder deutsche Buchstaben kennenlernten. Natürlich wurden ihnen auch Kenntnisse deutscher Geschichte, der Lage der Volksgruppe und dergleichen vermittelt. In die Zeit des sechsten Lehrgangs fiel die Weihe des Wimpels des Mädelheims. Sie fand zu nächtlicher Stunde im tief verschneiten Park statt. Wir standen um ein loderndes Feuer, ich hielt eine sehr vaterländische Ansprache — gegen unerwünschte Hörer hatten wir uns gut abgeschirmt — es war äußerst feierlich-romantisch.

Indessen hatte sich das politische Klima wieder zu verschlechtern begonnen. Piłsudskis Epigonen hielten nicht den Kurs des großen Marschalls. Der Behörde mißfiel wohl die konsequente Fortführung der Lehrgänge und sie suchten Gründe zur Auflösung. Als einmal der an der Tür lauschende Polizist hörte, daß im Saal das Wort „Canossa" fiel, war ein Grund gefunden: Geschichtsunterricht stand nicht im genehmigten Schulungsprogramm. Es nützte nichts, daß Hilde Schmidt sich damit versuchte herauszureden, daß sie sagte, in irgend einem Zusammenhang sei das Wort „Canossa-Gang" gefallen und da habe sie den Mädels erklären müssen, was das eigentlich zu bedeuten habe. Der Lehrgang wurde geschlossen, eine Fortführung nicht genehmigt. Rund zweihundert Mädels waren durch die Lehrgänge gelaufen — sie haben jahrelang mutig und selbstlos ihre Arbeit für die deutschen Kinder getan. Die damals entstandenen Bindungen wirken sich noch heute aus: Der „Mädelkreis" kommt Jahr für Jahr für 10—12 Tage zu einer Freizeit zusammen, und auf den landsmannschaftlichen Veranstaltungen stößt man immer wieder auf eine von ihnen, die mit leuchtenden Augen davon erzählt, daß auch sie einmal „auf Ihrer Burg" gewesen sei. Dabei gedenken sie in besonderem Maße der Stunden, die Eva ihnen widmete. Es handelte sich um kurze Unterweisungen auf dem Gebiet der Säuglingspflege — unser Reinhold war Objekt dieser Kurse —, zum anderen um die Beschäftigung mit Musik, vor allem dem deutschen Lied. Dazu kamen die Teilnehmerinnen ins Herrenhaus herüber, sie saßen auf dem Teppich in Evas Zimmer und lauschten dem Vortrag. Vielen der Mädels brachte er vollkommen Neues, und sie lernten ungezählte neue Volkslieder kennen. Welche Bereicherung das für die einzelnen, aber über diese für weite Kreise in unserem Deutschtum gewesen ist, wird uns noch heute dankbar bestätigt.

Innerhalb des Schubiner Deutschtums bildete das Grocholiner Mädelheim naturgemäß einen Kern der Ausstrahlung. Die Entwicklung war so verlaufen, daß die „DV" im Kreise weit an der Spitze lag. Vor allem war die „Hochburg Exin" den Jungdeutschen ein Dorn im Auge. Am 5. November 1935 setzten sie zum „Sturm" auf die Burg an. Sie hatten namhafte Redner aufgeboten und mächtig Propaganda gemacht, denn sie wußten, daß die „DV" gerade hier vorbildliche praktische Arbeit leistete. Im überfüllten Saale eines polnischen Lokals saßen ziemlich vorn die Mädels vom Lehrgang in ihrer einheitlichen Kluft und überall verteilt unsere Jungen und Mädchen der Ortsgruppen. Neben ihnen fielen wir Älteren weniger auf,

Ich selbst war erst im letzten Augenblick von einer Versammlungstour zurückgekommen und saß ganz hinten. Das hatte eine böse Folge: Einer der führenden Männer unseres Raumes rief Eva zu: „Von da wirft es sich wohl besser mit faulen Äpfeln!" Das war ohne Zweifel nicht ernst gemeint, wirkte aber in einem so explosiven Augenblick und laut durch den Saal gerufen in hohem Maße provozierend. Es hat zu einem Zerwürfnis zwischen unseren beiden Häusern geführt, weil ich mir die Kränkung meiner Frau nicht gefallen lassen wollte.

Gegen diese Übermacht einer deutlich erfolgreichen Volkstumsarbeit war es für die Veranstalter praktisch unmöglich, etwas Sachliches vorzubringen. Als es zur Diskussion kam, bewilligten sie jedem von uns nur wenige Minuten. Diese wurden zu allem Überfluß durch lang anhaltende Beifallsbekundungen unserer Leute verkürzt. Aber jeder unserer Sätze war ein Treffer. Das machte die Jungdeutschen schließlich derart nervös, daß sie sich zu haßerfüllten Ausbrüchen hinreißen ließen:

„Wir werden so lange kämpfen, bis Sie auf Ihrem Grocholin alleine sitzen!" schrie der eine — er hatte es mir nicht verziehen, daß Eva, die er verehrt hatte, meine Frau geworden war. Weniger persönlich, aber sachlich übler, war ein anderer: „Mit den Köpfen der Reaktion werden wir die Straßen pflastern, auf denen die JDP zum Siege marschiert!"

Der diesen Blödsinn von sich gab — er erntete schallendes Gelächter — war ein stellvertretender Parteivorsitzender. Nach dem Kriege schaltete er sich in die Arbeit der Landsmannschaft Weichsel/Warthe ein, unbeschadet der Tatsache, daß sie sich unter seinem damaligen „Kopfsteinpflaster" abspielte. Doch ich muß gestehen, daß ich es vermieden habe, mit ihm zu sprechen.

Unsere Arbeit war in erster Linie Kleinarbeit. Das galt insbesondere für Eva, die zu den Frauengruppen im Kreise herumfuhr. Die Bäuerinnen hatten nur im Winter Zeit und Kraft für diese Dinge, im Sommer waren sie viel zu stark in die landwirtschaftlichhäusliche Arbeit ihres Betriebes eingespannt, und es standen nur die Abende zur Verfügung. Das kostete viele Stunden Fahrerei, meist mit Pferden, hin und wieder mit dem Auto. Einmal blieb es auf dem Rückweg in einer Schneewehe stecken und Eva mußte zu Fuß durch die Nacht bis ins nächste Dorf stiefeln — glücklicherweise war es ein deutsches und sie fand ein Unterkommen. Später stellten wir zu Evas Unterstützung Grete Horstmann, unsere bisherige Wirtin, vollamtlich für die Frauenarbeit ein.

Ich selbst hielt meine Kameradschaftsabende in den Gruppen des Amtsbezirks, also in Exin, Iwno, Schmiedeberg, Neukirchen; manchmal kam ich auch in andere Gruppen im Kreise. Daneben betrieb ich landwirtschaftliche Jugendarbeit. Wir legten Versuchsparzellen an, Sorten- und Düngungsvergleiche, befaßten uns aber auch mit betriebswirtschaftlichen Problemen. An einigen Stellen im Lande entstanden damals Beratungsringe für Gutsbetriebe, die durch Betriebsvergleiche anhand einheitlicher Buchführung den Betriebsleitern Anregungen zu Verbesserungen gaben. Für bäuerliche Betriebe gab es derartiges nicht, weil sie keinerlei Aufzeichnungen über die Bewirtschaftung hatten — sie wirtschafteten „nach dem Gefühl", aufgrund ihrer persönlichen Erfahrungen, weitgehend nur im väterlichen Betrieb abgeleisteter Lehrzeit. Mancher Bauer prunkte mit gut stehenden Feldern, ohne daß dem ein entsprechender Reinertrag gegenüberstand; Aushängeschild war die Zahl der Kühe im Stall, nicht aber die Menge ermolkener Milch. Deshalb bestanden in einer Gemeinde große Unterschiede zwischen Betrieben gleicher Größe und gleicher Gesamtlage, wie dies in den Ansiedlungsdörfern der Fall war. Wir richteten deshalb eine ganz einfache Buchführung ein, die es erlaubte, die Betriebe miteinander zu vergleichen und herauszufinden, warum es den einen besser, den anderen schlechter ging. Ehe sich dies auswirken konnte, kam der Krieg und beendete unsere Arbeiten, doch ist mir selbst fünfzehn Jahre später zugute gekommen, was ich dabei gelernt hatte. Es hat einige Gutsbesitzer gegeben, die sich in ähnlicher Form „ihrer" Bauern annahmen, aber es waren Ausnahmen.

Für unsere Tätigkeit, sei es kulturell, sei es wirtschaftlich, gab es wenig Vorlagen. Aber hin und wieder fanden wir doch „Schützenhilfe". Das war beispielsweise der Fall bei den „Hohnsteiner Puppenspielern", die bei uns gastierten und die ich zu einem Gastspiel in Warschau begleitete. Angeregt von ihrem Spiel, schuf Rosemarie von Maercker aus Rohlau in Pommerellen eine eigene Puppenspielbühne, mit der sie in einem großen, alten Auto, genannt „die Feldscheune", durch das ganze Land zog. Auch kreuzten Angehörige der Jugendbewegung aus dem Reich und aus anderen deutschen Volksgruppen bei uns auf. Einmal besuchte uns sogar eine Engländerin, die ungewöhnlich aufgeschlossen für unsere Belange war. In jedem Falle wurde Grocholin ein Mittelpunkt deutschen Lebens nicht nur im Bezirk Exin, sondern erheblich darüber hinaus. Es kam einmal sehr drastisch zum Ausdruck, als Onkel Münte zu Erich Sommerfeld, dem Iwnoer Jungbauern, sagte:

„Sie müssen doch zugeben, Herr Sommerfeld, daß Grocholin immer ein Mittelpunkt für das hiesige Deutschtum gewesen ist."

Und Sommerfeld, hintergründig lächelnd, antwortete: „Seit zwei Jahren ja, Herr Landrat!"

Nachher erklärte mir der Fürst etwas indigniert: „Das hätte mir dein junger Freund auch etwas anders sagen können!"

Jeder hatte von seinem Standpunkt aus recht. Für den kgl. preuß. Landrat a. D. war Grocholin ein „Zentrum des Deutschtums" gewesen, weil dort zu den Reichstagswahlen nur deutsche Stimmen abgegeben worden waren. Zu dem Zwecke war er selbst von Berlin herüber gekommen, was ihm eine große Leistung zu sein schien. Es wäre aber falsch, wollte man solche Wahlergebnisse lediglich wirtschaftlicher Beeinflussung oder gutsherrlichem „freundlichem Drucke" anlasten. Frau Anna-Luise Bardt-Lubosch, geb. von Hantelmann, schreibt von Johann, dem Kutscher ihres Vaters, daß er auf die Frage, warum er nicht die polnische bzw. katholische Liste wähle, gesagt habe, so, wie der Gnädige Herr es mache, wäre es bestimmt auch für ihn das Richtige. Es war einfach eine Sache des gegenseitigen Vertrauens.

Inzwischen hatte sich freilich einiges geändert. Darüber hat die einstige Exiner Jungmädelführerin Christel Regier, geb. Krause, sehr anschaulich geschrieben:

„In unserer Gegend, im Raum Exin, hatten wir wohl große deutsche Dörfer, aber kein nennenswertes kulturelles deutsches Leben. Einige Gutsbesitzer unseres Kreises — und es gab viele deutsche Güter unterschiedlicher Größe — setzten sich vorbildlich für die Belange des Deutschtums in Polen ein, aber es fehlte an der Kleinarbeit, der Arbeit an der Basis. Wohl half die Kirche, wo sie konnte, oder, besser gesagt: durfte. Es gab aber so gut wie keine deutschen Vereine, die besonders die Jugend erfaßt hätten zu Spiel, Sport, Gesang oder kultureller Betätigung.

In dieser Zeit, im Frühjahr 1933, kam die junge Familie von Rosen nach Grocholin und in der Folgezeit zog nicht nur ins Grocholiner Schloß neues Leben ein, sondern in alle deutschen Häuser der Umgebung.“

Als wir seinerzeit mit unserer Arbeit begannen, hatte mir der alte Landschaftsrat Kunkel aus Rostau erklärt: „An den Iwno'ern werden Sie sich die Zähne ausbeißen!“ Iwno war 1907 mit Westfalen und mit Rücksiedlern aus Galizien besiedelt worden. Sie standen sich nach einem Vierteljahrhundert immer noch spinnefeind gegenüber. Jetzt waren sie der Kern der deutschen Bauernschaft im Raum Exin. Das galt vor allem für die Jugend. An der Spitze der Jugendgruppe stand ein Dreigespann, wie man es sich nicht idealer vorstellen konnte: Herbert Eichstaedt aus dem benachbarten alten deutschen Bauerndorf Kazimierzewo, die Verkörperung besten deutschen Bauerntums; Erich Sommerfeld, der sehr gescheite, etwas bedächtige Westfale; und Erich Werk, der Pfälzer, wendig, das Aß bei unseren Laienspielen, hervorragende Ergänzung der beiden Anderen. So war Grocholin in der Tat ein „Mittelpunkt des Deutschtums“ in unserem Sinne geworden.

Die Agrarreform

Die Volkstumsarbeit konnte natürlich die Polen nicht für uns einnehmen, auch wenn sie sich im Rahmen der Gesetze vollzog. Wenn Grocholin als erstes Gut im Kreise Schubin 1934 auf die „Agrarreformliste" kam, dürfte das trotzdem weniger auf unsere Betätigung zurückzuführen sein, als auf den mißglückten Versuch der Liquidation. Ich bin davon überzeugt, daß Reflektanten auf das schöne Gut, denen dieser fette Happen entgangen war, ihre Hand bei der Agrarreform im Spiele hatten. Die ersten Enteignungen deutscher Güter im Posenschen zu Agrarreform-Zwecken erfolgten 1927 und betrafen Besitzer, die sich nicht im Geringsten kulturpolitisch betätigt hatten.

Grocholin kam mit 435 Hektar Nutzfläche auf die Liste. Das waren 40 % der LN. Außer den 180 Hektar Mindestfläche wurden uns indes noch 475 Hektar zusätzliche Fläche für hohe Intensität, Zuchten u. a. zugebilligt — das einwandfreie Verdienst Rudolf Hoppes. Die Zusatzfläche war im Höchstfall auf 520 Hektar begrenzt, doch wurde das Parzellierungsamt von Jahr zu Jahr knauseriger mit einer Zuteilung.

Zunächst hatten wir die Möglichkeit, Teile der abzugebenden 435 Hektar „freihändig" zu parzellieren, also in eigener Regie. Dabei erzielte man einen höheren Preis und blieb so lange eingetragener Besitzer, bis der Preis voll bezahlt war. Auch hatte man, wenigstens theoretisch, die Wahl der Erwerber. Deutsche wurden allerdings in der Regel abgelehnt, selbst wenn es sich nur um die Vergrößerung bestehender Betriebe handelte, also nicht um eine Neu-Ansiedlung. Eine solche Möglichkeit lag bei dem Ansiedlungsdorf Lankowitz vor. Die dortigen Stellen waren nicht, wie sonst üblich, auf 60, sondern nur auf 50 Morgen ausgelegt worden und Grocholin hatte jedem Ansiedler zehn Morgen zusätzlich verpachtet — zu einer Zeit, als die Bewirtschaftung noch nicht auf der späteren Höhe war. Daran war in den inzwischen verflossenen fast dreißig Jahren nichts geändert worden — lediglich hatte ein Teil der Lankowitzer deutschen Ansiedler nach dem Kriege an Polen verkauft, die auch die Pachtgrundstücke übernommen hatten.

Dieses verpachtete Land bot sich für die „freihändige" Parzellierung an. Wie aber war es zu bewerkstelligen, daß auch die Lankowitzer Deutschen ihre Parzellen zu eigen bekamen? Da machte uns ein polnischer Mittelsmann auf eine Bestimmung im Gesetz aufmerksam, daß ein Antrag, der nicht binnen 28 Tagen vom zuständigen Landamt beantwortet war, automatisch als genehmigt galt. Der Mittelsmann wußte auch, wann der Leiter des Amtes für einen Monat auf Urlaub ging. Am Tage nach seiner Abfahrt reichten wir den Antrag ein. Einen Tag vor seiner Rückkehr war der Antrag genehmigt. Daß der gute Mann sehr sauer wurde, war verständlich.

In gleicher Weise gelang es uns, die 35 Hektar Netzewiesen bei Ludwikowo den bisherigen deutschen Pächtern zuzuschanzen. Im Ganzen dürfte es sich um einen einmaligen Fall im Zuge der polnischen Agrarreform gehandelt haben. Auf dem nach Exin zu gelegenen Land mußten wir natürlich Polen ansetzen, weil es hier um die Schaffung neuer Betriebe ging, aber erstens konnten wir uns die Bewerber aussuchen und zweitens legten wir die Betriebe so groß aus, daß sie lebensfähig waren, ihre Besitzer also nicht unter ewigem Landhunger litten. Das war nämlich bei der staatlichen Parzellierung grundsätzlich der Fall — ob aus Absicht, sei dahingestellt. Insgesamt parzellierten wir 152 Hektar „freihändig", die Hälfte davon an Deutsche.

So ging das Jahr 1934 hin. 1935 erfolgte die Zwangsparzellierung der übrigen 283 Hektar. Auch hier hatten wir noch Vergünstigungen, die bei späteren Parzellierungen nicht mehr zugestanden wurden. Wir durften bestimmen, welches Land wir abgeben wollten. Natürlich trennten wir uns lieber von dem leichteren Boden, der damals geringere Erträge brachte als der schwere. Heute ist das dank maschineller Bearbeitung, künstlicher Beregnung, verbesserter Düngung und der Züchtung anspruchsloserer Sorten anders geworden. Der leichtere Boden lag glücklicherweise außen herum. So gingen die neun Außenschläge und die Hutung weg. Freilich reichte das noch nicht und wir mußten uns schweren Herzens zur Hergabe eines Teiles des besten Bodens entschließen, der nach Exin zu gelegenen Stücke. Auf diese Weise erreichten wir eine nahezu vollkommene Abrundung des Gutsareals — nur der Wald ragte daraus nach außen hervor. Aber das war ja nebensächlich.

Die Manipulation war in jedem Falle schmerzlich. Die Entschädigung war jämmerlich. Die Bewertung erfolgte nach einem Acht-Klassen-System, dessen oberste zwei Klassen leidlich bewertet wurden, während die Skala dann rapide abstürzte. Für Klasse VIII gab es, soviel ich mich erinnere, einige zwanzig Zloty pro Hektar, also etwa 2 % des Verkehrswertes. Bewertet wurde indes nicht die Ertragsfähigkeit des Bodens, sondern nach uraltem Schema lediglich seine strukturelle Zusammensetzung. Das Kriterium war das Vorkommen von Sand im Untergrund bis auf 1,50 Meter. Das war schon damals absurd. Jeder Laie wird verstehen, daß es für die Ertragsfähigkeit eines Bodens belanglos ist, ob in dieser Tiefe eine Sandschicht liegt oder nicht — unter Umständen ist sie sogar vorteilhaft, nämlich dann, wenn der Boden oben Lehm oder gar Ton ist und leicht unter stauender Nässe leidet. Auf den meisten Böden stößt man in gewisser Tiefe auf Sandadern. Deshalb sparte der Staat durch diese Bonitierung viel Geld. Das freute nicht nur den Minister der Finanzen, sondern auch den des Inneren, denn zur Parzellierung wurden weit überwiegend die deutschen Gutsbesitzer in Posen, Pommerellen und Oberschlesien herangezogen. Es ist nicht

Herrenhaus und Altes Schloß um 1860

Blick über den Teich

Das Alte Schloß ▶

Julius von Treskow

*Leontine von Treskow,
geb. von Enckevort*

Die Herreneichen am Walde, heute unter Naturschutz

◀ *Der Grenzgraben von 1773*

Einfahrt vom Hofe

Korkrüstern am Teich

Im Park

So dicht standen die Stiegen

Hannoveraner Fohlen

Blick über den Mittelhof auf den Alten Speicher

Einweihung des Mädelheims August 1935

Ausfahrt mit unserem Ältesten

Aufbruch zur Reitjagd

Mit den Großeltern im Walde 1937

◄ Drei Generationen 1933

Onkel Münte, die Mutti und fünf frohe Kinder

Jürgens Taufe 1938

92

Ein Gruß ins Feld 1942

Mit den Großeltern 1940

Keine Angst vor großen Tieren

Auf Urlaub Herbst 1943

Sechs Grocholiner 1944

zu leugnen, daß der deutsche Anteil am Guts-Besitz unverhältnismäßig groß war, eine Folge der landwirtschaftlichen Entwicklung im ehemaligen preußischen Teilgebiet. Ein echter Landhunger bestand aber nicht hier, sondern in den anderen Gebieten Polens, und dort gab es auch Latifundien, die zudem in der Regel sehr viel schlechter bewirtschaftet waren als die deutschen Güter in den polnischen Westwojewodschaften. Die politische Seite spielte bei der Agrarreform in jedem Falle die ausschlaggebende Rolle.

War also die Entschädigung für das enteignete Land — in schroffstem Gegensatz zu den Enteignungen zu deutscher Zeit, die im Übrigen auf insgesamt 1655 Hektar beschränkt geblieben waren — infolge der viel zu niedrigen Einstufung schon jämmerlich genug, so bestand diese Entschädigung zu 80 % in Schuldbriefen, die man außer zu einigen, selten vorkommenden Steuern zu nichts verwenden konnte. Wir sagten: zu nichts außer zum Tapezieren des WC. Immerhin habe ich meine Erbschaftssteuer für Tante Robertas Drittel teilweise damit begleichen können.

Die Prozedur der Bodenbewertung war folgende. Alle hundert Meter wurde ein Loch von anderthalb Meter Tiefe gegraben, das heißt je Hektar eine Prüfstelle. Die Prüfungskommission mußte also in unserem Falle etwa dreißig Kilometer marschieren. Die weitaus meisten deutschen Gutsbesitzer dachten natürlich nicht daran, sich an dieser Wanderung über ihre Felder zu beteiligen. Das war den Herren der Prüfungskommission nur recht. Ich fand es dagegen gut, mich von ihrer Arbeit zu überzeugen, und begleitete sie von Bohrloch zu Bohrloch. So konnte ich mich auch hin und wieder einmischen, wenn mir ihr Vorgehen zu stark gegen die Wirklichkeit zu verstoßen schien. Polnisch konnte ich ja ausreichend und studiert hatte ich außerdem, verstand also genug von der Materie. So erlebte ich einige höchst aufschlußreiche Szenen. Daß die Herren darüber nicht eben beglückt waren, ist verständlich.

Wir begannen auf dem guten Boden der Schläge nach Exin zu. Es war reine Schwarzerde wie in Kujawien, humos, durchlässig, „warm", wie der Landwirt sagt. Die Herren zeigten sich beunruhigt: auch auf anderthalb Meter Tiefe dunkler, humoser Boden. Das durfte doch nicht sein, das wäre ja viel zu teuer gekommen! Sie zögerten mit der endgültigen Einstufung der ersten zwei oder drei Prüfstellen. Und es lohnte sich: Beim nächsten Bohrloch schimmerte es hell von unten. Ein Stoßseufzer der Erleichterung:
„Na reszcie piasek! Endlich Sand!"

Ich erläuterte den Grund dafür, nämlich daß hier ursprünglich der Entwässerungsgraben gelaufen sei, der dann bei der Drainierung zugeschüttet worden war. Das nahmen die Herren aber nicht zur Kenntnis. Sie hatten den Sand gefunden und stuften sämtliche umliegenden Bohrlöcher in Kategorie IV ein — weil es doch auf der

Hand lag, daß auch in der weiteren Umgebung im Untergrund Sand sein mußte.

Das Beste kam aber auf der Hutung. Hier lag tatsächlich unter einer etwa 60 cm starken Krume Sand. Dieses Land war ja auch erst spät in Kultur gekommen. Also hieß es: Kategorie VII. Ich wies darauf hin, daß wir regelmäßig gute Ernten an Roggen, Hafer und Kartoffeln erzielten, weil der Boden in hoher Kultur war. Darauf erhielt ich die Antwort:

„Bodenkultur ist künstlich erworben."

„Gewiß, aber das ändert doch nichts daran, daß der Boden dadurch wertvoll ist und es auch in Zukunft bleiben wird."

„Eben nicht, denn der Bauer versteht ja nicht zu wirtschaften!"

„Chłop nie umie gospodarować!" — diesen lapidaren Satz vergesse ich mein Leben lang nicht. Er ist die Bestätigung des Wortes von der „polnischen Wirtschaft", das uns als Überheblichkeit ausgelegt wird — selbstverständlich dachten die Herren an ihre künftigen polnischen Siedler. Ich sah sie groß an:

„Und das nennen Sie Agrarreform?"

Sie drehten sich wortlos ab. Anscheinend war ihnen das Urteil über ihre Bauern herausgefahren, weil sie in dem Augenblick, als sie meinen völlig berechtigten Einwand entkräften wollten, nicht daran dachten, daß sie einen Deutschen vor sich hatten. Die Beherrschung einer Sprache hat schon ihre guten Seiten.

Im Schnitt erzielten wir m. W. etwa 200,— Zloty je Hektar, keine 100,— Mark. Dreißig Jahre vorher hatte Onkel Münte nicht verkauft, weil ihm nur 1600,— Vorkriegs-Mark geboten worden waren. Rund um den Gutskern herum entstanden „Poniatówken", nach dem Landwirtschaftsminister Poniatowski so genannt — der aber, soviel ich weiß, nichts mit dem großen Fürsten Poniatowski aus der Völkerschlacht bei Leipzig zu tun hatte.

Es waren höchst primitive Stellen mit den notwendigsten Gebäuden, die Betriebe teils 40 Morgen groß als „Vollbauernstellen", teils 8 Morgen als „Nebenerwerbsbetriebe". Nur gab es für ihre Besitzer keinen „Haupterwerb". Die einen waren genau so wenig lebensfähig wie die anderen, denn auch von 40 Morgen konnte keine Familie leben. So waren die Leute ewig unzufrieden und gezwungen, sich zusätzlich etwas zu verschaffen. Ich traf einmal einen meiner früheren Deputanten, der auf einer 8-Morgen-Parzelle saß, als er sich im Grocholiner Wald einen guten Baum fällte. Auf meine leise, aber natürlich etwas vorwurfsvolle Frage, ob er das denn für richtig halte, stellte er die Gegenfrage, ob ich wohl meine, daß er von den 8 Morgen leben könne. Den Baum konnte ich ihm schlechterdings nicht lassen, sonst hätten wir selbst bald kein Holz mehr schlagen können, aber weiter ist nichts geschehen — der Mann hatte vollkommen recht.

Man durfte eine der Flächenverkleinerung entsprechende Anzahl von Arbeiterfamilien entlassen, diese hatten bei der Ansiedlung Vorrang. Es war sinnvoll, solche Familien zu entlassen, die gern selbständig werden wollten und auch nicht ganz mittellos waren. Der Staat half den Siedlern nur sehr wenig. Andererseits waren das in der Regel tüchtige und fleißige Leute, die man ungern verlor. Aber sie waren einem als neue Nachbarn lieber als die zumeist aus Galizien kommenden Neusiedler. Polen machte genau denselben Fehler wie seinerzeit die kgl. preußische Ansiedlungskommission: um den eigenen Bevölkerungsanteil zu steigern, wurden Bewerber aus weit ab gelegenen Landstrichen herangeholt. Nur war das jetzt viel schlechter, weil die — zugegeben landhungrigen — Galizier eben „nicht wirtschaften konnten", während die Ansiedler zu deutscher Zeit ausgesprochen tüchtige Bauern waren. Die polnische „Agrarreform" war eben ausschließlich eine politische, antideutsche Maßnahme. Von den vierzehn deutschen Gütern des Kreises Schubin standen bis 1939 zwölf auf der Parzellierungsliste — aber nur ein einziges polnisches. Es war dies der Besitz des Grafen Skórzewski, der 22 000 Morgen Nutzfläche und 20 000 Morgen Wald groß war. Dabei wurde den deutschen Besitzern nur sehr wenig Zusatzfläche zugestanden. Im Übrigen mußten wir damit rechnen, daß Grocholin erneut auf die Liste kommen und dann auf das Minimum von 180 ha herunterparzelliert werden würde. Von dieser Fläche wäre der Gebäudekomplex niemals zu tragen gewesen. Doch gab es noch andere Mittel, um uns um den Rest zu bringen.

Inzwischen versuchten wir, das verlorene Land, die Hälfte unseres Ackerlandes, durch erhöhte Intensität zu ersetzen. Rudolf Hoppes überdurchschnittliche Kenntnisse und Fähigkeiten waren dabei unersetzlich. Freilich stießen wir hier an Grenzen. Wir hatten die so lebenswichtigen Zuschläge zur Mindestfläche aufgrund der hohen Intensität, vor allem der 20 % Zuckerrüben erhalten. Die Kontingentierung der Zuckerproduktion und damit des Rübenanbaus schränkte die Wirksamkeit dieses Faktors ein, also mußte man an andere Maßnahmen denken. Noch intensiver als die Rüben war der Feld-Gemüseanbau. Mit seiner Hilfe hat z. B. Otto von Bernuth sein Gut Borowo überhaupt vor der Agrarreform bewahrt. Weder Hoppe noch ich haben aber jemals an derartiges gedacht — warum, ist mir noch heute unklar. Zuschläge gab es auch für Saatzucht. Aber die wurde schon von auffallend vielen gerade deutschen Gütern betrieben, teilweise schon seit deutscher Zeit und mit ausgezeichneten Ergebnissen. Deshalb konnte man mit einer frisch angefangenen Saatzucht, bei der es sich ja nur um Nachzucht oder Vermehrung handeln konnte, kaum Eindruck machen.

Eine gewisse Ausnahme machte die Kartoffel und sie war ja als Ersatz für die verringerte Rüben-Anbaufläche für uns besonders wichtig. Wir nahmen daher Vermehrung auf, zunächst für die Massenkartoffel „Ackersegen", von der wir uns auf dem schwereren Grocholiner Boden Höchsterträge versprachen. Aber es zeigte sich sehr bald, daß sie nicht geeignet war — sie baute unverhältnismäßig schnell ab und war gegen Krankheiten anfällig. Dagegen schlug, fast wider Erwarten, die gelbfleischige „Böhms Mittelfrühe" ausgezeichnet ein. Sie brachte hohe Erträge, ihr Absatz war stets gesichert, weil sie eine gute Speisesorte war — als Saatkartoffeln ließ sich ja nur weniger als die Hälfte verkaufen, weil dafür sowohl Mindestals auch Höchstmaße vorgeschrieben waren —, vor allem aber war sie resistent gegen Krankheiten und wurde bei uns von Jahr zu Jahr besser und gesünder. Der Saatkartoffelanbau verlangte ein mehrfaches Selektieren, wobei sämtliche Stauden mit Krankheits- oder Abbau-Erscheinungen aus dem Bestand herausgetragen werden mußten. Das besorgten bei uns acht zuverlässige Mädchen. Sie gingen, jede vier Reihen nehmend, mehrmals die ganzen Schläge durch, sehr sorgfältig und entsprechend langsam. Doch lohnte sich die Arbeit. Der Begutachter der Posener Landwirtschaftskammer, mit dem ich durch einen Schlag von 200 Morgen märchenhaft hellblau blühender „Mittelfrühe" ging, blieb nach wenigen Minuten stehen, zog den Hut und sagte: „Moje uszanowanie — meine Hochachtung!"

Das spielte sich im dritten Jahre unseres Anbaus der „Mittelfrühen" ab, 1938. Zu dieser Zeit hatte in der Betriebsführung ein Wechsel stattgefunden. Rudolf Hoppe hatte im Frühjahr 37, er war damals 67 Jahre alt, geäußert, der letzte Winter habe ihm stark zugesetzt und er beabsichtige, im Laufe des Jahres seine Tätigkeit in Grocholin einzustellen. Wenige Tage zuvor war mir eine Anzeige in der Bromberger „Deutschen Rundschau" aufgefallen, in der unter Chiffre ein Bewerber um einen ähnlichen Posten gesucht wurde. Es war Herrn Hoppes Inserat. Unter den eingehenden Bewerbungen zogen wir zwei in engere Wahl. Sie schienen gleichwertig. Eine von ihnen stammte von einem Neffen Hoppes, der ebenfalls mit Vornamen Rudolf hieß. Der alte Herr Hoppe erklärte, sein Neffe ahne nicht, daß es sich um Grocholin handele. Wir engagierten ihn — es war ein sehr glücklicher Griff.

Natürlich schaltete ich mich jetzt in die Betriebsleitung ein, ich kannte Grocholin nun und war auch ein paar Jahre älter als Hoppe junior. Wir sind hervorragend miteinander ausgekommen. Ich beschränkte meine Tätigkeit im Allgemeinen auf die Oberleitung, das Kaufmännisch-Buchhalterische, die großen Richtlinien — auch wenn ich täglich den ganzen Betrieb inspizierte. Aber ich griff nie in die eigentliche Betriebsführung direkt ein. Sie war auch so fest eingefahren, daß kaum etwas zu verbessern war.

Allenfalls konnte man an den Eindruck nach außen denken. Der alte Hoppe hatte das Vieh in erster Linie wegen der Stallmisterzeugung gehalten. Unsere Milchviehherde war durchaus nicht schlecht, die Milchfetterzeugung entsprach dem Durchschnitt der kontrollierten Betriebe und lag damit turmhoch über dem Landesdurchschnitt. Noch besser verhielt es sich mit den 600 Mutterschafen, Merino-Fleisch-Woll-Schafen, für deren vier Klassen (je nach Dichte des Wollfließes) wir passende Böcke aus den größten deutschen Stammherden anschafften. Aber es handelte sich in beiden Fällen um reines Nutzvieh, keinerlei Hochzuchten. Es lag deshalb nahe, sich auf diesem Sektor etwas umzustellen.

Wir legten jetzt gesteigerten Wert auf gute Bullen. Der Preisunterschied gegenüber den bisher gekauften zweitklassigen Tieren spielte, verteilt auf die Jahre, keine Rolle, er wurde durch die voraussichtlichen höheren Leistungen der Nachkommenschaft mehr als ausgeglichen. Besonderes Augenmerk legten wir auf die Schafe. Aus der Klasse I ließ sich allmählich eine Elite herausbilden, die zur Stammherde werden konnte. Voraussetzung war auch hier die Wahl erstklassiger Vatertiere. Bei den Schweinen konnte durch eine ohnehin überfällige Verbesserung der Stallverhältnisse eine gesündere Aufzucht, bessere Gewichtszunahmen und weniger Ausfälle erreicht werden. Es war nur nötig, den Stall durch eine vernünftige Belüftung trocken zu machen und die Steinwände der Buchten durch solche aus Holz zu ersetzen.

Endlich konnte auch bei den Pferden etwas getan werden. Es gab in Grocholin jährlich 10 bis 12 Fohlen. Die Mütter stellten einen guten, kräftigen Warmbluttyp dar, ohne irgend einer bestimmten Richtung oder Rasse anzugehören. Die Väter waren Gnesener Hengste, zumeist leichte Pferde. Natürlich schickte der Gnesener Landstallmeister nicht die besten Beschäler auf eine Station, deren Halter wenig an der Pferdezucht interessiert war. In Polen war das leichte Pferd Trumpf. Also wurde die gesamte Landes-Pferdezucht mit den Jahren immer leichter. Für die schweren Arbeiten eines Zuckerrübenbetriebs waren diese Pferde ungeeignet. Zwar nahmen Dampfpflug und Feldbahn vieles ab, aber es blieb sowohl an Acker- wie an Fuhrarbeiten noch vieles den Pferden vorbehalten. Wir suchten eine gewisse Abhilfe zu schaffen, indem wir einen guten Oldenburger Hengst, der im Danziger Werder abgedeckt hatte, den zehnjährigen „Grundsatz“, aufstellten. Leider erfüllte er unsere Erwartungen nur teilweise, die Nachzucht fiel ungleichmäßig aus, teils gut brauchbar, teils ziemlich „vermanscht“.

Außerdem schloß ich mich der Beratung durch Professor Dr. Blohm, Danzig, an, der einige 50 oder 60 deutsche Güter in Pommerellen und dem nördlichen Posen in einem Ring betreute. Sie verfügten über eine gute Buchführung, deren Auswertung aufschlußreiche Betriebsvergleiche ermöglichte. Blohm, Wissenschaftler und Praktiker zugleich, ging den Gründen für unterschiedliche Rentabilität nach und machte Vorschläge. Man konnte sie aufgreifen — man konnte das auch unterlassen, je nach dem, was man sich davon versprach. In jedem Falle erweiterte man seine Kenntnisse und seinen

Gesichtskreis. Das war für jemand, der wie ich den größten Teil der Zeit mit anderen Dingen verbrachte als mit der Betriebsführung, außerordentlich wertvoll. Im Übrigen verdanke ich es der Bekanntschaft mit Blohm, daß ich 1948 als Kreisberater des „Hessischen Landwirtschaftlichen Beratungsdienstes" eine auskömmliche Tätigkeit fand — Blohm hatte damals in Grocholin natürlich auch von meiner Arbeit mit meinen bäuerlichen deutschen Nachbarn gehört und stellte mir darüber ein Zeugnis aus.

Grocholin und seine Menschen

In seinem Buch: „Rogalin und seine Bewohner", London 1964, erzählt Edmund Graf Raczyński, der einstige Botschafter Polens in England, sehr interessant und nicht ohne Selbstkritik von dem Leben in Rogalin, von der Familie, den Besuchern, auch von der zahlreichen Dienerschaft. Für diejenigen, denen die Familie ihr großzügiges Leben verdankt, die Angestellten und Arbeiter, findet er kein Wort. Sicherlich soll man sich vor Verallgemeinerungen hüten und Rogalin war eine große Herrschaft, die Raczyński wie alle ihre Standesgenossen keine Landwirte. Aber es war doch irgendwie bezeichnend für das soziale Empfinden, es war ein Überbleibsel aus früherer Zeit. Man wußte allgemein, daß auf vielen polnischen Gütern schlecht und unpünktlich ausgezahlt wurde und daß die „Leute" sich auf andere Weise schadlos hielten. Das gab es auf den deutschen Gütern nicht. Und das wirkte sich auf das Verhältnis zwischen den Besitzern und ihren Arbeitern positiv aus.

In Grocholin waren alle Gutsbeamten seit eh und je Deutsche — etwas anderes erschien undenkbar. Es waren ihrer fünf:

Der Administrator. Rudolf Hoppe II war fachlich auf der Höhe, menschlich sehr sympathisch, dabei etwas umgänglicher als sein Onkel. Unser gutes Verhältnis hat sich auch nach dem Kriege fortgesetzt, er war unser erster Besuch in der Scheuer auf dem Beinhards. In unser behelfsmäßiges Gästebuch schrieb er:
„Licht muß wieder werden nach diesen dunklen Tagen!"

Rechnungsführer war Norbert Zinke, ehemaliger Deckoffizier der Kaiserlichen Marine und Geschützführer auf dem Schlachtschiff „Thüringen". Aus nie erläuterten Gründen war er nach dem Kriege im Posenschen hängen geblieben, seine Staatsangehörigkeit war nie ganz astrein. Er war ein Muster an Zuverlässigkeit, blieb unverheiratet und wohnte im Hause des Administrators, fünfundzwanzig Jahre lang bis zu seinem plötzlichen Tod im Jahre 1944.

Der Feldinspektor wechselte häufiger, für ihn war dieser Posten eine Art Startbrett zu Höherem. Zeitweilig war es ein Neffe von Herrn Hoppe, Pawlitz, ein vorzüglicher Mann, ein paar Jahre lang Herr Mietz, der dann als Oberinspektor nach Zurawia ging. Hin und wieder gab es auch einen Lehrling, z. B. einmal einen der Radojewo'er Söhne, doch schätzte Herr Hoppe das nicht sehr — Lehrlinge auszubilden ist stets eine Belastung.

Dann gab es den Hofverwalter für die Aufsicht über die Vorräte, die Fütterung und Betreuung des lebenden Inventars usw. Auf dem Riesenhof legte er täglich viele Kilometer zurück. Herr Falk war ein emsiger Mann ohne große persönliche Ansprüche. Er und der Förster bewohnten gemeinsam ein recht bescheidenes Haus am „Wäldchentor".

Ziemlich zu Anfang unserer Grocholiner Zeit wurde die Försterstelle frei. Wir besetzten sie mit Herrn Lohf, dessen Vater wir von Nickelskowo her gut kannten. Einen besseren Mann hätten wir nicht finden können. Lohf war nicht nur ein erstklassiger Förster, sondern die personifizierte Anständigkeit. Er wurde mir auch in meiner völkischen Arbeit eine wertvolle Stütze.

Auch unter den Arbeitern hatten wir verhältnismäßig viele Deutsche, etwa ein Viertel der Familien. Vor dem Kriege war das nicht so gewesen, jetzt aber waren vornehmlich die gehobenen Stellungen mit Deutschen besetzt.

Gärtner war Heymann — sein Sohn Hans hat nach dem Kriege im mittleren Kanada eine große Möbelfabrik aufgebaut und Mutter und Schwestern nachgeholt.

Den Schäfer Karl Müller schätzte ich besonders. Er kannte jede der 600 Muttern und verstand auch etwas von den Böcken. Ich nahm ihn oft mit zu den Auktionen und besprach mich vor der Versteigerung mit ihm, was wohl für den einen oder anderen Bock im Höchstfall angelegt werden sollte. Natürlich machte es ihm Freude, voller Verantwortung schaffen zu können. Für mich war er zugleich ein Vertrauensman zu der Belegschaft.

Während diese Beiden schon zu deutscher Zeit in Grocholin gearbeitet hatten, war der Posten des Schmieds neu besetzt worden und zwar mit dem bis 1919 selbständigen Schmiedemeister Voigtland aus der Ansiedlung Malitz. Er war ein wortkarger Westfale, dem es verständlicherweise schwer ankam, seine Selbständigkeit eingebüßt zu haben. Beruflich war er sehr tüchtig. Von seinen vier Töchtern war die älteste, Anna, jahrelang bei uns im Hause tätig, ein sympathisches und zuverlässiges Mädchen.

Hofmaurer war Robert Strehlau. Auch er gehörte eigentlich auf einen selbständigen Posten. Er besaß das EK I, hatte sich also im Felde sehr ausgezeichnet. Politisch war er Sozialdemokrat, ließ das auch merken, doch störte das unser gutes Verhältnis nicht.

Bethke, der Schweizer, war noch nicht lange in Grocholin — von ihm weiß ich nichts Besonderes zu berichten.

Andreas Schmidtke, Dampfpflugmaschinist, stammte aus Wolhynien. Die Familie war 1917/18 gekommen, der Vater und der ältere Bruder nach dem Kriege wieder zurückgegangen — ich habe sie 1926 in Antonówka besucht, es gab eine ganz große Freude. Andreas Schmidtke war als Maschinist oder später als Treckerfahrer ausgezeichnet, er hatte aber nicht das Zeug zum Dampfpflugmeister.

Als Nachwuchs-Stellmacher trat Becker in den dreißiger Jahren bei uns in Dienst.

Ludwig Vogt war zweiter herrschaftlicher Kutscher, d. h. vornehmlich für die Pferde des Beamten zuständig.

Ein tragisches Schicksal hatte die Familie Günther, Großbauern aus dem Kaukasus. Für den alten Günther, der mit seinem langen

Vollbart wie ein Patriarch wirkte, war der soziale Abstieg furchtbar, mit polnischen Landarbeitern zur Arbeit eingeteilt zu werden — auch wenn versucht wurde, ihn etwas herauszuheben. Aber für einen Sonderposten, Handwerker o. ä., hatte er nicht die notwendigen Kenntnisse, er war auch schwerfällig. Sein Sohn Gotthilf und sein Schwiegersohn Neßler fügten sich besser in die Gefolgschaft ein, seine älteste Tochter Emma war viele Jahre lang Köchin im Hause Hoppe, ehe sie den — polnischen — Dampfpflugmeister Kotłowski heiratete.

Schließlich sind noch Büttner und Hübner zu nennen, die ebenfalls keine Sonderfunktionen hatten.

Ihnen standen einige dreißig polnische Deputantenfamilien gegenüber. Manche waren schon in der dritten, der Gespannvogt Michel Demski in der vierten Generation in Grocholin — er besaß das EK II aus dem Weltkrieg. Viele der Männer waren damals deutsche Soldaten gewesen und hatten voll ihre staatsbürgerlichen Pflichten erfüllt, alle waren von rührender Anhänglichkeit und Treue. Bei einigen hatten sich auch Reste der einstigen Feudalherrschaft polnischen Stils erhalten, die „Herrschaft" wurde als etwas Besonderes empfunden, der eben auch etwas Besonderes zustünde. Typisch für eine solche Haltung war etwa der alte Maschinist Goncerzewicz, der der Gutsherrin den Rocksaum küßte.

Eine Reihe der polnischen Leute hatte auch gehobene Posten. So der Vogt Kalka, der Vorschnitter Budziński — die Vögte hatten keine angenehme Aufgabe, sie standen zwischen der Betriebsführung und den Leuten und mußten den Standpunkt der (deutschen!) Herren durchsetzen. Besonders zuverlässig war der Nachtwächter Kaczmarek. Es war niemand zu raten, den Hof nachts zu betreten, wenn seine beiden Schäferhunde los waren. Ganz ausgezeichnet war der schon genannte Dampfpflugmeister Kotłowski, 1928 engagiert, überdurchschnittlich intelligent und tüchtig — die Maschinen waren unter ihm erstklassig in Schuß.

Im Gegensatz zu allen Genannten war der Stellmacher Baum trotz seines deutschen Namens ein verbissener Pole. In seinem Fache verstand er etwas. Sein charakterlich angenehmerer Sohn hatte das Zittern, war deshalb für das Handwerk nicht voll geeignet, weshalb der junge Becker als Nachwuchskraft eingestellt wurde.

Ein besonderer Posten auf allen Gütern war der „herrschaftliche Kutscher". Diese Stellung war seit Jahrzehnten in Grocholin in der Hand der Familie Chełminiak. Der „alte Helminiak" hatte schon den Urgroßvater gefahren, dann die Generation von Tante Hildegard, dann Onkel Münte und Tante Roberta. Als meine Mutter in Grocholin zur Welt kam oder zu den Ferien hinkam — als das Gleiche wieder eine Generation später unsererseits erfolgte: Stets saß der Alte kerzengrad auf dem Kutschbock, mit buschigen Brauen und einem Hindenburg-Schnauzbart. Er hatte eine etwas heisere

Stimme und sprach ein etwas hartes Deutsch — das alte Grocholin ist ohne ihn undenkbar, er ist auch mir in lebhafter Erinnerung geblieben. Sein Sohn Xaver reichte nicht an ihn heran, war auch nicht ganz gesund, aber ebenfalls ein braver Mann. Er starb schon 1930.

Seitdem saß Edmund auf dem Grocholiner Kutschbock, ein guter Pferdepfleger und Kutscher. Dienstlich ließ er sich nichts zuschulden kommen, war aber, wie viele seiner Altersgenossen, als Nationalpole der deutschen „Herrschaft" gegenüber anders eingestellt als sein Vater und sein Großvater. Auf nahezu allen Gütern war der „herrschaftliche Kutscher" ein Pole — eine Ausnahme machte lediglich Zurawia mit dem alten Wegener. Er nahm demzufolge eine gewisse Sonderstellung ein, wozu ihn die Tatsache berechtigte, daß Frau von Bülow einer älteren Generation angehörte als die Damen auf den anderen Gütern. Aus diesem Grunde pflegte er während des sonntäglichen Gottesdienstes direkt vor dem Eingangspförtchen zu halten. Das erachteten wir durchaus als berechtigt, sofern die alte Frau von Bülow in der Kirche war. Da dies aber keineswegs immer der Fall war, sagte ich Edmund: „Wenn Wegener den Zylinder auf hat und also die alte Gnädige Frau aus Zurawia in der Kirche ist, hat er den Vortritt. Wenn er aber nur die Mütze auf hat, stehen Sie vorn, denn erstens ist Grocholin doppelt so groß wie Zurawia und zweitens sind wir älter als die jungen Zurawer Herrschaften." Ich siezte alle meine polnischen Leute — und die deutschen natürlich erst recht.

Von den übrigen polnischen Leuten erinnere ich noch an Potulny, den Fohlenpfleger; an den Milchkutscher Kondys, der in Exin unsere Besorgungen erledigte und die Post brachte; an Kuliberda und Burzynski als sehr zuverlässige Leute. Aufs Ganze gesehen, war das gegenseitige Verhältnis ein patriarchalisch-vertrauensvolles. Das zeigte sich bei alten Bräuchen und bei Festen. Zu Beginn der Getreide-Ernte wurden die Gutsherrschaft und der Betriebsleiter „gebunden". Wir bauten wenig Wintergerste, sie brachte nur jedes dritte Jahr eine gute Ernte, und hatten den Rapsanbau schweren Herzens eingestellt, weil die Bekämpfung des Rapsglanzkäfers mit den damaligen Methoden zu schwierig war. So kam als erstes der Roggen dran. Die Leute legten Wert darauf, daß er mit der Sense im Akkord gemäht wurde. Bei zwei Morgen Tagesleistung verdienten sie gut, schufteten dafür aber auch gewaltig, die Männer beim Mähen, die Frauen oder Mädchen beim Garbenbinden. Kamen wir dann, gewöhnlich kurz nach der Vesperzeit, am ersten Tage aufs Feld, dann ruhte ein paar Minuten die Arbeit und die Abrafferin des ersten Mähers schlang jedem von uns mit ein paar Worten ein buntes Seidenband und eine Handvoll Halme um den Arm. Es war ein Zeichen der Verbundenheit, der Rest aus einer gefühlsbetonten Zeit in unserer wachsenden Nüchternheit, und es tut mir heute leid, daß ich diese Prozedur gar nicht schön fand. Daß wir uns loskaufen mußten, spielte dabei natürlich keine Rolle.

Nach beendeter Getreide-Ernte, in der zweiten Septemberhälfte, stieg an einem Sonnabend das Erntefest. Am frühen Nachmittag kamen die Leute oder doch ein großer Teil von ihnen mit zwei oder drei Mann Blasmusik vors Haus. Das älteste Mädchen, es konnte noch tadellos deutsch, sagte die alten Verse auf. Sie begannen mit:
„Wir wünschen dem Herrn einen goldenen Tisch,
an jeder Ecke einen gebratenen Fisch..."
Der Gutsfrau wurden viele reizende Kinder gewünscht. Dabei wurde eine große Erntekrone mit vielen bunten Bändern überreicht oder, in Grocholin, jedem von uns, auch den Kindern, kleine Krönchen. Ich bedankte mich für die treue Arbeit, es wurden viele Hände geschüttelt — als der Fürst einmal daran teilnahm, zog er sich erst einen Handschuh über seine kleine rechte Hand. Es ging hinüber zum Speicher, der mit Laub und bunten Bändern hübsch ausstaffiert war. An den Wänden entlang standen Tische und Bänke. Wir begannen den Tanz, der Gutsherr mit der Versaufsagerin und der erste Vogt mit der Gutsfrau. Dann ging es die ganze Nacht hindurch. Freibier, Semmeln und Wurst, für die Kinder Süßigkeiten — es war wirklich kein aufwendiges Vergnügen, die anspruchslosen Menschen waren glücklich. Auf anderen Gütern soll es manchmal Krawall gegeben haben, oft durch Ortsfremde, die sich eindrängten. Auch in Grocholin ging es laut und lustig her, der eine oder andere trank auch „einen über den Durst", aber einen Zwischenfall hat es niemals gegeben.

Der zweite Höhepunkt der Gemeinschaft war Weihnachten. Wir bescherten am Tage vor Heiligabend im Saal des Alten Schlosses unter einem großen Lichterbaum alle Kinder des Dorfes, die dem Hause besonders nahestehenden Arbeiter sowie bedürftige Leute. Da sangen wir abwechselnd deutsche und polnische Weihnachtslieder, es gab nützliche Sachen, Kleidungsstücke, Äpfel, Pfefferkuchen, Bonbons — alles zusammen ein paar Wäschekörbe voll und doch kein Vermögen kostend. Aber alles war persönlich ausgesucht und wurde so empfunden.

Ein hübscher Brauch war auch das Peitschenknallen der Fornals zu einem Geburtstag. Leider habe ich es nicht hinreichend gewürdigt, vielleicht auch zu wenig „honoriert", und so entsinne ich mich nur eines einzigen Males, daß die Gespannführer zu Evas Geburtstag schachbrettartig auf dem Rasen des Rondells standen und ihre Peitschen knattern ließen. Öfter kamen zum Jahreswechsel die vermummten Gestalten des „Alten Jahres" und des „Neuen Jahres" ins Haus, d. h. eigentlich in die Küche, denn da ging es hauptsächlich um Schabernack mit den Mädchen, um Essen und um einen Schnaps.

Unvergeßlich bleiben die „majówki", die Mai-Andachten der polnischen Mädchen unter dem Kruzifix, das dicht hinter dem Dorf am Exiner Landweg unter einem alten wilden Birnbaum, einem „Gruschkenbaum", stand. Auf polnisch hieß das Kruzifix „boża męka", Gottes Leiden. Das Singen klang feierlich und melodisch durch die einfallende Dunkelheit bis zu uns. Auf den Gedanken, einmal hinzugehen, sind wir nicht gekommen. Ob hierbei unterbewußt konfessionelle oder bewußt nationale Beweggründe eine Rolle spielten, vermag ich nicht zu sagen. Aber auch diese Unterlassung tut mit heute leid.

Die Dienstsprache war Deutsch. Das war in den nördlichen und den anderen Grenzkreisen Posens so üblich und wäre auch auf einem Gute mit so starker deutscher Belegschaft gar nicht anders denkbar gewesen. Die polnischen Leute, die vor 1919 zur Schule gegangen waren, sprachen fließend deutsch, das war auch nach 1919 noch immer die Mehrheit aller derer, die zur Arbeit kamen. Die Jüngeren lernten das Notwendigste und verstanden noch genug, auch wenn sie es nicht mehr sprechen konnten. Bei den Schnittern mußte man selbstverständlich polnisch sprechen, wenn man selbst ihnen etwas klarmachen wollte — im allgemeinen sagte man es dem Vorschnitter. In der Regel ging alles reibungslos, die Leute erhielten pünktlich und vollständig, was ihnen zustand, waren zufrieden und willig. Sie wußten, daß sie in Notfällen mit Unterstützung rechnen konnten. Man mußte sie gerecht behandeln, ohne ihnen Unregelmäßigkeiten durchgehen zu lassen — wie bei Kindern — dann war ein vorzügliches Auskommen. Ich glaube, das galt auch für die überwältigende Mehrzahl der polnischen Arbeiter.

Grocholin war ein Großbetrieb mit einem gewissen Abstand zwischen dem Besitzer und auch dem Betriebsleiter und den Arbeitskräften. Anders war das auf dem Krüger'schen Neu-Ruhden im Kreise Wirsitz, etwa 50 km von uns entfernt. Es wurde von dem ältesten Bruder von Evas Vater, Karl, bewirtschaftet. Als Eva 1929 erstmalig angedeutet hatte, daß sie einmal nach Grocholin kommen sollte, hatte Onkel Karl tief beeindruckt gesagt: „Evchen, Grocholin? Das im Kreise Schubin, wo der Herr Hoppe wirtschaftet? Du, das ist eines der schönsten und wertvollsten Güter im ganzen Lande!" Ich hatte ihr vordem natürlich von Grocholin erzählt, es aber nicht derart herausgestrichen. Und erst 1930 sind wir von Nickelskowo aus zum ersten Male in Grocholin gewesen.

Die Krügers sind erstmalig 1724 in Drossen an der Oder nachgewiesen, wo sie zu Wohlstand und Ehren kommen. Evas Großvater Friedrich Wilhelm Krüger besitzt das Freischulzengut Selgenau im Kreise Wirsitz, verkauft es 1907 und erwirbt dafür Neu-Ruhden. Er stirbt 1916, als ihn — im Krankenhaus — die Nachricht vom Tode seines dritten Sohnes, Evas Vaters Kunibert, erreicht; Kunibert Krüger ist als Hauptmann d. Res. am 11. Juli 1916 bei Souville vor

Verdun gefallen, als er an der Spitze seines Bataillons als erster zum Sturmangriff aus dem Graben aufsprang.

Karl, der Älteste — sie waren fünf Brüder und drei Schwestern — übernahm den Besitz, er blieb unverheiratet, die Belastung des nicht sehr ertragreichen Gutes war zu groß. Karl war ein ganz prächtiger Mensch, tüchtig, schlicht, warmherzig. Ich habe ihn vom ersten Augenblick an besonders gern gemocht. Ruhden hatte 685 Morgen leichten Boden, war seit 1920 von seinem Markt Schneidemühl abgeschnitten und auch sonst verkehrsmäßig in ungünstiger Lage. Da ließen sich keine „großen Sprünge" machen. Aber Onkel Karl wirtschaftete mit viel Fleiß immer noch das Notwendige heraus. Allerdings machte sich für einen solchen Getreidebau-Betrieb der katastrophale Preissturz seit 1929 viel stärker bemerkbar als für Gemischtanbau- oder Viehzuchtbetriebe.

Für unsere Mutti war das großväterliche Ruhden der Inbegriff alles Schönen. Dort hatte sie zumeist ihre Ferien verbracht, dort den Geist ihres unvergessenen Vaters gespürt. Auch ich habe dort den Begriff der „Krügerei" kennen und hochschätzen gelernt. Er verkörperte sich in Onkel Karl ebenso wie in seiner Schwester, Tante Hete, die ebenfalls nicht geheiratet hatte. Hier war man „warm", hier fühlte man sich geborgen. Zwischen dem Besitzer und seinen überwiegend deutschen, sonst aber eingedeutschten Leuten bestand ein herzliches Verhältnis, es gab keine Zwischenschicht der Beamten, der Betriebsleiter mußte sich um alle Einzelheiten kümmern und stand ungleich mehr in seinem Betriebe „drin", als dies auf einem großen Gute möglich war. Es kam schon in dem allabendlichen „Ableuchten" des ganzen Hofes zum Ausdruck, das Onkel Karl stets selbst durchführte.

So fuhren wir gern hin — zu selten, das wird einem ja immer erst später klar, wenn es zu spät ist. Es ergab sich von selbst, daß wir auch über die Ruhdener Landwirtschaft sprachen. Ich stellte Onkel Karl einen „Wirtschaftsplan" auf, wahrscheinlich etwas theoretisch, aber als Ergänzung seiner urkonservativen Wirtschaftsweise anregend. Es fiel ihm schwer, Umstellungen vorzunehmen, zu stark hing er an Althergebrachtem. Dazu gehörten vor allem als Viehfutter die Wruken, die Kohlrüben. Mehr als einmal sagte er bei den Gesprächen über eine Modernisierung der Anbaupläne: „Aber die Fruken, Hans, die Fruken, wo bleiben die?" Ich hielt von ihnen nicht so viel, sie gaben keinen hohen Ertrag. Dagegen leuchtete es ihm ein, daß eine verstärkte Schafhaltung auf dem leichten Boden angebracht wäre, auch daß die Arbeitskraft des Schäfers dadurch besser genutzt würde. Er kaufte mir, nicht lange vor dem Kriege den besten Bock der jungen Grocholiner Hochzucht-Herde ab.

Ob meine betriebswirtschaftlichen Anregungen sich auf die Dauer nutzbringend ausgewirkt haben würden, hätte sich nur dann beurteilen lassen, wenn nicht der Krieg die Verhältnisse von Grund auf geändert hätte. Gut war es jedenfalls, daß es mir gelang, den fast 70jährigen Onkel Karl zu überreden, daß er den jungen Ernst Schmekel aus Wiskitno zu seiner Unterstützung einstellte. Er hat dann Sabine, die Erbin von Ruhden, geheiratet.

Bald darauf schloß Onkel Karl die Augen für immer. Er starb in Schneidemühl und wir erhielten sogar zur Beerdigung Vier-Tages-Pässe. In Evas Paß ließ ich unsere drei „Großen" eintragen — Jürgen war noch kein Jahr alt und blieb unter der Oma Betreuung zu Hause. Sofort nach der Beisetzung fuhren wir nach Bad Reichenhall. Hans-Kunibert laborierte seit langem an den Mandeln, er war schon einen ganzen Winter in St. Peter-Ording gewesen, ohne daß es spürbar geholfen hätte; es war weder für den Fünfjährigen noch für uns ein schöner Winter gewesen, aber immer noch besser als ein längerer Aufenthalt in einem polnischen Kurort. Das hatte nämlich die Behörde verlangt, als wir den Jungen offiziell herausschicken wollten: Erst müßten die eigenen Kurmöglichkeiten versucht werden. Wir hatten ihn dann mit einer Gelegenheit herausgebracht. Nun nahm der uns empfohlene Arzt ihm die Mandeln heraus. Natürlich mußte Evas Paß verlängert werden. Ich fuhr mit der ärztlichen Bescheinigung zum polnischen Konsulat in München und erhielt die Verlängerung beider Pässe anstandslos auf vier Wochen. Dem Pförtner hatte es die Sprache verschlagen, als er polnisch angesprochen wurde — er antwortete bayerisch. Das war im Februar 1939.

Heimat Grocholin

Ruhden war für Eva das Kinderparadies — Grocholin wurde für uns, ganz besonders aber für sie die Heimat.

Dem hat sie in ihrer Tischrede zu Gudruns Hochzeit Ausdruck verliehen, die eine Fahrt zu Gudruns Geburtsstätte zum Inhalt hatte. Diesen Gedanken haben beide 1978 in die Tat umgesetzt, an ihrem 38. Geburtstag betrat Gudrun noch einmal das Haus, in dem sie ihre frühen Kinderjahre verbracht hatte. Evas Bericht über das „Wiedersehen mit der Heimat" zeugt davon, daß sie durch diesen Besuch unseres geliebten Grocholin „über die eigene leidvolle Verwurzelung hinausgewachsen ist" (Freda Solms).

Der Kampf um die Scholle stärkte das Heimatgefühl. Trotz des Eingriffs der Agrarreform lebten wir finanziell noch immer sorgenfrei. Neben den auf das Drittel von Tante Roberta entfallenden Reineinnahmen hatte ich mit Onkel Münte eine Entschädigung für die Betriebsleitung vereinbart, die nach dem Ausscheiden des alten Herrn Hoppe durchaus berechtigt war. Sie betrug jährlich 10 000 Zloty. Einen großen Teil des Überschusses steckten wir in den Betrieb hinein, um durch nach Möglichkeit gesteigerte Intensität gegen erneute Agrarreform abgesichert zu sein — etwa den Saatkartoffelanbau. Ob uns das etwa genutzt haben würde, ist freilich sehr zweifelhaft. Ich habe hinterher zugeben müssen, daß es richtiger gewesen wäre, wenn wir uns persönlich etwas mehr geleistet, wenn wir die vorhandenen Möglichkeiten, das Leben zu genießen, mehr genutzt hätten. Zwar hätten wir von der Welt kaum viel sehen können, weil man ja aus Polen nicht herauskam, aber auch im Lande selbst gab es viele Sehenswürdigkeiten. Aber keiner kann aus seiner Haut. In einem preußischen Offiziershause sehr sparsam erzogen, widerstrebte es mir, aufwendig zu leben, und diese Haltung entsprach auch der unserer Nachbarn.

Aber wir lebten „herrschaftlich". Dazu gehörten Kutsch- und Reitpferde. In jenen Jahren hielt auch das Auto seinen Einzug auf den Gütern. Im Frühjahr 1933 äußerte der Fürst, er wolle uns seinen noch in erstklassigem Zustand befindlichen, genau zwanzig Jahre alten Daimler-Benz überlassen. Der Wagen war seinerzeit „le dernier cri" gewesen: Coupé mit aufklappbaren Gegenübersitzen, der Chauffeur durch Glaswand abgetrennt; der Innenraum so hoch, daß ein mittelgroßer Mensch darin aufrecht stehen konnte; technisch natürlich völlig überholt, Bremse und Gangschaltung außen, Ballonhupe, der Motor ohne Anzugsmoment. Es war grausam, mit der „Friedrichsfelder Lustschaukel" durch Berlin zu fahren. Die Geschwindigkeit reichte zwar für den Stadtverkehr gerade aus, aber bis der Schlitten in Fahrt kam, wenn die Ampel auf grün sprang — das gab es damals schon —, hupten sie hinter einem wie verrückt und man konnte froh sein, wenn einem keiner hinten drauf fuhr. Mit Schrecken denke ich an eine Fahrt an einem schönen Juni-Abend, einem Sonntag. Auf der Rückfahrt blieb der Wagen auf der Frankfurter Allee stehen. Kurt, Chauffeuer und Diener in einer Person, in einer unauffälligen grauen Livrée, fummelte am Motor herum, ich gab mehr oder weniger sinnvolle Ratschläge. Der Fürst saß im Fonds und schloß die Augen. Im Handumdrehen stand ein Haufen echter Berliner Jungens um uns herum. „Ihr kommt woll von der Avus, watt? Ihr habt woll Caracciolan jeschlagen? Kiek dem ollen Baron, er tut als ob er schläft!" Dem Motor fehlte nichts als Brennstoff. Kurt mußte ihn in einer Schnapsflasche aus einer Budicke holen, eine Tanksäule gab es weit und breit nicht.

Dieses Fahrzeug aus der Zeit Heinrichs des Heizbaren sollten wir erhalten — wir wären zum Gespött der ganzen Gegend geworden. Und das für viele Jahre, denn der alte Mercedes war unverwüstlich. In meiner Not kam mir ein rettender Gedanke. „Der schöne Wagen ist doch viel zu schade für unsere schlechten Wege!" Das leuchtete Onkel Münte, der seinen Wagen liebte, ein, der Kelch ging an uns vorüber. Wenn aber einer aus der jüngeren Generation sich eine etwas geringschätzige Bemerkung über den Wagen erlaubte, sagte der Fürst lächelnd: „Laßt man, Kinderchen: Wenn ich aus der Oper komme, sehe ich meinen Wagen auf den ersten Blick und bin längst auf der Rückfahrt, wenn Ihr Eure Wagen noch suchen müßt!"

Indes, Onkel Münte hatte unseren Appetit angeregt, einen Wagen wollten wir nun doch haben. In Polen gab es nur amerikanische und italienische, keine deutschen Wagen zu kaufen, diese standen unter einem Sonderzoll. Überwiegend waren es Fords. Das ging mir gegen den Strich. In dieser Situation wurde mir ein gebrauchter Stoewer Achtzylinder angeboten. Er gehörte Eduard von Fischer-Mollard aus Parzęczew, einem passionierten Automobilisten — er besaß auch ein eigenes Flugzeug, für damalige Zeiten etwas Unerhörtes. Er führte Chassis ein, das war zolltechnisch sehr günstig, und baute selbst Karosserien. Der Wagen war bildschön, chamois, rotes Leder, Sportwagen, fünfsitzig, dazu im Kofferraum zwei Notsitze. Kostenpunkt: 8000 Złoty, etwa das Gleiche wie die wenig ansehnlichen Fords. Angeblich hatte er 45 000 Kilometer hinter sich. Fischer-Mollard war „clever" — ich „blau-äugig" — also von beiden Seiten die richtigen Voraussetzungen für einen Gebrauchtwagenhandel. Ich war sehr stolz, 500 Złoty herunterzuhandeln, und wurde Besitzer meines ersten Autos. Anfänglich brauchte der Wagen 16 Liter, doch stieg das bald an. Auch gab es bald Reparaturen. Als wir auf 100 Kilometer 24 Liter tanken mußten, sattelte ich auf einen Adler Trumpf-Junior um. Nach dem Zehn-Jahres-Pakt waren Einfuhrverbote aufgehoben und die Zölle auf deutsche Wagen gesenkt worden. Immerhin kostete der Junior rund 7000 Złoty, während er im Reich für 2000 Mark zu haben war. In landwirtschaftlichen Erzeugnissen war ein Złoty ungefähr gleich einer Mark. Als ich den Junior umtauschte, gelang es mir, auch den Stoewer noch mit 1500 Złoty in Zahlung zu geben — es war das einzige gute Autogeschäft meines Lebens.

Zunächst aber freuten wir uns an unserem schönen Wagen. Man fuhr viel weniger als es heute üblich ist. Der nachbarliche Verkehr beschränkte sich auf einen Umkreis von 10 bis 12 Kilometern. Sie waren bequem mit Pferden zu bewältigen. Für weitere Strecken gab es die Bahn. Die Personenzüge führten noch die I. bis IV. Klasse. Onkel Münte befolgte ein besonderes Prinzip: Entweder fuhr er „vierter Güte" — „ich werde doch diesen Kerlen nichts schenken!" — oder aber, zumindest auf weiten Strecken (Warschau!), erster. Letzteres war verständlich, ersteres um so weniger logisch. Auch an uns wurden die PKP, die Polnischen Staatsbahnen, nicht reich. Nach Zoppot, in den Sommerurlaub, nahmen wir wegen der Größe der Familie und des vielen Gepäcks den Wagen — und einmal waren wir auch in Warschau.

In Zoppot traf sich halb Posen, d. h. die größeren Gutsbesitzer aus dem nördlichen Posen und dem „Korridor". Danzig war für uns das „Tor zur Welt", vor allem aber der Urlaubsort. Die Zoppoter Waldoper, erstklassig besetzt, mit unerhört eindrucksvollen Aufführungen — schon die natürliche Kulisse etwa für den „Tannhäuser" war herrlich. Der breite, weiße, nicht übervölkerte Strand; der „Tanz auf der Fontäne"; die Seebäderdienst-Fahrten; die reiche alte Stadt; die mannigfachen Abwechslungen; und, jedesmal beglückend empfunden: rundherum nur Deutsche! Das kann nur der verstehen, der unter einem anderen Volke lebt, einem Volk, das ihm nicht wohlgesonnen ist. Danzig war für uns der Inbegriff der Freiheit geworden — an die Riviera zog es uns nicht.

Unsere größte Fahrt war die zur Olympiade nach Berlin, 1936. Dazu hatte es Pässe gegeben, Polen konnte sich ja nicht derart vor der Welt blamieren. Aber es sorgte schon für die unvermeidlichen Schikanen. Wir erhielten die Devisen erst am Sonnabend, dem 2. August, früh 6 Uhr.

Das war der Eröffnungstag. Wir erhielten sie an der Grenze von einem Angestellten der Finanzbehörde — in Form eines Gesamt-Schecks für zehn, untereinander völlig unbekannte Familien. Wir mußten ihn in Schneidemühl einlösen, später sahen wir uns ja niemals wieder. Damals gab es sonnabends vormittags noch Schalterdienst, ab 9 Uhr. Aber es erwies sich als schwierig, den Scheck zu Geld zu machen. Wir bestanden die erste Probe auf unsere Geduld. Als es dann endlich weiterging und ich zum ersten Mal tankte, machte der Wagen bei dem gewohnten Tritt auf den Gashebel einen Sprung. Das deutsche Benzin war etwas ganz anderes als das polnische.

Mittags waren wir in Berlin. Ich kannte die Stadt viel zu wenig und bog mehrfach zu früh südlich ab. An der großen Ost-West-Achse stoppte uns ein Schupo. „Wir wollen zum Sportfeld, wir haben Eintrittskarten, wir sind Auslandsdeutsche!" „Na", meinte er gutmütig, „dann fahren Sie man schnell hier lang, die Straße ist für den Führer freigehalten, der kommt in einer Stunde." Der kleine, erdfarbene Junior mit der Tatrune im Wimpel sauste die Breite Straße lang. Wir kamen zurecht, fanden einen Parkplatz, kamen rechtzeitig auf unsere Tribünenplätze. Und erlebten die Eröffnung, den Einmarsch der Sportler. Als die deutsche Mannschaft einmarschierte und das Deutschlandlied gesungen wurde, war ich so fertig, daß ich heulte.

Es waren Tage unvergeßlicher Eindrücke. Jesse Owens' 100 m in 10,2 Sekunden; Wangenheim mit Schulterbruch bei der siegreichen deutschen Reiterequipe; Ruderregatta in Grünau; ein Tag Segelregatta in Kiel; und eine ganze Serie deutscher Siege! Deutschland war wieder aufgestanden, das Volk geschlossen, froh und stolz. Wir konnten es nur der Führung zuschreiben — was sich hinter den Kulissen abspielte, war uns verborgen. Erwin Buchholz, den wir trafen, verriet uns nicht, was ihn bedrückte. Er hatte einmal genau so an die große Bewegung geglaubt und uns darin bestärkt — wozu sollte er uns, die wir draußen im Kampf um unser Volkstum standen, jetzt belasten.

Natürlich waren das Gipfelpunkte — und sehr seltene. Aber wir gehörten zu den wenigen, denen sie beschieden waren. Weil wir das erforderliche Geld hatten und frei über unsere Zeit verfügen konnten. In der Regel lebten wir sehr häuslich — zumindest Eva; ich kam durch meine Volkstumsarbeit viel im Lande herum, und zwar im gesamten Polen. Auf diese Weise habe ich mich zu wenig mit den Kindern beschäftigt — ich bedaure dies nachträglich sehr. Doch haben wir manche gemeinsame Ausfahrt gemacht, über die Felder, ins Wäldchen oder über Land, etwa zu den Dünen am Bismarckskopf. Dabei habe ich eifrig fotografiert, mit der Leica.

Mein guter alter 10 x 15-Platten-Apparat hatte ausgedient. Es sind eine ganze Menge netter Bilder dabei, und da wir den Eltern und Geschwistern und auch anderen Nahestehenden Abzüge zu schicken pflegten, war es Eva möglich, nach dem Verlust aller unserer eigenen Fotos nach dem Kriege wieder für alle Kinder neue Alben herzustellen. Als die Kinder größer wurden, zu deutscher Zeit, schenkte ich den beiden Großen zwei kleine Wolhynierpferdchen, zwei Schimmelchen, „Flick" und „Flocke". Auf denen lernten sie früh reiten, der erste Unterricht fand auf dem Rasen hinter dem Hause statt, wo früher einmal der häßliche Teich gewesen war. Dann bekam Hans-Kunibert ein „richtiges", wenn auch kleines Pferd. Sie holten mich zu Pferde vom Bahnhof ab, als ich auf Urlaub kam, zu dritt, denn „Flick" trug nun Reinhold.

Das weitaus meiste blieb Eva überlassen — und da war es in guten Händen. Sie war eine Mutter, wie man sie sich nicht liebevoller und gleichzeitig besser vorstellen konnte. Zwar war jahrelang Ilse Schlieter, „Tante Ille", gelernte Säuglingsschwester, bei uns im Hause, nach ihr dann Kinderfräulein, aber Eva kümmerte sich selbst intensiv um den Nachwuchs. Sie unterrichtete Hans-Kunibert das erste Schuljahr, sang und spielte mit den Kindern — und es steht für mich außer Zweifel, daß alle Sechs ihrer Mutter unendlich viel zu danken haben.

Im Sommer hatten wir viel Besuch. Onkel Münte kam regelmäßig, er fühlte sich sichtlich wohl in der Atmosphäre unseres Hauses und fand vor allem Gefallen an den zutraulichen, frischen Kindern. Bärbel war sein Patenkind — er bemerkte einmal: „Ich habe gar nicht gewußt, daß eure Tochter ja eine beauté wird!" Er war großzügig und gütig — „Man muß den Menschen immer daraufhin ansehen, ob ihm in seiner Jugend auch so viel Sonne zuteil geworden ist, wie jedem zusteht", pflegte er gern zu sagen. Ungeachtet seiner ausgeprägten Ansichten war er nie starr oder rechthaberisch, man konnte gut mit ihm diskutieren. Er hat Herrn Hoppe niemals in die Wirtschaftsführung hineingeredet und ebenso mir später freie Hand gelassen, obwohl er lt. unserem Gutsüberlassungs-Vertrag lebenslänglich Nutz- und Verwaltungsrecht für seine zwei Drittel behalten hatte. Seinem vornehmen Wesen entsprechend ist er Eva von Anfang an ritterlich-liebenswürdig entgegengekommen. Das hat es uns wesentlich erleichtert, uns schnell in Grocholin zu Hause zu fühlen.

Auch die Eltern kamen oft, immer für mehrere Wochen. Mutter genoß die Zeit in ihrem alten Grocholin, und obwohl sie den Unterschied gegenüber früher spürte, hat sie sich niemals in die Haushaltsführung eingemischt. Selbstverständlich gaben wir uns alle Mühe, es ihnen behaglich zu machen. Es war nicht immer ganz einfach. Vater war kein geselliger Mensch, er war starr und zugeknöpft. Doch ist es in erster Linie Verdienst der Eltern gewesen, wenn es trotz unterschiedlicher Auffassungen, beispielsweise in Sachen Nationalsozialismus, den Vater von Anfang an kompromißlos abgelehnt hat, niemals zu Kontroversen gekommen ist.

Wir hatten auch viel Kurz-Besuch: Freunde und Kameraden, Gleichgesinnte, auch aus dem Reich oder anderen deutschen Volksgruppen. Besuch gehört im gesamten Osten „einfach dazu". Außer in Posen und Bromberg war es um Hotels sehr mäßig bestellt, und was die Mehrbelastung anlangte, so nahm die Hausfrau sie gern in Kauf um der Anregung und Abwechslung willen. Für die eigentliche Arbeit im Haus gab es ja genug dienstbare Geister: Die Mamsell (unterstützt durch ein Küchenmädchen), zwei Hausmädchen, ein Mädchen für das Geflügel — Hühner, Puten, Perlhühner, 200 Enten. Zum Waschen kamen Frauen aus dem Dorf — das Waschhaus stand etwas abseits, mit großen Kesseln und einer Riesenmangel. Das Putzen der Schuhe besorgte der Kutscher oder der Chauffeur. Natürlich mußten alle diese „fleißigen Hände" auch richtig eingesetzt und ausgelastet werden, der große Haushalt mußte reibungslos und möglichst „effizient" funktionieren. Damit hatte die Hausfrau durchaus ihre Arbeit.

Hinzukam der 10 Morgen große Garten — aus dem auch der Haushalt des Administrators versorgt wurde, was zur Folge hatte, daß der Gärtner nur wenig Gartenerzeugnisse auf den Markt bringen und daran etwas besonders verdienen konnte. Die Gutsfrau nahm sich auch der Leute im Dorf an, Eva hat wesentlich mehr Kontakt zu ihnen gehabt als ich, und sie hat sich unter den Deutschen ebenso wie unter den Polen — unter diesen sogar noch mehr — Freunde gemacht. Das hat sich bei ihrem Besuch 1978 sehr beglückend gezeigt. Nimmt man ihre Volkstumsarbeit dazu und ihre musischen und literarischen Interessen — sie hatte jahrelang Gesangunterricht bei Frau Daniel in Bromberg, der Frau des Bankdirektors Daniel, — dann schätzt man richtig ein, was Hans-Kunibert einmal sagte: „Unsere Mutti arbeitet nicht — sie liest und spielt Klavier!"

Im übrigen lebten wir bescheiden und ohne Luxus. Gegessen wurde, was der Betrieb erzeugte, gekauft wurde nur ganz wenig. Bohnenkaffee gab es sonntags und für Gäste — allerdings immer guten Tee. Der Alkoholverbrauch war sehr gering. Anfänglich spendierte ich auch in Grocholin nicht einmal zu den Taufen Wein. Allmählich färbten die nachbarlichen Häuser etwas ab. Einmal bezogen wir zusammen mit Bülow und Koerner — auf immerhin zusammen 12 000 Morgen — ein Fäßchen Mosel. Er war so sauer, daß er nur als Bowlenwein zu genießen war. Die Flasche kam uns auf etwa 4 Złoty, einen halben Zentner Weizen. Wir zogen den Wein selbdritt in dem gewölbten Grocholiner Keller ab, probierten trotz der „Trockenheit" ganz eifrig, wurden dabei ausgesprochen lustig und sangen, mehr laut als schön, jedenfalls „dreistimmig". Die Mamsell versorgte uns mit großen Mengen Wurst- und Schmalzstullen — unsere Frauen blieben ein Stockwerk höher und sehr viel würdiger.

Aber wir wußten auch Feste zu feiern und nutzten jede Gelegenheit, die sich bot. Einen Höhepunkt bildeten die Taufen, und deren gab es ja nicht wenige: 1939 hatten wir auf den fünf Gütern um Exin herum allein sechzehn Kinder. Frack, langes Kleid, Paten, Verwandte und vielfach der gesamte Nachbarkreis gehörten dazu. Bei uns fanden die Taufen in der Regel im Hause statt — nur Reinhold haben wir am Ostermontag, den 21. April 1935, in unserer schönen Exiner Kirche getauft — der Altar verschwand unter Grocholiner Veilchen. Sonst diente das „Rote Zimmer" als Taufkapelle — mit seinem Gewölbe, das aus den Wänden herauswuchs, hat es vielleicht schon zu alter, polnischer Zeit ähnlichen sakralen Zwecken gedient.

In der Mitte der (fensterlosen) Südwand hing an der Gewölbenische ein Madonnenbild und darunter stand der Altartisch.

Auch die Kindergeburtstage wurden festlich gestaltet. Zu Hans-Kuniberts sechstem Geburtstag wurde die Insel im Großen Teich zur Attraktion — daß endlich wieder ein guter Kahn vorhanden war, verstand sich von selbst. Dort gab es Erdbeeren, serviert auf den großen Blättern eines Huflattichgewächses, dessen hohle Stengel wir als Jungens zu langen Wasserleitungen benutzt hatten. Die Kinder bekamen Kronen aus Goldpapier als Prinzen oder Prinzessinnen aufgesetzt. Den Vogel schossen aber die Stolenschiner ab: Sie veranstalteten 1937 eine Kinder-Olympiade. Die Sieger in den verschiedenen Disziplinen erhielten eine kleine Eiche im Blumentopf. Auch wir Erwachsenen durften bzw. mußten uns aktiv beteiligen im Wettlauf oder im Hoch-Weit-Sprung über eine Kinderbox.

Ein Fest aber stellte unzweifelhaft das non-plus-ultra dar — das Grocholiner Hundert-Jahr-Fest. Wir feierten es 1937, weil die Wetterfahne auf dem Alten Schloß das Datum 1837 trug, das Jahr des Wiederaufbaus der alten Burg. Genau genommen wäre natürlich bereits 1936 das Fest fällig gewesen — möglicherweise hatte uns die Olympiade davon abgehalten. Im übrigen stand das Alte Schloß als solches ja im Mittelpunkt des Festes und es war berechtigt, sein Jubiläum als Termin zu wählen.

Wir hatten Möbel aus dem Hause ins Schloß schaffen lassen, statt der Mädelheim-Einrichtung, und Kerzenhalter waren an den Wänden angebracht. Im Park waren Lampions aufgehängt und ich setzte 40 Liter Bowle an. Wir hatten unseren Hausbesuch (die Eltern), die Nachbarn, Verwandte (die Radojewo'er mit ihrem Sommerbesuch), Freunde aus der Studentenzeit, Kameraden aus der Jugendbewegung, Mitarbeiter aus der Volkstumsarbeit eingeladen. Eine buntere Mischung war nicht denkbar, auch nicht in gesellschaftlicher Hinsicht. Es entsprach genau unserer Einstellung.

Der Vorsommer war erbarmungslos trocken gewesen, die Ernteaussichten wurden von Tag zu Tag schlechter. Am Morgen des Festes begann es zu regnen, erst ganz sacht, dann stärker, schließlich in Strömen — Gold vom Himmel für uns Landwirte! Mit strahlenden Gesichtern entstiegen die Nachbarn ihren Wagen und ihre frohe Stimmung übertrug sich schnell auf die städtischen Gäste, die naturgemäß weniger entzückt von diesem Wetterumschwung waren. Wir waren fünfzig Personen, gerade richtig für die hundert Quadratmeter des Saales. Es gab kaltes Bufett, also entfiel die Bedienung. Wir saßen an kleinen Tischen, ich hatte die Tischordnung sorgfältig überlegt, das war bei einem derart gemischten Kreis besonders wichtig. Und es bewährte sich: an allen Tischen gab es die regste Unterhaltung. Menschen, die sich jahrelang nicht mehr gesehen hatten, saßen sich plötzlich gegenüber, manche kamen zum ersten Mal in ihrem Leben nach Grocholin — noch heute, nach bald fünfzig Jahren, erinnern sie sich des Festes. Alles klappte programmgemäß — nur in einem hatte ich mich total verrechnet: in der Trinkfreudigkeit! Es war typisch für mich. Die Bowle war im Handumdrehen zu Ende und es war sehr schwierig, neuen Stoff aufzutreiben. Soweit ich mich erinnere, wurde nach Exin geschickt zu Rosseck, dem deutschen Gasthaus. Hermann Bülow hat mir zwar viele Jahre später erzählt, er jedenfalls habe von einer Wiederholung der Vorgänge auf der Hochzeit zu Kanaa nichts bemerkt. Aber das besagt bestenfalls, daß ich meine Sorgen für mich behalten habe, wie sich das für einen Gastgeber ja auch gehört.

Draußen strömte unablässig der Regen — mit jeder Stunde stiegen die Aussichten auf eine gute Ernte. Ins Haus, wohin man wegen der „Toilette" gehen mußte, gelangte man nur über einen Brettersteg. Die Parkbeleuchtung fiel selbstverständlich ins Wasser und ebenso etwaiges Lustwandeln in seinem weiten Raum. Das hatte aber auch sein Gutes: die Gesellschaft „verlief sich" nicht, die Stimmung in den Räumen des Alten Schlosses blieb die ganze Zeit auf der Höhe.

Reini Treskow, der Kriegsblinde von 1918 — er war ein Jahr älter als ich und nur wenige Wochen noch an der Front, jetzt war er zu Besuch in Radojewo — trug ein reizendes Gedicht vor. Ein paar Verse sind mir noch in Erinnerung. Es ging um ein zweites Jahrhundertfest:

„Haus Radojewo kommt geschwirrt in sieben Aeroplanen —
wie dann die Mode aussehn wird, das kann man heut' nur ahnen!"
Von der heutigen Mode aber hieß es:
„Man trägt aus unbekannten Gründen das Décolleté statt vorne — hinten!"
Es war „das Fest der Feste" und ist es geblieben.

Der größere Kreis

Grocholin war uns Heimat geworden. Was aber wäre Heimat ohne die dazu gehörenden Menschen? Ohne gute Freunde und getreue Nachbarn? Das galt für uns in der Diaspora noch viel stärker als im geschlossenen Deutschtum des Reiches. Es hat nachbarliche Kreise an vielen Stellen des Posener Landes gegeben — im Raum Exin war es ganz besonders ausgeprägt der Fall. Auch wenn wir beim „Sie" blieben, war der Verkehr ungezwungen, unkonventionell und herzlich.

Da war einmal der allerengste Kreis, zu dem Zurawia, Stolenschin und Rospentek gehörten. Besonders viel waren wir mit Bülows und Koerners zusammen. Im Sommer geschah das vor allem zum Tennisspielen, am Sonnabend Nachmittag. Koerners und wir hatten Plätze angelegt — der unsere wurde leider nicht ganz fest. Man traf sich zum Tee und huldigte dann dem schönen und gesunden Sport. Nachher duschte man, aß ein einfaches Abendbrot und trank eine leichte Bowle. Wir liebten dieses leichte Getränk überhaupt, es gab in Polen eigentlich nur die schweren Ungarweine. Hermann Bülow gab statt Waldmeister-, Erdbeer-, oder Kullerpfirsich- mit Vorliebe eine Gurkenbowle — sie sei so besonders erfrischend, behauptete er. Wir hatten dafür Verständnis: Zurawia war halb so groß wie Grocholin oder Stolenschin und hatte schlechteren Boden. Es lag sehr schön auf der Höhe gegenüber Exin, Hermanns Großvater hatte es 1855 gekauft. Hermann wirtschaftete zunächst im Namen seiner Mutter, die bereits 1917 Witwe geworden war, ab 1937 auf eigene Rechnung. Er war ein ruhiger, sorgfältig rechnender Mann, der sich großen Vertrauens erfreute und in Vorständen und Aufsichtsräten unserer örtlichen Organisationen saß, auch im Kirchenvorstand. Seine Frau Dorothee — sie konnten für sich den Namen eines „fast klassischen Brautpaares" in Anspruch nehmen — war eine Vietinghoff aus Neschwitz in Sachsen — sie sächselte aber nicht. Sie ritt gern und gut und nahm als einzige Amazone an unseren Reitjagden teil. Mit Bülows hatte schon zu Urgroßvaters Zeiten reger Verkehr bestanden und Tante Robchen liebte die Zurawer sehr.

Allerdings war dies auch der einzige Verkehr der Knesebeck'schen Damen gewesen. Deshalb hatte Tante Roberta auch nur nebelhafte Vorstellungen von der Lage der anderen Güter. Als wir 1927 den Verkehr zu Egon Koerner aufnahmen, wurden anderthalb Stunden Fahrzeit einkalkuliert. Es waren aber nur sieben Kilometer bis Stolenschin. Wir waren 40 Minuten vor der Zeit dort und fuhren im Schritt auf der Chaussee zwei Kilometer weiter und wieder zurück, um nicht unhöflich zu sein.

Egon Koerner, zwei Jahre jünger als ich, war nach dem frühen Tode seines Vaters der Besitzer von 6000 Morgen überwiegend schweren Bodens. Der Vater hatte nicht geheiratet, den Jungen aber adoptiert. Trotz seiner sicherlich nicht ganz leichten oder ruhigen Kinderzeit war Egon ein sehr ausgeglichener und toleranter Mensch. Er hatte in Heidelberg studiert, das Studium aber nicht abgeschlossen. Ich hatte schon 1926 die Beziehungen aufgenommen, indem ich formlos und unangemeldet mit dem Rade dort erschien. 1928 heiratete er die älteste Tochter des Hohensalzaer Superintendenten Diestelkamp, der vorher Pastor in Lindenbrück gewesen war, einem Ansiedlungsdorf, das an das Nebengut von Stolenschin grenzte. Auch ich kannte die Diestelkamps und fand seine Wahl sehr erfreulich. „Egontine", wie Rost sie gern nannte — in Wirklichkeit hieß sie Elisabeth — war eine prächtige Frau. Ihr Polterabend fiel auf den Tag meines Staatsexamens, aber die Hochzeit in Hohensalza in ganz großem Kreise und die Nachfeier habe ich mitgemacht.

Echte Grenznachbarschaft bestand zu Rospentek, zu dem unser Wald mehrere hundert Meter die Grenze bildete. Im Hause Landgraf herrschte eine gemütliche Atmosphäre. Vater Landgraf, der „alte Hetman", wie er wegen seines Schnauzbarts hieß, regierte absolut, obwohl er reichlich überständig war. Sein älterer Sohn, Willusch, der Erbe, eine Seele von Mensch und ein prima Landwirt dazu, hatte nichts zu sagen und mußte Anschaffungen, die er (mit Recht!) für dringend erforderlich hielt, hinter dem Rücken des Alten tätigen. Wenn der „alte Hetman" es dann merkte oder erfuhr, wurde er sehr böse. Willusch bezeichnete sich selbst ironisch als den „włodarz podwórzowy", den Hofvogt von Rospentek. Er heiratete verhältnismäßig spät Annemarie Klußmann aus dem Kulmer Kreise.

Rospentek hatte knapp 2000 Morgen guten Boden, ohne Wald. Als die Bahn bei uns gebaut wurde, hatten die polnischen Besitzer von Siernik und Chwaliszewo angefragt, ob sie Feldbahnanschluß nach Grocholin legen und die Treskow-Weiche benutzen dürften. Aber die Weiche war in den Herbstmonaten von Grocholin allein voll ausgelastet — bis 14 Waggons täglich —, die Beteiligung zweier weiterer Betriebe hätte zu den größten Verwicklungen geführt. Onkel Münte hatte die Beiden deshalb abschlägig beschieden — ich bin überzeugt, daß politische Momente keine Rolle gespielt haben. Trotzdem wird man dies auf polnischer Seite so gesehen haben. Sie wandten sich an Landgraf und dieser gestattete ihnen den Anschluß über Rospentek zum Bahnhof Frauengarten. Dessen öffentliche Verladerampe bot in jedem Falle eine weniger komplizierte Lösung.

Willusch war von Natur aus ein gerader, anspruchsloser Mensch. Natürlich füllte ihn seine untergeordnete Tätigkeit nicht aus. An einer Arbeit innerhalb der deutschen Organisationen war er auch nicht groß interessiert. Er hatte aber ein ausgezeichnetes Verhältnis zu den Bauern und nahm gern mit ihnen bei Rosseck in Exin „einen zur Brust". Das war mir nun wieder zuwider, ich kam über einen gewissen Abstand nicht weg, ich blieb auch im dichtesten Volksgetümmel, beim Iwno'er Erntefest oder beim Exiner deutschen Wintervergnügen, wo ich doch die Schwerfälligsten mitriß, der „Herr Baron" — die Jüngeren sagten allerdings „Kamerad von Rosen". Auf einer Jagd in Zalesie fuhren Willusch und ich in einem Feldwagen. Wir kamen an keiner Dorfkneipe vorbei, ohne daß Willusch halten ließ und kurz einkehrte. Der Kutscher wurde an dem mitgenommenen Schnaps beteiligt und ließ es sich unter solchen Umständen ohne Weiteres gefallen, daß Willusch ihm beim Weiterfahren den Takt von „Es war einmal ein treuer Husar..." auf den verlängerten Rücken klopfte, gewiß nicht grob, aber immerhin mit dem Stiefel.

So waren denn auch die Rospenteker Feste besonders feucht-fröhlich. Unvergeßlich ist allen Beteiligten die Tauffeier der Ältesten. Der stolze Vater ließ es sich nicht nehmen, in die Küche herunterzusteigen und mit den dort versammelten Kutschern kräftig einen zu „zwitschern". Sie waren nicht so trunkfest wie Willusch. Das zeigte sich, als die Gäste abfahren wollten. Zuerst kam der Koernersfelder Wagen. „Onkel Ludwig" und „Tante Trudchen" achteten streng auf Etikette — wovon später noch zu berichten sein wird. Das Coupé fuhr korrekt vor, beide stiegen ein und winkten zum Abschied. Aber der Kutscher fand die Ausfahrt vom Rondell nicht und kam wieder an der Freitreppe vorbei. Wir standen alle noch da, Koerners winkten, wir winkten zurück. Aber auch der zweite Versuch, die Ausfahrt zu finden, mißglückte. Herr Dr. Ludwig Koerner-von Gustorf ließ also halten, stieg selbst auf den Bock und ergriff Leine und Peitsche. Es geschah gegenüber von der Freitreppe, das Rondell war wesentlich kleiner als das Grocholiner und wir beobachteten alles mit wachsendem Vergnügen. Als der Wagen erneut bei uns vorbeikam, lehnte Tante Trudchen sich weit zurück in die Polster und winkte nicht mehr. Unser fröhliches Hallo konnte sie freilich nicht überhören.

Aber der Clou kam erst und er betraf die Perle aller Kutscher, den untadeligen alten Wegener aus Zurawia. Er war total fahruntüchtig und Willusch mußte Bülows einen Rospenteker Kutscher und Wagen zur Verfügung stellen. Der Zurawer Wagen kam erst am nächsten Vormittag — aber ohne Wegener. Am Grocholiner Friedhof hatte ihm der Wind den Zylinder vom Kopfe geweht — seit die alte Frau von Bülow nicht mehr in Zurawia war, waren Hermann und Dorothee zur „Herrschaft" avanciert — und als er diesem nachstapfte, hatten sich die Pferde selbständig gemacht und der brave Alte mußte vier Kilometer zu Fuß hinterhermarschieren. Dieser Vorfall blieb jedoch eine einmalige Ausnahme, und wenn auch nicht die Kutscher, so konnten doch die Herren noch ohne Schwierigkeiten nach Hause kutschieren.

Das also war unser engster Kreis. Er fand nach Westen hin eine Erweiterung in Laengner-Dobieszewko. Günther Laengner war ein Jahrzehnt jünger als wir, auch er hatte den Vater früh verloren und wirtschaftete mit seiner Mutter zusammen. Er war technisch außerordentlich versiert und ein großer Jäger vor dem Herrn. Mit den angrenzenden Landgrafs hatte er sehr engen Kontakt. Nicht allzu lange vor dem Kriege heiratete er eine Posenerin, Margot Krüger, die wir aus unserer Studentenzeit kannten.

Wir fünf von den größeren Gütern westlich Exin waren altersmäßig ziemlich einheitlich — Naumann, der die Sache von Osten her sah, nannte uns „unsere Jugend hinter Exin". Östlich Exin lagen die alten Kiehnschen Güter. Ihr Mittelpunkt war Zalesie. Es gehörte Frieda, der ältesten Tochter des 1921 verstorbenen Georg Kiehn. Sie war mit Otto von Rost verheiratet. „Onkel Otto", ein Jahrzehnt älter als wir, großer Reiter und Jäger, wurde in unserem nachbarlichen Kreise in vieler Hinsicht tonangebend, ein „primus inter pares". Seine kluge und menschlich reizende Frau ließ keinen Gedanken an „Prinzgemahl" aufkommen, sondern nahm den lebenslustigen Charmeur, der gern etwas angab und sich als Hahn im Korbe produzierte, von der einzig richtigen Seite. Im Übrigen war Rost durchaus Landwirt geworden und hielt Zalesie gut in Schuß. Seine Stärke waren dabei die Pferde, er hatte sehr gute Ostpreußen. In meiner Erinnerung überwiegt indes das Bild seiner gesellschaftlichen Stellung unter uns, und hier denke ich ganz besonders an die Jagden, die eine große Rolle in unserem Leben spielten.

Die winterlichen Kesseltreiben erforderten eine ausgezeichnete Organisation. 10 bis 12 Schützen und 80 bis 100 Treiber mußten so gleichmäßig von drei oder vier Plätzen auslaufen, daß die Kessel gleichzeitig geschlossen wurden — sie waren in der Regel etwa 1000 Morgen groß, Durchmesser etwa 1800 Meter, Umfang 5—6 Kilometer. Im Laufe eines kurzen Dezembertages wurden fünf oder sechs solcher Kessel getrieben. Das hieß, daß 5—6 Kutschwagen, 8 Kastenwagen für die Treiber, — vierspännig, versteht sich, denn es ging strammen Trab von einem Kessel zum anderen — 2 Wildwagen, insgesamt etwa 50 Pferde in Bewegung waren. Einen Eintopf gab es in einer dörflichen Kneipe, dazu ein paar Klare — am besten war die żubrówka, ein reiner Schnaps auf einem aromatischen Gras, das nach dem Vorkommen in der Białowieżer Heide mit ihren Wisenten, żubr im Polnischen, so hieß. In Zalesie, aber auch nur hier, wurde die Strecke waidgerecht verblasen. Darauf Kaffeetafel, Ruhestunde, Umziehen und Abendessen im Smoking — das „Schüsseltreiben" war die Stunde der Hausfrau und ihrer Mamsell.

Die Zalesier Jagden waren vorbildlich, die Stimmung am Abend gewöhnlich besonders vergnügt. Doch entsinne ich mich auch an sehr fröhliche Stunden nach Grocholiner Jagden. Wenn es erst so weit war, daß Willusch voller Hingabe sein Lieblingslied gesungen hatte — „Im grünen Wald, dort wo die Drossel singt, Drossel singt...", stülpte ich den Kaffeewärmer über das Telefon. Es wurde auch dann abgehört, wenn der Hörer aufgelegt war — und nun

wurden wir „politisch". Was wir sonst auszusprechen uns eisern hü-
teten, kam jetzt ans Tageslicht: Unsere Heimat mußte wieder zu
Deutschland gehören! Wir waren unerlöste Gebiete, waren „Irreden-
ta". Die Polen waren es 123 Jahre lang gewesen.

Aber wir waren nicht unvernünftig oder gar unverschämt. Nur
das Land sollte wieder zum Reich kommen, das in alter Zeit, also
vor 1772, einen starken deutschen Bevölkerungsanteil aufgewiesen
hatte, Westpreußen und der Netzedistrikt, selbstverständlich ein-
schließlich Danzig und Thorn. Es hat niemals eine ethnographisch
gerechtere und deshalb sinnvollere Grenze zwischen Deutschen und
Polen gegeben als die, die Friedrich d. Gr. damals gezogen hat.

Im Falle unseres Jagdkreises bedeutete dies, daß wir alle wieder
zu Deutschland kommen sollten — ausgenommen allein Zurawia!
Das wollte, wie man verstehen kann, Hermann Bülow gar nicht gefallen und er protestierte energisch. Wir gossen noch Öl ins Feuer,
indem wir erklärten, er könne auf seinem Berg ein Café mit Aus-
sichtsturm bauen und für den „Blick nach Deutschland" fünfzig
polnische groszy kassieren, vor allem aber einen schwungvollen
Schmuggel betreiben. Dieser Disput machte uns viel Freude.

Am schönsten waren die herbstlichen Waldjagden, leiser, jagdli-
cher, spannender, naturverbunden. Auch die Strecke war bunter, es
kam Hase, Kanin, Fuchs, Fasan, auch Schwein, Ente und anderes
Wild vor. Auf unserer letzten Waldjagd in Zalesie — sie fand, wie
immer, am 25. Oktober, Rosts Geburtstag, statt — wurden neun
Wildarten verblasen. Der Grocholiner Waldkomplex war an sich zu
klein, rundherum gab es keinen Wald, aber man ließ sich eben mehr
Zeit, kesselte auch die Hutung zwischen beiden Waldstücken ein
— und schließlich ging es ja nicht um die Höhe der Strecke. Auf den
Treibjagden schossen wir in der Regel 200 bis 300 Hasen — auf der
warmen Schwarzerde Kujawiens gab es die vierfache Strecke. Aber
das war schon mehr eine Schlachterei.

Eine Besonderheit bildeten die Reitjagden. Sie wurden an mehreren Stellen des Posener Landes geritten — die Exiner ging auf Otto
Rost, den alten Rittmeister, zurück. Da keineswegs alle Nachbarn
ritten, wiewohl alle eifrige Jäger waren, erstreckte sich das Einzugs-
gebiet auf einen weiteren Umkreis als den der Nachbarn. Es kamen
zu uns Reiter aus dem Kreise Hohensalza (Schreibers), aus Gnesen
(Jürgen von Wendorff), Wirsitz (Falkenthals). In der Regel zählte
das Feld etwa zwölf Reiter. Es war keine Hetzjagd hinter der Meute
und einem lebendigen Fuchs, sondern nur das reiterliche Vergnügen.
Einer der Reiter gab den Fuchs ab, ein anderer den Master, der auf
keinen Fall überholt werden durfte. Die Hindernisse waren 1,10
Meter hoch und fest, Wagenleitern und ähnliches, die Gräben lieferte die Natur. Die Damen wurden zu den „Tribünensprüngen", gefahren, d. h. besonders effektvollen Stellen. Das war 1935 in Grocholin
ein Hindernis inmitten der Schwedenschanze, die durch den zweimal

zu überkletternden Wall schon an sich etwas Besonderes bot. Die tief in den Wald einschneidenden Wiesenschlänken eigneten sich vorzüglich für eine solche Jagd im Roten Rock.

Auf der ersten Jagd, die ich mitritt, 1933 in Stolenschin, hatte ich das Pech, daß mein wenig zugerittener Brauner in seinem Ehrgeiz die vordere Stange eines Doppelricks nicht ernstnahm und stürzte. Ich flog gegen die zweite Stange und brach mir zwei Rippen. Sonst ist nie etwas passiert. Auf einer Jagd in Mühlburg bei Jürgen Wendorff sah ich den mir bis dahin unbekannten Gero von Gersdorff, der dann der beste Mann der „Deutschen Vereinigung" wurde und 1941 vor Moskau fiel — in dem Augenblick, als er aus einem Graben auftauchte, den ich gerade übersprang. Er ritt ein ihm völlig fremdes, nicht eben „wohlwollendes" Pferd des Jagdherrn. Doch hat Lotti Wendorff, geb. Gräfin Bülow aus Kühren in Holstein, ihm nach der Jagd ebenso wie den anderen einen Bruch überreicht. Als 1936 mein „Feiner Hund", ein charakterlich besonders anständiges, zudem gut zugerittenes Pferd, lahmte, betätigte ich mich als Bildreporter. Ich bin froh darüber, es gelangen mir mehrere gute Bilder — woran es gewöhnlich fehlte.

So war unser Kreis in sich geschlossen, im Alter ziemlich ausgeglichen, in den wesentlichen Fragen übereinstimmend, aber keineswegs uniform. Ich stand gewissermaßen „auf dem Flügel" (dem linken?), war, ohne eigenes Verschulden, am wenigsten von allen Landwirt, am stärksten politisch engagiert. Differenzen hat es niemals gegeben. Sehr wichtig war es, daß unsere Frauen harmonierten — auch Eva „stand am Flügel", dem musisch-geistigen, dem Flügel des Idealismus und der Neuen Zeit.

Indessen beschränkte sich unser Verkehr nicht auf diesen Kreis und es gab mehr deutsche Güter. Zu ihnen gehörte Suchorenz, das, ursprünglich Nebengut von Zalesie, 1917 von Naumann gekauft worden war, als dieser den Staatsdienst quittierte. Naumanns lagen generationsmäßig anders als wir, ihre Kinder gingen damals noch zur Schule und so gab es weniger Berührungspunkte. Naumanns, d. h. die alten, blieben aber auch immer ein wenig „Stadtmenschen", man wurde in ihrem schönen neuen Hause herzlich aufgenommen, aber man spürte doch, daß die Atmosphäre irgendwie etwas anders war als bei uns. Naumanns Interessen lagen „eine Stufe höher" als unsere, er bewegte sich zumeist in einem anderen Rahmen. In den letzten Jahren vor dem Kriege gab es leider auch eine Kontroverse zwischen ihm und mir und unser Verkehr brach ab.

Im Exiner Raum lebte noch ein weiterer großer deutscher Politiker, Dr. Georg Busse auf Tupadly. Er war lange Jahre Senator und aufgrund seiner Veranlagung und Fähigkeiten sowie seiner vorzüglichen polnischen Sprachkenntnisse — seine eine Großmutter war Polin gewesen — ein ausgezeichneter Vertreter unserer Belange. Beruflich war er Viehzüchter, und zwar der größte Züchter schwarzbunten ostpreußischen Niederungsviehes in ganz Polen — 1929 bekam er auf der großen Landwirtschafts-Ausstellung in Posen die Goldene Medaille. Er hatte die Herde von seinem Vater übernommen, sie aber erst selbst durch unerhöhte Leistung auf die Höhe gebracht. Seine Bullen wurden ihm fast alle schon im Stalle abgekauft, polnische und deutsche Gutsbesitzer rissen sich darum, und alle fanden freundliche Aufnahme und einen vorzüglichen Ungarwein. Nachbarlichen Verkehr pflegte Busse allerdings nicht, er war über 60, lebte von seiner Frau getrennt und wurde von einer Hausdame betreut. In Tupadly drehte sich letztlich alles um die Herde, der Acker war nur für sie da. Einmal fuhr ich mit meinem Schwager Erich Menner, der Farbaufnahmen machte, damals etwas ganz Neues, durch die Gutsmark Tupadly. Wir kamen an einem Schlag Weizen vorbei, in dem leuchtend roter Mohn dominierte. Derlei gab es sonst nicht zu sehen und Erich mußte das unbedingt im Bilde festhalten. In diesem Augenblick kam Herr Dircks, der junge Administrator angefahren —es war in hohem Maße peinlich für uns, bzw. für mich.

Zu unserem erweiterten Nachbarkreis gehörte noch Koerner-von Gustorf auf Koernersfelde. Es lag 25 Kilometer westlich von uns, für Pferde etwas weit, für Autos ebenfalls — sie mußten Riesen-Umwege fahren, weil die Zufahrtsstraßen von uns aus miserabel waren. Onkel Ludwig, Egons richtiger Onkel, war ein Jahr älter als Rost, hatte sehr spät geheiratet und nur einen Sohn, „Ernstchen". Der Junge war ein „Muttersöhnchen", etwas altklug und wurde von unseren Söhnen, die alle an einen größeren Geschwisterkreis gewöhnt und etwas rauher waren, ziemlich gehänselt — was seine Mutter übelnahm. Das Koerner'sche Haus war „perfekt". Tante Trudchen setzte uns nach den Jagden stets ein phantastisches Essen vor. Nirgends war der Hammelbraten so zart, die Kartoffelbällchen so knusprig, die Cumberlandsauce so weinig, die Schoten so fein. Onkel Ludwig war die Korrektheit in Person, er wußte im Knigge genau Bescheid und hielt es für seine Pflicht, auch uns etwas im guten Ton zu unterweisen. Wir waren etwas „ländlich-sittlich" und ungeniert, fühlten uns auch keineswegs auf den Schlips getreten, wenn wir belehrt wurden. Einmal allerdings reagierte ich sauer. Ich hatte nach einer sehr anstrengenden Jagd — tiefer, teilweise verharrschter Schnee, 20 Grad minus — ziemlich früh Fritz, dem Koernersfelder Diener, den Auftrag gegeben, er solle Edmund bestellen, daß er anspannte. Edmund kam aber nicht. Als ich Fritz monierte, sagte Dr. Koerner mit suffisantem Lächeln: „Verehrter Baron: Wenn man fahren will, sagt man das dem Hausherrn, nicht dem Diener!" Damit hatte er zweifellos recht. Aber ich gab mich nicht geschlagen. „Kann sein, aber dann darf der Diener nicht so tun, als ob er den Auftrag ausgeführt hätte." Das steckte Onkel Ludwig ein. Übrigens waren die Waldjagden in Koernersfelde besonders abwechslungsreich, es kam immer Schwarzwild vor und die Organisation war unübertroffen. Auf den Anweisungszetteln für jeden Schützen fehlte nichts — außer der Angabe, welche Toilette zu benutzen sei, monierte Onkel Otto.

Die übrigen deutschen Güter bei Exin waren kleiner: Stahlberg, Besitzer Breitag, alter Afrikaner, mit Schwiegersohn Bernhard; Helmstorf — Welke; Rostau — Landschaftsrat Kunkel. Mit ihm spann sich auf Onkel Müntes Betreiben etwas Verkehr an, doch bestanden immer gewisse Hemmungen auf der anderen Seite. Zu der jungen Generation bahnte sich ein anderes Verhältnis an, vor allem hatte Eva guten Kontakt zu der jungen Frau, Erika. Sie verlor im Jahre 1943 ihren Mann in Rußland, ihr kleines Söhnchen und den Schwiegervater. Im Januar 1945 hat sie ihre Familie mit großem Mut und viel Übersicht aus den russischen Panzern heraus übers Feld gerettet. In Panigrodz saß die Familie Brach, Verwandte von unserer Frau Hoppe. Alle diese Güter waren um 500 Morgen groß, Rostau etwa 700.

Kein Verkehr bestand zu Herrn von Kunowski-Riesenburg, zu den verschiedenen Polls im Nordosten und Osten des Kreises und auch nicht zu den Schubinsdorfer Kiehns, nicht einmal von Seiten ihrer Zalesier Verwandten. Schubinsdorf selbst gehörte Else Kiehn, Witwe des 1919 verstorbenen Richard. Sie heiratete ziemlich bald danach Otto Baron Rosen aus Schweden. Er hatte mit Auszeichnung auf deutscher Seite am Kriege teilgenommen und besorgte für eine dänische Holzfirma die Abholzung des zu Schubinsdorf gehörenden Gutes Pinsk, das Kiehns verkauft hatten. Man nahm an, daß er die Tochter des Hauses heiraten würde, Piene. Sie war ein Original, unglaublich burschikos, ein prächtiger Kerl, aber denkbar unweiblich. Otto fand das sicherlich auch und setzte sich lieber zu der zwar neun Jahre älteren, aber noch sehr attraktiven Witwe ins warme Nest — sie stammte aus dem großen Juweliergeschäft Werner in Berlin. Es war begreiflich, daß ihre erwachsenen Söhne mit dem Stiefvater keineswegs einverstanden waren. Falsch aber war es, daß sie die Ausweisung des Paares nach Danzig veranlaßten — denn dort führte Otto ein noch viel fröhlicheres Leben als es in Schubinsdorf möglich war. Der ältere der Söhne, ein tüchtiger und sympathischer Mensch, mit einer Pianistin verheiratet, starb leider sehr früh — der jüngere, Nickel, war im Grunde seiner Seele ein famoser Kerl, schrullig und bisweilen etwas verrückt. Er hatte eine schöne, extravagante Brombergerin zur Frau.

Das waren also die deutschen Gutsbesitzer des Kreises Schubin. Ihr Anteil an der gesamten Gutsfläche betrug rd. 28 % — zur Agrarreform herangezogen wurden sie achtmal so stark wie die polnischen Güter. Daß diese ungleiche Behandlung uns nicht kontaktfreudig zu unseren polnischen Berufsgenossen machte, ist verständlich. Aber es hatte auch zu deutscher Zeit keine gesellschaftlichen

Beziehungen gegeben. Man kannte die polnischen Nachbarn, traf sich auf Mitgliederversammlungen etwa der Zuckerfabrik oder auf Sitzungen des Gemeinderats u. dergl. Dabei plauderte man über unverfängliche Themen, das Wetter, die Ernteaussichten und was den Landwirt sonst noch interessiert. Zumeist wurde deutsch gesprochen, die Polen beherrschten es noch gut, die meisten von uns aber sprachen nur ein „Leute-Polnisch". Ich machte auch hierbei eine Ausnahme, ich wollte vermeiden, daß man mir entgegenkam.

Diese Berührungen beschränkten sich auf die Männer. Die Damen waren „tabu". Als ich einmal auf dem öffentlichen Wege durch das Dorf Siernik ritt — das Gut grenzte im Norden mit Grocholin —, begegnete ich dem Besitzer mit seiner Frau. Ich grüßte höflich, der Gruß wurde äußerst reserviert erwidert. Nur im Hause von „Stachu" Szulczewski bin ich ein einziges Mal gewesen. Er besaß das auf einer sandigen Anhöhe nordwestlich von uns gelegene mittelgroße Słupowo mit einer wertvollen Araberzucht. Freilich durften die edlen Pferde nicht angestrengt werden. Wenn der Beamte tiefer als 15 cm zu pflügen anordnete, machte Stachu das sofort rückgängig. Dementsprechend sah es in Słupowo aus. Zu Hans-Kuniberts sechstem Geburtstag, also am 26. Juni 1937, machten wir mit ihm eine große Rundfahrt und kamen auch über Słupowo. Auf einem Schlage wiegten sich die Grashalme im Sommerwind, offenbar war es ein Grünfutterschlag. Als wir näher herankamen, sahen wir Leute darin arbeiten. Mähten sie? O nein, sie hackten! Sie hackten die Quecken zwischen den kleinen Rübenpflänzchen heraus. Das Kind sagte impulsiv: „Solch eine Schweinerei!" Es ist schon etwas dran an dem abschätzigen Ausdruck: „Polnische Wirtschaft."

Stachu war ein szlachcie von altem Schrot und Korn, liebenswürdig, großzügig, tolerant. Er sprach mit mir grundsätzlich Deutsch. Im Hause hingen ein paar gute Bilder — im Übrigen sah es sehr ärmlich aus. Und daß er niemals Steuern zahlte, wußte ich vom Gemeinderat her. Dort hatten sie mich nämlich — wir waren vier Deutsche und zwölf Polen — zum Vorsitzenden der Revisionskommission gewählt, weil man auf diesem Posten Gründlichkeit und Unbestechlichkeit schätzte.

Im Gegensatz zu ihm war sein Vetter auf Chwaliszewo ein vorzüglicher Landwirt und zugleich politisch stark engagiert, d. h. nationalistisch eingestellt. Ganz anders verhielt es sich mit dem alten Grafen Hutten-Czapski auf Smoguletz. Er war früher Flügeladjutant I. M. der Kaiserin gewesen, ihr lebensgroßes Ölbild hing an bevorzugtem Platz im Wohnzimmer. Onkel Münte und ich machten im Sommer 1927 Besuch in Smoguletz. Der alte Junggeselle erwiderte ihn bald darauf, doch blieb es dabei — man konnte ja nicht nur von alten Zeiten reden und Süßholz raspeln.

In dieser Umgebung lebten wir, wuchsen wir, wurde uns Grocholin zur Heimat. Sie hat uns geprägt, Eva genau so wie mich. Unser

Leben war weder ohne Mühen und Sorgen noch war es luxuriös-ver-
schwenderisch, sondern durchaus verantwortungsvoll und ausgefüllt.
Aber zugleich war es großzügig, war es „herrschaftlich". Es weckte
Kräfte und brachte Anlagen zur Blüte, die sich in einer städtischen
Etagenwohnung nicht hätten entwickeln können, aber auch nicht
auf einem noch so anheimelnden, aber doch beengten kleinen Gut.

Wir erlebten das Ende einer Zeit, die Jahrhunderte gedauert hatte
und in der der Großgrundbesitz eine, wenn nicht die beherrschende
Rolle gespielt hatte. Im Zuge der gesellschaftlichen Entwicklung des
19. und erst recht des 20. Jahrhunderts wurde, was einst berechtigt
war, problematisch. Die „ostelbischen Junker" haben viele Fehler
gemacht, sie haben, wie das menschlich verständlich und immer so
gewesen ist, ihr Wohlergehen mit dem des Staates identifiziert und
an sich gedacht, sie haben wesentlich zum Ende des Kaiserreichs
beigetragen. Ihre Uhr ist endgültig abgelaufen. Aber wir Posener
waren allgemein keine „ostelbischen Junker", schon von unserer
Herkunft und Zusammensetzung her nicht — und wir Grocholiner
schon gar nicht. Es war uns vergönnt, im schönsten Sinne des Wortes zu erleben, was es heißt, „Herr auf..." zu sein. Wir sind auch
die letzten deutschen Träger unseres Namens gewesen, die dies erlebt
haben — wenn auch nur zwölf Jahre. Es waren unendlich reiche
Jahre.

Die Lage spitzt sich zu

Der deutsch-polnische „Frühling" überschritt im Jahre 1935 seinen Höhepunkt — es wurde wieder frostiger. Das hemmte unseren Einsatz zunächst nicht, siehe Mädelheim. Im Park feierten wir den 1. Mai als „Tag der (deutschen) Arbeit" und die Wintersonnenwende. Aus den Dörfern der Umgegend kamen die Bauern mit Leiterwagen dazu angefahren. Die örtliche Polizei hielt sich diskret im Hintergrund, mußte aber ihre Pflicht tun. Einmal monierte sie, daß die Iwno'er auf der Rückfahrt laut gesungen hätten:

„Siegreich woll'n wir Frankreich und Polen schlagen..." Ganz auszuschließen war das nicht, wenn ich auch entrüstet widersprach. In der Regel sangen wir — denn wir liebten das Lied sehr —:

„Siegreich woll'n wir — wir dürfen's nur nicht sagen..." Aber es war natürlich unzweckmäßig, derlei auf offener Landstraße laut zu verkünden.

In Iwno veranstalteten wir Erntefeste mit Umzug durchs Dorf, gemeinsamen Liedern und Tänzen, mit Wettspielen für die Jugend und Spielen für die Kinder. Es war unser Bestreben, alle Teilnehmer zum Mitmachen heranzuziehen. Dazu mußten wir selbst nicht nur mitmachen, sondern anführen. So war es auch bei den „Wintervergnügen" in Exin — im Saale eines polnischen Lokals, denn der Saal bei Rosseck war leider nur für zweihundert Personen ausreichend und wir waren fünf- und sechshundert. Wo hatte es das je gegeben, daß der Rittergutsbesitzer diese Mengen Menschen dazu brachte, Kanons zu singen — „Froh zu sein bedarf es wenig, doch wer froh ist, ist ein König!" Und natürlich eröffnete er mit der Führerin der Mädelgruppe den Tanz, und zwar mit einer figurenreichen Polonaise, und Herbert Eichstaedt, der Führer der Jugendgruppe, gab mit der Gutsfrau das zweite Paar ab. Es war eine echte Gemeinschaft, die schwerfälligsten und gehemmtesten Leute wurden schließlich hineingezogen und die Stimmung war bei nur geringem Alkoholgenuß unerhört fröhlich. Wir hatten uns keine „Zähne ausgebissen" — es waren uns höchstens „Zähne gewachsen".

Nicht immer ging es reibungslos über die Bühne. Im Dezember 1936 hatte Eva die Frauen aller im Kreise bestehenden „DV"-Ortsgruppen zu einer Adventsfeier ins Alte Schloß eingeladen — mehr als zweihundert waren gekommen. Die Anmeldung mit allen Formalitäten hatte ich als Vorsitzender der Ortsgruppe Exin fristgerecht erledigt. Da an derartigen Veranstaltungen lt. Gesetz nur Mitglieder teilnehmen durften, wir aber aus Erfahrung wußten, daß immer einige brave Leute ihre Mitgliedskarten zu Hause vergaßen, hatte ich mich am Saaleingang postiert, kontrollierte die Ausweise und stellte, wo sie fehlten, provisorische Ausweise aus; sie unterschieden sich unauffällig von den regulären. Ich mußte 8 bis 10 Ausweise ausstellen.

Kurz nach dem gemeinsamen Mittag erschien die hohe Polizei und zwar zwei Mann hoch — außer unserem guten Exiner posterunek noch ein Offiziersanwärter. „Ausweiskontrolle!" Ich saß der Tür gegenüber. Der schneidige O. A. machte die Kontrolle sehr sorgfältig und langsam. Dabei bemerkte er nicht, daß Christel Krause, die Exiner Mädelführerin, unter den langen Tischen zu mir kroch und noch zwei oder drei Ersatzausweise forderte — anscheinend waren nach dem Mittag noch einige Frauen hinzugekommen. Sie saßen glücklicherweise nicht auf der Seite, die zuerst drangekommen war.

Zum Schluß kam der Herr O. A. zu uns an der Stirnseite. Hier saßen neben Eva und mir Frau von Parpart, die Leiterin der gesamten Frauenarbeit der „Deutschen Vereinigung", und die Geschäftsführerin, Hertha Koschowitz. Beide hatten ihre Ausweise in den Mänteln im Vorzimmer. Ich hätte natürlich auch für sie Ersatzausweise ausstellen können, doch schien mir dies etwas „komisch" und die Lage auch klar. Aber wir hatten die Rechnung ohne den verbohrten Haß des kleinen Mannes gemacht, der sich profilieren wollte.

„Hier sind zwei Nicht-Mitglieder, das ist gegen die Bestimmungen."

„Nein, ich kenne die beiden Damen persönlich als Mitglieder der DV, sie haben die und die Funktion. Ihre Mitgliedskarten befinden sich in ihren Mänteln vor der Tür."

„Ich stelle fest, daß Nicht-Mitglieder an der Versammlung teilnehmen. Schließen Sie sofort die Veranstaltung!"

Ich forderte ihn auf, die Mäntel holen zu lassen, sie seien ja zu zweit. Die Antwort lautete:

„Schließen Sie die Veranstaltung!"

Es wäre sinnlos gewesen, sich zu weigern. Ich sagte also zu den Frauen: „Die Veranstaltung ist geschlossen, weil zwei Mitglieder ihre Ausweise in den Manteltaschen haben!"

Dann setzte ich mich hin. Im Raum fiel kein Wort. Aber es rührte sich auch nichts: alle blieben regungslos auf ihren Plätzen. Darauf forderte der Herr O. A. mich auf, den Saal räumen zu lassen. Nun griff Eva ein. Sie sagte, sie habe die Frauen eingeladen und könne sie jetzt nicht herausschicken, sie würden erst gegen 6 Uhr abgeholt und könnten nicht stundenlang im Schnee herumstehen.

So weit hatte der gute Mann nicht vorausgeplant. Seinerseits die Frauen an die Luft zu setzen, fehlte ihm der Mut. Nach zehn oder fünfzehn Minuten gegenseitigen Anschweigens verließen die Hüter der Ordnung den Saal, ohne noch ein Wort zu sagen. Herbert Eichstaedt ging in angemessener Entfernung hinter ihnen her. Als er sie auf dem Wege nach Exin davonradeln sah, kam er zurück. Wir machten weiter, mit Adventsspiel und allem übrigen Programm, als ob nichts gewesen sei. Gottseidank fiel es dem Herrn O. A. nicht ein, nochmal zurückzukommen — er schämte sich vielleicht auch vor dem einfachen Gendarmen, nachdem er sich schon so genug blamiert hatte. Aber daß man in solchen Augenblicken der Ohnmacht gegenüber niederträchtigen Schikanen innerlich kochte, daß man in seinem Einsatz nur noch kompromißloser wurde, ist nicht erstaunlich.

Hin und wieder ging es auch dicht an Strafe vorbei. Seit langem begingen wir den Sonntag „Reminiscere" als „Heldengedenken". Ich reichte wie zu allen Veranstaltungen das Programm ein, Texte der Lieder und Ansprachen in Deutsch und Polnisch. (Bei Theater-Aufführungen war das eine sündhafte Arbeit!) Im Falle gerade dieser Feier, zu Ehren der gefallenen deutschen Soldaten, war es besonders heikel, denn da sangen wir Lieder wie „Heilig Vaterland, in Gefahren deine Söhne sich um dich scharen..." oder „Deutschland, heiliges Wort, du voll Unendlichkeit..."

Das klang im Polnischen einigermaßen merkwürdig. In wie vielen Ortsgruppen gab es niemand, der übersetzen konnte! Dann unterblieben eben solche Veranstaltungen, das war ja letztlich der Zweck dieser Bestimmungen. Daß ich damit fertig wurde, war der Behörde ein Dorn im Auge. Als es um die Genehmigung einer solchen Gefallenen-Gedenkfeier ging, äußerte der Vertreter des Starosten seinen lebhaften Unmut darüber, daß wir Jahr für Jahr immer noch der Toten des Krieges gedachten, und sagte in diesem Zusammenhang wörtlich zu mir:

„ A Pan jest tego wszystkiege inicjatoren"
Und Sie sind die treibende Kraft des Ganzen!

Wir hatten die Feier 1938 auf den Nachmittag angesetzt und angemeldet. Der Tag fiel auf den 13. März. Ich wurde von deutscher Seite aus gebeten, unsere Feier unmittelbar nach der kirchlichen Feier abzuhalten, damit die vielen Auswärtigen aus dem Kirchspiel nicht zweimal nach Exin hineinfahren mußten. Die kirchliche Feier war die ältere und auch die wichtigere. In der Kirche hingen die Gedenktafeln mit den Namen der 92 Gefallenen, wir sammelten uns im Gemeindesaal, zogen geschlossen in die Kirche und saßen auf den vorderen Bänken. Ich meldete also den Termin beim Starosten um.

Am 11. März 1938 erfolgte der Einmarsch in Österreich. Wir waren wie elektrisiert: die Ostpolitik geriet in Bewegung, an ihrem Ende mußte auch für uns die Stunde der Befreiung stehen. Als sich am Sonntag nach dem Kirchgang die Aula unserer schönen deutschen Privatschule, der Dürerschule, füllte, fehlte der staatliche Beobachter. Da hielt ich mich an den eingereichten Text weder meiner Ansprache noch des Schlußliedes. Vorgesehen war als Lied vom Guten Kameraden. Stattdessen ließ ich das Niederländische Dankgebet singen. Seine letzte Zeile lautet: „Herr, mach uns frei!" Wir haben es voller Inbrunst gesungen.

Am Nachmittag rief die Polizei bei mir an, wieso die Feier nicht stattfände. Ich gab Bescheid. Das sei nicht gemeldet worden, hieß es. Doch, sagte ich, ich hätte es ordnungs- und termingerecht der Starostei gemeldet. Davon wisse er nichts. „Tut mir leid, in Zukunft werde ich immer einen Durchschlag an den Exiner Gendarmerieposten schicken", sagte ich. Kurze Stille. Dann:

„Hat die Feier genau so stattgefunden, wie sie eingereicht worden ist?"

War das eine Falle? Wußte er, wie es gewesen war? Er konnte sich ja erkundigt und von einem Ahnungslosen gehört haben, daß wir gesungen hatten: „Herr, mach uns frei!" Aber dann war es gleichgültig, ob ich auf diesen Fehltritt noch eine Lüge setzte — man muß auch den Mut zu einer Lüge haben. Also sagte ich im Brustton der Überzeugung: „Selbstverständlich!"

„No to wszystko w porządku — nun, dann ist ja alles in Ordnung!"

Das war ganz gewiß keine „Heldentat", aber ein Spiel mit dem Feuer wie unser ganzer Einsatz. Nicht wenige von uns haben auch hinter Gefängnisgittern gesessen. Wir handelten „nach dem Gesetz, nach dem wir angetreten". Dieses Gesetz ist vielleicht am besten verkörpert in dem Vers:

„Und handeln sollst du so, als hinge
von dir und deinem Tun allein
das Schicksal ab der deutschen Dinge
und die Verantwortung wär' dein!"

Das versteht heute niemand. Damals war es uns ernst mit diesem Wort.

Es gab Augenblicke echter Befriedigung — es gab auch solche, wo man schwer Luft holen mußte. Im September 1937 war ich einmal wieder in „Erbschaftssachen" in Berlin und fuhr nach Nürnberg auf den Reichsparteitag. Der Eindruck war überwältigend. Nicht wegen der Massenaufmärsche, der Wehrmachts-Darbietungen, des Lichterdoms — sondern weil man spürte, ja geradezu mit Händen greifen konnte, daß die halbe Million Menschen, die in diesen Tagen hier zusammengeströmt waren, eine Einheit bildeten, erfüllt von Glauben und Idealismus und Begeisterung. Dies ging noch über die Olympiade hinaus. Mitten im Hochgefühl dieses Erlebens bemerkte ich bei einer der großen Veranstaltungen zwei Hauptvertreter unserer heimatlichen JDP. Auch sie hatten mich gesehen und es wäre eigentlich selbstverständlich gewesen, daß wir uns begrüßt hätten. Statt dessen sagte der eine, halblaut, so daß ich es hören mußte, es aber ebenso gut überhören konnte:

„Sieh da, die Leisetreter sind auch da!"

Drei Jahre später begegnete mir der Herr als höherer SS-Offizier in Posen. Ich steckte in Wehrmachtsuniform als kleiner Leutnant.

Ich drehte auf dem Absatz um und verschwand seitwärts. Diesem Mann konnte ich keine Ehrenbezeugung erweisen. 35 Jahre später sprach Erhard Kroeger, seinerzeitiger Beauftragter für die Umsiedlung der Livländer, von ihm als dem „Führer der Posener Deutschen" und war sehr erstaunt, als ich ihn über die Tatsachen aufklärte. Man mußte es 1939 verstehen, sich ins rechte Licht zu setzen.

Uns ging es um eine „sittliche Erneuerung", was immer man darunter verstehen konnte, in der Jugendbewegung, im Jägerhofer Kreis, in unserer ganzen Volkstumsarbeit. Darin waren wir uns mit weiten Teilen der Jungdeutschen durchaus einig — nur nicht mit den Radikalen. Ich hatte das mehr als einmal erlebt. Nun aber verschlug es mir doch etwas die Sprache, als unser Exiner Gendarm mich eines Tages fragte:

„Herr Baron, wann gründen Sie die dritte Partei?"

„Die dritte Partei? Was soll das denn sein?"

„Sie können es mir ruhig sagen, jedes Kind weiß doch, daß die Jungen in der DV und die Jungen in der JDP hinter Ihnen stehen — gegen die Alten!"

„Sie können sicher sein, daß ich nicht daran denke!"

Das stimmte freilich nicht ganz — daran gedacht hatte ich wohl, schon 1934 in Danzig. Es hätte „klare Fronten" gegeben. Aber es wäre Irrsinn gewesen. Nachdem JDP und DV bestanden und sich gegenüberstanden, hätte eine dritte Partei keine Aussicht mehr gehabt, dieses Gegeneinander zu überwinden. Dem Staate aber wäre noch mehr Gelegenheit gegeben worden, nach seinem bewährten Prinzip „Divide et impera" eine gegen die andere auszuspielen. Die Chance war 1933/34 verspielt worden und die Verantwortung dafür lag auf beiden Seiten.

Die Lage spitzte sich zu. Aber es gab auch immer wieder Lichtblicke in unserem Leben, und es wäre unrecht, sie zu verschweigen. Etwas derartiges erlebte ich bei meiner Rückkehr von eben diesem Reichsparteitag im Herbst 1937 an der Grenze. Ich hatte Oberammergauer Krippenfiguren gekauft, handgeschnitzte — ich glaube, die Figur kostete um die 60,— Mark. Die Zöllner sahen es als Spielzeug an, auf dem ein unerhörter Zoll lag. Zum Schluß wickelte einer die Mutter Maria aus dem Seidenpapier.

„Die heilige Jungfrau Maria", sagte er voller Ehrfurcht, „selbstverständlich sind die Figuren zollfrei!"

Drei Tage später kam ein Brief von der Zollstelle, darin lag, durch dicke Pappe geschützt, der Stock des Joseph, den wir vergessen hatten einzupacken. Ich war beschämt. Aber es war auch aufschlußreich, daß sie sich meinen Namen und meine Anschrift gemerkt hatten — wir standen unter Kontrolle.

Etwas Ähnliches spielte sich ab, als Eva mit den Kindern im März 1939 aus Reichenhall/Seefeld zurückkam — ich war vorher zurückgekehrt. Nun erwartete ich sie, mit genügend Bargeld versehen, an der Grenze; sie würden natürlich neues Spielzeug mithaben. So war es denn auch. Der Zug lief ein und aus dem Abteil winkte der vierjährige Reinhold und rief mir laut zu:

„Ati, Ati, ich hab' einen neuen Teddy!"

In dem Augenblick betrat der Zollbeamte das Abteil, sah die Kinder und hörte Reinholds Freudenausruf. Er fragte den Jungen:

„A ty umiesz też po polsku — Verstehst du auch polnisch?"

Reinhold konnte kein Wort polnisch — außer zwei Wörtern. Schlagfertig brachte er sie an:

„Tak jest!" Jawohl! sagte er strahlend.

Das freute den Beamten so, daß er nichts von dem neuen Teddy und den anderen Spielsachen sah.

Weniger sympathisch war das Verhalten der Fahndungsbeamten, als 1937 bei uns eingebrochen und viel Silber, auch die Leica und die übrigen Foto-Apparate gestohlen worden waren. Zwar erschienen sie mit Suchhund und benahmen sich durchaus korrekt. Als aber am Parktor der leere Silberkoffer gefunden war, hieß es, auf der Landstraße könne der Hund keine Spur halten. Später wurde ein Teil des Silbers in einem Posener Juwelierladen entdeckt. Wir bekamen es auch zurück, aber den Spuren ging man nicht nach.

Freilich muß ich gestehen, daß wir unsererseits es auch den Polen nicht leicht gemacht haben, uns gut zu behandeln. Wir steckten, beide Seiten, in einem Teufelskreis und keiner konnte ihn durchbrechen. Es gab keine wirklichen Kontakte von Mensch zu Mensch, weil wir jeden gesellschaftlichen Verkehr mieden — zumindest war das in den „oberen Schichten der Gesellschaft" der Fall. Die Rede ist nur von Posen und Westpreußen. In Mittelpolen war es anders, ich kannte es aus Strzelce. Aber es führte kurz über lang zwangsläufig dazu, daß man im Polentum aufging. In Posen hatte ich 1928 auf dem Ball des „koło rolników" erlebt, daß meine Tänzerin sofort auf Abwehr schaltete, sobald sie merkte, daß ich kein Pole war. Und als ich später — ein einziges Mal — die Bockauktion auf einem polnischen Gute besuchte, stieß ich auf unverkennbare Distanz. „Swój do swego — Jeder zu dem Seinen!", die alte Parole galt noch unverändert.

Eine besondere Situation entstand bei Einquartierungen gelegentlich der Manöver, wo sich die polnische Seite zuweilen ehrlich um Kontakte bemühte. Zu deutscher Zeit waren Offiziere auf polnischen Gütern korrekt aufgenommen, die Damen aber abgeschirmt worden. Es war nur natürlich, daß wir uns genauso verhielten. Das gesellschaftliche Niveau des polnischen Offizierscorps lag ohne Zweifel unter dem des alten kaiserlich deutschen. Aber es gab auch in Polen Eliteregimenter mit einem ausgesuchten Offizierscorps. Das war der Fall bei Polens liebsten Kindern, den Ulanen, aber auch bei den Reitenden Jägern. Im Sommer 1937 lagen der Regimentsstab und eine Schwadron der Posener 7. Reitenden Jäger bei uns mehrere Wochen in Quartier. Wir hatten den Herren — es waren Herren! — unser Eßzimmer und die beiden Wohnzimmer im Giebel eingeräumt, zum Schlafen den ganzen Trakt auf dieser Seite des Hauses. Ihren Vorschlag, wir sollten doch gemeinsam essen, hatten wir mit der Begründung abgelehnt, das würde zeitlich zu Konflikten führen.

So beschränkte sich unser Kontakt auf einen abendlichen Plausch auf der Terrasse — Eva und unser Hausbesuch, Käthe Wyrwich aus Lodz, traten nicht in Erscheinung. Aber verstecken konnten wir sie nicht und es war absolut verständlich, daß die polnischen Offiziere sie liebend gern in ihrem Kreise gesehen hätten. Sie waren beide weiß Gott attraktiv. Der sehr nette Adjutant, ein Oberleutnant aus alter polnischer Familie, gab sich die erdenklichste Mühe, die Beziehungen herzustellen. Es sei doch gerade die Aufgabe des Offiziers, den Damen den Hof zu machen, und was wir wohl sagen würden, wenn unsere Bärbel sich einmal in einen Polen verlieben würde? Wir antworteten, so ein Fall sei absolut ausgeschlossen. Eigentlich war das an sich schon eine Kränkung — für die andere Nationalität.

Freilich waren die Unterschiede zwischen unseren beiden Völkern nicht zu verkennen. Der Oberst schlief in Onkel Müntes Wohnzimmer, in dem mehrere Bilder preußischer Kürassiere an den Wänden hingen. Zwischen ihnen stand friedlich die Standarte des polnischen 7. Reitenden Jägers. Tagsüber zog ein Posten vor der Freitreppe auf. Die armen Kerls standen vier Stunden lang ohne Ablösung auf Wache. Es war grimmig heiß, einer kippte einmal um. Unsere deutschen Hausmädchen brachten ihnen von Zeit zu Zeit etwas zu trinken. Nachts aber wurde der Posten eingezogen. Als ich für ein paar Tage fortfuhr, wies ich Kaczmarek an, das Haus gut zu bewachen, weil ich die Doggen der Einquartierung wegen im Zwinger halten mußte.

Kaczmarek erwiderte, das sei doch nicht nötig, es stünde doch der Posten dort.

„Nein, nachts steht kein Posten!"

„Aber, Herr Baron", sagte der ehemalige deutsche Soldat, „da ist doch die Fahne im Haus, da muß doch ein Posten stehen!"

Ich mochte ihn nicht auf den Unterschied zwischen deutscher und polnischer Auffassung der Fahne gegenüber hinweisen und schwieg.

Wir sahen mehr, was uns auffiel. Die Schwadron wartete manchmal morgens eine volle Stunde angetreten, ehe der Herr Rittmeister zu erscheinen geruhte. Ein Vergleich der Offiziere dieses Garderegiments mit deutschen Offizieren der kaiserlichen wie auch der gegenwärtigen Zeit fiel für die ersteren nicht besonders günstig aus. Für den Ernstfall schien uns das ganz beruhigend. In Kerstens Gästebuch trug ich mich einmal als „einer aus der Kompanie im Vorfeld" ein, der dankbar sei für einen Blick auf die vorhandenen Kräfte.

Trotz unserer so deutlich zur Schau getragenen Zurückhaltung — um nicht zu sagen: Ablehnung — bemühten sich die Herren der Reitenden Jäger weiter um uns. Eines Mittags kam mir zu Ohren, daß das Musikkorps uns ein Ständchen bringen sollte. Dem wollte ich entgehen, ließ deshalb unverzüglich den Selbstfahrer anspannen und wir fuhren über Land. Als wir nach Stunden zurückkamen, begrüßte uns das Musikkorps auf dem Rondell mit einem Fanfarenmarsch — „marsz fanfarowy!", meldete der Adjutant uns strahlend. Der Marsch war uns gut bekannt, er lief unter dem Namen: „Kreuzritter-fanfaren". Die Polen kannten ihn natürlich nicht unter dieser Bezeichnung, sie würden ihn sonst kaum in ihr Repertoire aufgenommen haben, denn der „Krzyża", der Kreuzritter, kommt bei ihnen gleich nach dem Teufel. Der Anblick war wunderbar, lauter Schimmel — es war sehr schwer, immer noch kühl reserviert zu bleiben.

Wir hätten uns angesichts dieser spontanen Aktion nichts vergeben, wenn wir entgegenkommend reagiert hätten. In den national weniger umstrittenen Kreisen um und südlich Posen haben deutsche Gutsbesitzer gewisse Beziehungen zu polnischen Berufsgenossen aufgenommen, es waren kerndeutsche Männer und Frauen und niemand bei uns hat ihnen das verübelt. Aber es waren auch dort Ausnahmen. In dem heiß umkämpften Gebiet an der Netze und der Weichsel war das einfach nicht möglich — und schon gar nicht bei uns Grocholinern, die wir weithin als Markstein galten, als Beispiel und Vor-bild.

Vor allem aber: Das gentlemanlike Verhalten der Reitenden Jäger und ihr sicher ehrlich gemeintes Bemühen um einen Brückenschlag änderte nichts an dem politischen Alltag, an Liquidation und Annulation, an den Bemühungen um Entdeutschung durch die polnische Schule, an der Unmöglichkeit, Land zu erwerben, an vielfacher Berufssperre, an den Vereinsgesetzen, an der Agrarreform und am „Grenzzonengesetz". Dieses sollte der Nagel zu unserem Sarge werden — und wäre es geworden, wenn der Krieg nicht gekommen wäre.

Die Agrarreform traf nur die Großen. Die waren zwar für die Erhaltung des Deutschtums wichtig, sie trugen einen Großteil der finanziellen Lasten und stellten die Führungskräfte. Sie waren eine Art „Offizierscorps". Man mußte aber das Fußvolk, die Bauern treffen, wenn man das Land entdeutschen wollte. Die Bauern waren mit der Scholle verwurzelt, also mußte man ihnen diesen Lebensnerv abschneiden. Dazu sollte das Grenzzonengesetz dienen.

Etwa 95 v. H. aller deutschen Bauern in Posen und Pommerellen waren in der „Grenzzone" ansässig. Sie war an sich auf 30 Kilometer angelegt. Sobald aber ein Kreis auch nur mit einem kleinen Zipfelchen in diese Zone hineinragte, gehörte er ebenfalls in voller Ausdehnung zur „Grenzzone". Diese wurde dadurch 60 bis 70 Kilometer tief, sie umfaßte sämtliche Pommereller Landkreise mit der einzigen Ausnahme des Kreises Thorn sowie 16 von den 24 Posener Landkreisen — in den übrigen Posener Kreisen bildeten die Deutschen nur eine unbedeutende Minderheit.

Das Grenzzonengesetz war bald nach 1920 erlassen, aber zunächst auf Eis gelegt worden. Es hatte zwei Bestimmungen. Die eine hatte nichts mit dem Grund und Boden zu tun, sondern besagte, daß jeder aus der „Grenzzone" ausgewiesen werden konnte — ins Landesinnere oder ins Ausland —, der sich mißliebig gemacht hätte. Dazu genügte die Anzeige eines Spitzels, gegen die es keine Berufung gab. Es ist unserem Schubiner Starosten Dąbrowski hoch anzurechnen, daß er von dieser Bestimmung des Gesetzes keinen Gebrauch gemacht hat, obwohl der „Initiator des Widerstandes" sicherlich oft angezeigt worden sein wird.

Wesentlich gefährlicher war die zweite Bestimmung. Danach hatte der Staat beim Erbfall ein Erwerbsrecht, sobald nicht die „gesetzliche Erbfolge" eintrat: ein Viertel für die Witwe, drei Viertel zu gleichen Teilen an sämtliche Kinder. Nun herrschte bei uns wie in jedem gesunden bäuerlichen Lande die Sitte, daß nur einer der Nachkommen erbte. Nur so konnte die entsetzliche Besitzzersplitterung vermieden werden, die im südwestlichen Deutschland erfolgte. Diese ungesunden Zustände sollten also auch bei uns eintreten. Aber dabei blieb es noch nicht. Man mußte ja auch damit rechnen, daß sich die Erben auf einen unter sich als den Bewirtschafter und Nutznießer des Hofes einigten, ohne selbst Ansprüche zu stellen. Dagegen konnte der Staat an sich nichts machen. Aber die Mehrzahl dieser Erben war ins Reich ausgewandert, weil sie in Polen keine Arbeit fanden. Als Reichsdeutsche mußten sie einen bevollmächtigten Vertreter haben. Den konnten sie sich aber nicht aussuchen — den ernannte der Staat. Selbstverständlich kam nur ein Pole dafür infrage. Damit entschied in den meisten Fällen eine polnische Mehrheit über die Betriebsführung, der Besitzer hatte nichts mehr zu sagen. So wußte jeder deutsche Bauer oder Landwirt in der „Grenzzone", daß er der letzte Deutsche auf seinem Besitze sein würde. Unser Deutschtum war aber zu 80 v. H. landgesessen.

Um die fatalen Bestimmungen des Gesetzes nach Möglichkeit auszuschließen, hatte ich bestimmt, daß im Falle meines Ablebens die gesetzliche Erbfolge in Grocholin eintreten solle — so lange bis die Kinder volljährig wären. Dann aber sollte Eva meine „Letztwillige Verfügung" hervorholen, die im Tresor in der Wand meines Zimmers eingeschlossen war. Sie besagte, daß der Älteste das Gut erben, seine Mutter entsprechend versorgen und die Geschwister auszahlen solle; die Höhe der Belastungen dürfe die Leistungsfähigkeit des Betriebes nicht übersteigen. Ob und wie sich dies in zwanzig Jahren würde verwirklichen lassen, war völlig unbestimmt, aber wir waren fest davon überzeugt, daß sich im Laufe dieser Zeit sowieso sehr vieles, wenn nicht alles ändern würde — zunächst wenigstens konnte uns das „Grenzzonengesetz" nichts anhaben. Für die Masse unserer Bauern gab es freilich eine derartige Ausflucht nicht.

Rückschauend muß ich sagen: Es ist eine Tragik gewesen, ein circulus vitiosus, in den die deutsch-polnischen Beziehungen verstrickt waren. Wir waren Rädchen in dem großen Mechanismus und konnten uns nicht daraus lösen oder abkapseln, selbst wenn wir es gewollt hätten. Dabei waren wir gar nicht einmal engstirnig oder fanatisch. Gerade die tägliche Berührung mit der „anderen Seite" bewahrte uns davor. Ich hielt und las regelmäßig die „Rzeczpospolita" (die „Republik"), das große offiziöse Warschauer Blatt, das Pendant zur damaligen „Deutschen Allgemeinen Zeitung". Sie war vorzüglich redigiert und informiert. Der in Berlin tätige Berichterstatter brachte Nachrichten, die man in Deutschland nicht zu hören bekam, nicht etwa sensationelle, sondern seriöse Nachrichten, manchmal auch Interviews mit Hitler. Wenn man nicht auf dem einen Auge blind war — was allerdings die Nationalisten auf beiden Seiten waren —, erkannte man, daß jedes Problem je nach dem Standpunkt des Beschauers sich unterschiedlich darstellt — ein Berg sieht von Osten her gesehen anders aus als von Westen her. Das bedeutete nicht im Geringsten, daß man sich mit dem Verhalten einverstanden erklärte, das die jeweils „andere Seite" praktizierte, schon gar nicht wir bezüglich der Behandlung, die wir als Deutsche im polnischen Staate erfuhren. Aber wir waren auch Berlin gegenüber nicht blind, unsere führenden Männer ließen das auch Partei und Regierung im Dritten Reich spüren — die Quittung ist nicht ausgeblieben.

Der Polenfeldzug

Es ging auf den Krieg zu. Daß Hitler entschlossen war, seine Pläne notfalls mit Waffengewalt durchzusetzen, unterlag keinem Zweifel. Wie wahnwitzig sie waren, haben wir erst viel später begriffen.

Unbekannt ist jedoch weithin, daß die andere Seite genau so zum Kriege entschlossen war. Laut Joachim von Loesch, der sehr zuverlässig und in seinen Aussagen zurückhaltend ist, hat Marschall Rydz-Śmigly, der „Naczelny Wódz", der „Oberste Führer", im Frühjahr 1939 in Krakau vor Reserve-Offizieren erklärt: „Meine Herren, es gibt Krieg, ob die Deutschen wollen oder nicht!"

Bereits damals, im April, erfolgte eine Teilmobilmachung. Gleichzeitig wurden in der Grenzzone Befestigungen angelegt, so auch auf den Höhenzügen nordwestlich Grocholin, den Ufern des Urstromtales. Durch die Felder wurden Drahtverhaue gespannt, über die man bequem hinwegspringen konnte, und kleine Bunker gebaut, die auch nicht den leichtesten Artilleriebeschuß abgehalten hätten. Der Dilettantismus war sagenhaft — „die Ulanen werden es machen!" Oder rechnete man gar nicht damit, daß diese Verteidigungsanlagen in Funktion treten sollten, weil man selbst offensiv werden wollte? War es nur Taktik, wenn verbreitet wurde, die deutschen Panzer seien aus Pappe, oder glaubte man selbst daran? Der Nationalstolz als solcher ist gut. Wenn er aber zu einer Überheblichkeit führt, die in Blindheit ausartet, wird er gefährlich.

In Grocholin spürten wir die wachsende Erregung nicht nur an Haussuchungen, bei denen Bücher wie Lücks „Deutsche Aufbaukräfte im Mittelalter in Polen" beschlagnahmt wurden — ich verbrannte damals vorsichtshalber eigene Aufzeichnungen wie die „Wolhynienfahrt 26" und die „Karpathenfahrt 27" sowie alle meine Tagebücher. Alle Schußwaffen und Rundfunkempfänger mußten abgeliefert, die Hunde wegen angeblicher Tollwutgefahr abgeschossen, die Tauben — sie konnten ja Brieftauben sein! — abgeschlachtet werden. Viel übler war es, daß unsere Kinder im April auf der Fahrt zur Schule mit Steinen beworfen wurden — es war nur dem umsichtigen Verhalten des polnischen Kutschers zu danken, daß Schlimmeres verhütet wurde. Kinder, die zu Fuß zur Schule gingen, wurden weit in die Felder gejagt. Unter diesen Umständen wollten wir unsere beiden Ältesten über Danzig ins Reich bringen. Das glückte nicht und so ließen wir sie bei den alten Hoppes in Danzig. Man hat uns das in deutschen Kreisen verübelt. Aber die Grocholiner waren gefährdeter als andere.

Im Mai beruhigte sich die Stimmung anscheinend etwas. Statt dessen nahmen die staatlichen Maßnahmen gegen alles Deutsche immer schroffere Formen an. Man begann, das deutsche Genossenschaftswesen zu zerschlagen. Auch unsere Exiner Genossenschaftsmolkerei sollte „polonisiert" werden — dies war die amtliche Formulierung. Sie bestand schon ein halbes Jahrhundert und entsprach den modernsten Anforderungen. Dafür hatten wir schon aus eigenem Antrieb gesorgt, hatten aber auch von polnischer Seite Schützenhilfe erhalten. Die polnische Konkurrenz bemühte sich nach Kräften, uns etwas anzuhängen, sanitäre Kontrollen waren an der Tagesordnung. Deren Folge war aber, daß unsere Molkerei immer besser eingerichtet und auch für polnische Milchlieferanten attraktiver wurde. Zum Schluß kam ein beachtlicher Teil des täglichen Milchanfalls aus polnischen Ställen — auch Güter gehörten dazu. Unsere 2/3-Mehrheit der Genossen ließen wir uns aber nicht aus der Hand schlagen.

Das sollte nun geschehen. Jeder polnische Parzellant mit zwei oder drei Kühen, die nicht mehr Milch gaben als gute Ziegen, sollte Genosse werden und die gleiche Stimme haben wie der deutsche Bauer mit acht oder zehn Kühen oder die Güter mit 50 oder 100. Dazu mußte man die Deutschen „fertigmachen". Der einfachste Weg war, die Molkerei zeitweilig zu schließen. Die anfallende Milch mußte ja jeden Tag abgesetzt werden — da wurde der härteste Bauer schnell weich. Natürlich konnte man die Molkerei nur dann schließen, wenn sich Verstöße gegen die Hygiene nachweisen ließen. Nichts war einfacher als dies. Bei einer Kontrolle brauchte nur einer der Kontrolleure eben mal etwas zurückzubleiben und eine tote Ratte in ein Butterfaß zu werfen. Wenig später fand sie der andere. Helle Empörung! Diese Schweinerei! Es ging nicht primitiver und es gab nichts Unglaubhafteres. Aber es erfüllte seinen Zweck. Die deutsche Genossenschaftsmolkerei wurde geschlossen. So wie uns erging es zahlreichen deutschen Genossenschaften, Friedrich Swart hat in seinem „Diesseits und jenseits der Grenze" darüber berichtet und Original-Urkunden abgedruckt.

Ich ließ anfänglich unsere 600 Liter Vollmilch an die Schweine verfüttern. Dann ergab sich die Möglichkeit, sie an die kleine deutsche Privatmolkerei Karau in Gromaden zu liefern. Wie lange sie imstande gewesen wäre, den plötzlichen Mehranfall zu verarbeiten; wie lange es gedauert hätte, bis sich auch hier Verstöße gegen die Hygiene ergeben hätten: Der Krieg enthob uns solcher Überlegungen.

Inzwischen hatte Polen erheblich stärker mobilisiert. Es wiederholte sich haargenau das Geschehen von 1914. Damals sahen wir mit eigenen Augen riesige russische Truppentransporte unweit der deutschen Grenze, als wir am 29. Juli frühmorgens auf der Rückfahrt von Riga durch Litauen fuhren. Nie vergesse ich das Bild der Kosaken, die Hemden über den Hosen, auf den grenznahen Stationen. Die deutsche Mobilmachung erfolgte volle vier Tage später — und die Russen waren natürlich schon seit langem mobil. Aber alle Welt ist auch heute noch der Auffassung, Deutschland hätte den Krieg angefangen. Es ist gut, wenn man das aus eigener Kenntnis widerlegen kann.

Wir hatten am 4. Juli geruhsam mit den Kindern meinen Geburtstag gefeiert und eine Fahrt gemacht. Am nächsten Morgen gegen halb fünf wachten wir vom Rollen eines nicht planmäßigen, sehr langen Güterzuges auf, der in Richtung Exin an unserer Weiche vorbeifuhr. Militärtransport. Einige Stunden später kamen die ersten Einheiten durch Grocholin, sie gingen nach Dobieszewko, wo die Stellungen ausgebaut waren.

Ihnen folgte eine Batterie Feldartillerie, die sich in Grocholin einnistete. Geschütze wurden im Park in Stellung gebracht, unzählige Schießscharten in die Parkmauer geschlagen, auf dem Schloßturm ein MG-Posten aufgestellt. Ab 21 Uhr durften wir uns nicht mehr im Park bewegen. Bei Bülows (auf der Höhe) war der Gutsfrau das Betreten des Gutshofs nur unter Postenbegleitung erlaubt, alle Gutsarbeiter erhielten Sonderausweise. Das war immerhin noch acht Wochen vor Kriegsausbruch. Wir räumten, wie üblich, die Gastzimmer. Ich plauderte, wie üblich, abends eine Viertelstunde mit den Offizieren auf der Freitreppe. Der Wunsch, den Damen den Hof zu machen, wurde nicht geäußert — es war nicht mehr Manöver. Im übrigen war das Niveau ein anderes als das der Reitenden Jäger. Wir boten einem der Offiziere, der Besuch von seiner Frau bekam, an, ein zweites Bett aufzustellen. Er lehnte grinsend ab, das sei überflüssig. Natürlich war es „überflüssig" — ein Reitender Jäger hätte das nicht vor einer fremden Dame gesagt.

Es war für die Hausfrau auch nicht angenehm, den Soldaten zu begegnen, die „oben ohne" durch das Haus gingen, und ärgerlich war es vor allem, daß unseren Kindern „unverfängliche" Fragen gestellt wurden. Sie wußten wohl, daß man keineswegs allen Menschen alles erzählen durften — wenn aber so ein Soldat deutsch sprach? Übrigens wurde den Soldaten das Betreten des Obstgartens verboten, nachdem wir uns über das sinnlose Abschlagen des unreifen Obstes beschwert hatten.

So war es gut, daß die Familie bald nach Zoppot fuhr. Eva hatte schon im Februar zum 15. Juli Quartier gemacht. Ich ließ Fritz, den Chauffeur, die Familie hinbringen, fuhr selbst nicht mit. Bestimmt gehörte ich zu den am schärfsten überwachten Deutschen. Der Wagen sollte zum Ausschleifen der Zylinder in die Danziger „Adler"-Werkstatt — in Posen, wo ich den Wagen gekauft hatte, machte das niemand. Als Fritz, wie vorgesehen, mit der Bahn zurückkam, wurde er polizeilich vernommen. Auf der Transitstrecke Konitz-Dirschau hatte am selben Tage ein dunkler Wagen einen polnischen Pfadfinder angefahren und verletzt. Dabei war eine Klinke abgerissen. Offensichtlich war unser Wagen dieser Klinke wegen in Danzig gelassen worden — als ob diese nicht sofort hätte ersetzt werden können.

Inzwischen begann die Ernte. Ich ließ mit beiden Dreschsätzen auf dem Felde Gerste dreschen und sie sofort nach Danzig verladen. Sie ging an Hoppes Schwiegersohn Plath, einen Mann, auf den der Ausdruck vom „Königlichen Kaufmann" paßte — er war fast zu anständig für dieses Gewerbe. Ich hatte mit ihm vereinbart, daß er mir die Gerste vorläufig nicht bezahlen sollte, selbst wenn ich ihn eines äußeren Anscheins wegen schriftlich beschimpfen würde. Acht Waggons gingen glatt durch, der neunte wurde an der Danziger Grenze angehalten. Die Offiziere hatten mich auch kopfschüttelnd gefragt, warum ich die Gerste ausgerechnet nach Danzig schickte — wenn es nun Krieg gäbe? Ich erwiderte mit Überzeugung, daß ich nicht an einen Krieg glaubte.

In den allerersten Augusttagen hatte die Einquartierung gewechselt. Die Artillerie war nach Panigrodz gezogen, dessen Lage auf dem Hügel ihr wesentlich bessere Einsatzmöglichkeiten bot. Daß sie das erst zwei Wochen nach ihrem Einzug in Grocholin merkten, läßt auch Schlüsse auf die Unfähigkeit der militärischen Führung auf polnischer Seite zu. Der Abschied gestaltete sich noch dramatisch, er wirft ein sehr gutes Licht auf unsere polnischen Leute.

Früh gegen fünf Uhr kam Kaczmarek und meldete, es sei in die Wagenremise eingebrochen und mein neuer Sattel gestohlen worden. Er hatte offensichtlich versucht, es zu verhindern, jedenfalls war er im Gesicht blutig geschlagen. Der Sattel war für Grocholin kein Wertobjekt. Aber unter diesen Umständen blieb mir gar nichts anderes übrig, als den Fall aufzugreifen. Ich ging zum Batterieführer. „Die Batterie steht zu Ihrer Verfügung!", war dessen Reaktion. Sie stand abmarschbereit auf dem Hofe, alle Protzen wurden aufgemacht. Selbstverständlich fand sich der Sattel nicht. Als wir das letzte Fahrzeug revidierten, kam einer der Männer grinsend an: „A leży za murem!" Hinter der Mauer liegt er! Ich erklärte dem kapitan, die Ehre seiner Batterie sei gerettet. Er grüßte knapp und sie rasselten ab.

An ihre Stelle traten der Stab und eine Kompanie eines Infanterie-Regiments, die bisher in Dobieszewko gelegen hatten. Die Reserve-Division stammte aus dem Lodzer Raum. Der Oberst war ein Herr. Ich kam tadellos mit ihm aus. Er ließ sich voller Interesse den ganzen Hof zeigen. Im Schafstall staunte er, als ich sagte, der Schäfer kenne jede der 600 Muttern und wisse, zu welchem der fünfzehn Böcke sie kommen müsse. Das sei ja eine große Vertrauensstellung, meinte er. Daß ich erwiderte, der Schäfer sei ja auch ein Deutscher, war eine Frechheit.

Dann standen wir auf der Brücke zwischen den beiden oberen Teichen. Der mittlere wurde ausgeschlämmt, es ist also unmittelbar vor der Getreideernte gewesen. Die Mädels standen barfuß mit hochgeschürzten Röcken in der Blotte und schippten den nicht eben wohlriechenden Schlamm auf die Feldbahnloren. Irgendetwas machten sie falsch. Ich monierte es — deutsch. Ohne mir etwas dabei zu denken und sicher in freundlichem Tonfall. Aber neben mir stand der polnische Oberst, mit dem ich die ganze Zeit polnisch gesprochen hatte. Er nahm es ohne Wimperzucken hin — ich war für ihn der Gutsherr und hatte zu bestimmen. Aber es war auch ein Zeichen großer Toleranz. Hinterher habe ich mein Benehmen als stur und überheblich empfunden und mich gefragt, wie ich an seiner Stelle wohl reagiert haben würde.

Solche Streiflichter verdienen es, festgehalten zu werden wie Fotos, sie haben dokumentarischen Wert. Das gilt auch für ein anderes Erlebnis jener Tage. Bald nachdem uns die Artillerie verlassen hatte, erschien ein Oberleutnant und bat mich um die Erlaubnis, im Grocholiner Walde zu biwakieren, es sei in den Unterkünften unerträglich heiß. Das war ausgesucht höflich, denn selbstverständlich durfte Militär jederzeit in einem Privatwald zelten. Ich erbot mich, ihm zu zeigen, wo es die wenigsten Mücken gäbe — an den trockenen Stellen mußte ich weniger für meinen Rehbestand fürchten. Wir fuhren zu zweit durch das Wäldchen und unterhielten uns die ganze Zeit lebhaft. Natürlich polnisch. Da wir zum Schluß nur noch etwa einen Kilometer von Panigrodz entfernt waren, fuhr ich dorthin. Vor dem Dorfe aber wünschte er kategorisch, abgesetzt zu werden. Ich sollte nicht sehen, wo sie die Geschütze aufgestellt hatten. Also drehte ich um.

Kurz vor dem Panigrodzer Tor begegnete ich seinem Burschen mit den beiden Pferden. Ich hielt an und sagte dem Manne, sein Oberleutnant habe sich lobend über ihn geäußert. „Tak jest!" Er habe auch gesagt, der Bursche sei ein „ewangelik". „Tak jest!" Daraufhin fragte ich auf deutsch: „Auch Deutscher?"

„Jawohl!"

„Davon hat mir der Oberleutnant aber nichts gesagt."

„Nanu, der ist doch selber Deutscher!"

„Typisch Lodzer Deutscher?" O nein. Ich habe volles Verständnis für dieses Verhalten. Wir waren als sehr bewußte Deutsche bekannt und es war durchaus begreiflich, daß der ohnehin mißtrauisch betrachtete Reserve-Offizier sich nicht zusätzlich belasten wollte. In der Regel legten Deutsche deshalb auch keinen Wert darauf, in der polnischen Armee Offizier zu werden. Für einen niedrigeren Dienstgrad war der Widerstreit der Pflichten weniger groß.

Am 13. August fuhr ich nach Zoppot, um die Familie nach Bohnsack zu bringen. Das war ein Dorf rechts der Weichsel mit herrlichem Strand, ohne „Betrieb" und für die Kinder besonders schön. Wir waren schon mehrfach hiergewesen. Vor Bohnsack ging es mit der Fähre über einen Nebenarm der Weichsel. Zum Wochenende hatten wir eine Einladung zu Bekannten — eigentlich hatte ich sofort zurückfahren wollen. Eine unangenehme Mandelentzündung hinderte mich daran, dies gleich nach dem 19. zu tun. Als ich aufstand, kam eine Karte von Hoppe, aus der ich lebhaftes Interesse der Staatsorgane für meine Person herauslas. Tatsächlich sind in diesen Tagen die bei der Behörde besonders unbeliebten Personen verhaftet und mit der Bahn in das Konzentrationslager Bereza Kartuska hinter Warschau gebracht worden. Dort haben sie bis zu ihrer Befreiung durch die deutsche Wehrmacht am 17. September Übles durchgemacht, sind allerdings vor den Ermordungen auf den Verschleppungsmärschen verschont geblieben. Otto Bartels, mit dem ich am Aufbau der DV-Organisationen zusammengearbeitet hatte, gehörte ebenfalls zu dieser Gruppe. Ohne Zweifel hätte auch mich dieses Los getroffen. Der Pakt vom 23. August klärte die Lage restlos — es wäre Harakiri gewesen, jetzt noch nach Polen zurückzugehen. In Richtung Danzig war die Grenze bereits gesperrt.

Es waren viele deutsche Gutsbesitzer und auch andere Deutsche aus Polen in Danzig und es war schwer, tatenlos herumzusitzen. Da bot sich ein Weg zu sinnvoller Betätigung. Ein Freund Egon Koerners war Adjutant der „Motorstandarte 6" in Langfuhr, einer Einheit des NSKK, des Nationalsozialistischen Kraftfahrerkorps. Die „Standarte" entsprach gliederungsmäßig einem Regiment. Die Danziger Motorstandarte war schwächer als es im Reich die Regel war, und man begrüßte es deshalb dankbar, als wir uns dort meldeten, denn es wurden dringend Fahrer mit eigenen Wagen benötigt. Innerhalb von zwei Tagen traten „40 000 Morgen" der MS 6 bei —, vierzig Posener und Pommereller Gutsbesitzer, jeder zu 1000 Morgen gerechnet, mit je einem Wagen (einer freilich „nur" mit einem Motorrad). Ab 27. oder 28. waren wir alle täglich im Einsatz. Von dem abgelegenen Bohnsack aus war das umständlich und ich quartierte mich mit Daniel Voß, Forstmeister bei Graf Raczynski-Obrzycko, bei Plaths in Langfuhr ein.

Am 1. September früh 4.45 Uhr rumste es gewaltig. Die „Schleswig-Holstein" hatte mit dem Beschuß der Westerplatte begonnen. Im Nu war ich aus dem Bett: „Raus, Daniel, gleich gibt es Zunder!" Es war doch klar, daß die Polen das Feuer erwidern würden. Sie standen rund um Langfuhr-Oliva-Zoppot auf den alles beherrschenden Höhen und die Danziger Stellungen waren äußerst schwach, vor allem aber nur mit Polizei und Aushilfskräften besetzt. Es dauerte bis zum Mittag, ehe ausreichend deutsche Truppen eintrafen.

Aber es blieb still! Man hat den Eindruck, daß die polnische Heeresführung überhaupt keinen Plan gehabt hat. Es war doch eigentlich selbstverständlich, dieses Danzig, diesen Dorn im Fleisch ihrer Position, sofort auszuschalten. Stattdessen ließen sie sich von Ost und West her zusammenquetschen wie eine Zitrone. Sie nutzten aber auch den Vorteil ihrer inneren Lage, des weit in das Reich vorspringenden Balkons Posen, nicht dazu aus, einen starken Vorstoß in Richtung Berlin zu machen — und seit Wochen war doch „Do Berlina, do Berlina!" der Schlachtruf — oder in das Hinterland der deutschen Armeen, die von Schlesien aus in Richtung Warschau vorstießen und deren motorisierte Kräfte ohne den Nachschub von Treibstoff einfach liegengeblieben wären. Die polnische militärische Führung konnte sich kein schlechteres Zeugnis ausstellen. Und wenn es heute noch Stimmen gibt, die dies mit einer Überraschung zu erklären versuchen, indem sie von einem Überfall Hitlers sprechen, so ist das völlig abwegig. Die ersten Schüsse sind von deutscher Seite aus gefallen und Hitlers „Ab heute früh wird zurückgeschossen!" ist eine glatte Lüge — aber daß Polen auf den Krieg vorbereitet war, das kann keiner leugnen. Wir haben es hinreichend erlebt.

Die ersten Tage hatten wir NSKK-Männer noch zu fahren. Ich hatte meinen Wagen umgemeldet und fuhr den Pressereferenten des Senatspräsidenten Greiser, Herrn Fuchs. Zwischen Greiser und dem Gauleiter Forster, Hitlers Vertrauensmann, bestand fast die gleiche Feindschaft wie seinerzeit gegenüber Rauschning. Nach der Einnahme Danzigs durch die Wehrmacht erfolgte die „Eingliederung" in das Reich, der Senat wurde aufgelöst und Greiser „stellungslos". Am Sonntag, dem 3. September, vormittags, suchte der Pressereferent seinen Chef auf, erschien aber nach kurzer Zeit und bat mich in Greisers Namen zu einem Glase Wein. Ich habe damals keinen schlechten Eindruck von Greiser gehabt, er kannte, in Hohensalza geboren, die Verhältnisse im Osten und äußerte jedenfalls in unserem Gespräch Gedanken, die mir in gutem Sinne „preußisch" zu sein schienen.

Später ist mir klar geworden, daß die beiden Herren mir, dem Nicht-PG und Großgrundbesitzer dazu, keinen klaren Wein einschenken wollten. Ich hatte auf den Fahrten mit Herrn Fuchs sicherlich offen meine Ansichten geäußert. In diesem Sinne wurde ich auch auf der Danziger Landesbauernschaft vorstellig und bat darum, für die polnischen Güter zunächst deutsche Zwangsverwalter einzusetzen, um eine optimale Bewirtschaftung sicherzustellen. Man erklärte mir, sehr von oben herab, das solle ich ruhig ihre Sache sein lassen, sie wüßten schon, was zu tun sei. Wir waren schimmerlos!

Sobald genügend Wehrmacht und Parteiformationen aus dem Reich in Danzig eingetroffen waren, wurden wir nicht mehr benötigt und mußten wieder warten. Der deutsche Vormarsch in Polen ging in einem Tempo vor sich, das niemand zu hoffen gewagt hatte. Bald schälte sich das Bild der deutschen Operationen heraus. Der „Korridor" wurde von Pommern und Ostpreußen her eingedrückt, gleichzeitig der Hauptstoß von Schlesien her in Richtung Warschau geführt. Der Posener Raum blieb ausgespart und mit ihm unsere engere Heimat. Was sich dort abspielte, darüber war nichts bekannt, auch nicht, ob das von der Wehrmacht so schnell durchzogene Pommerellen als feindfrei gelten konnte.

Dann sickerten furchtbare Nachrichten über Ereignisse in Bromberg durch. Am 3. September seien hier viele Hunderte von Deutschen ermordet worden. Es drängte uns nach Hause. Am 9. erhielten wir Männer endlich Erlaubnis und Papiere zur Rückfahrt. Wir starteten am Sonntag, dem 10., früh. Es ging alles glatt. Bromberg war wie ausgestorben, wie tot. Wir meldeten uns auf der Kommandantur im „Adler". Dann fuhr ich einen meiner Mitfahrer, einen jungen Gärtner, zu seinen Angehörigen hinaus, die er lebend antraf, und suchte Omas Wohnung auf. Auch ihrer guten Frieda war nichts geschehen, wenn sie auch noch unter der Einwirkung des Schocks vom 3. stand. Oma selbst war mit Menners in Italien.

Wegen gesprengter Brücken mußten wir zunächst nach Nakel, wo wir am Spätnachmittag anlangten. Der Posten an der Notbrücke über die Netze warnte uns, zum Abend weiterzufahren, südlich der Netze sei noch kein deutscher Soldat gewesen — in Wirklichkeit war am 6. eine kleine Radfahreinheit über Schubin und Netzwalde gefahren, ohne sich aber aufzuhalten. So übernachteten Willusch Landgraf und ich bei seinem Bekannten Erdmann dicht nördlich Nakel.

Am 11. vormittags war ich in Grocholin. Vom Turm des Alten Schlosses wehte die Hakenkreuzfahne. Herr Zinke hatte sie lange vorher besorgt. Herr Hoppe und einige deutsche Männer waren beim polnischen Heer. Die übrigen deutschen Leute traf ich gesund an. Sie hatten zwar auch mit Wagen nach Osten ziehen müssen, als der Raum evakuiert wurde, sich aber in der Nacht in die Wälder abgesetzt. Auch von den Polen war ein Teil bereits wieder zurück.

Die Ställe waren so gut wie leer. Nur die Fohlen, etwas Jungvieh, 45 Lämmer und die Schweine hatten sie nicht forttreiben können. Ein paar Pferde, mit denen die deutschen Leute gefahren waren, standen im Stall. Ihre Zahl stieg allmählich auf achtzehn — von 64.

Im Haus war geplündert worden, Wäsche und Anzüge waren fort, z. T. lag alles wild herum. Mit der Zeit verdichtete sich der Verdacht, daß dies nicht ausschließlich auf das Konto zurückweichender Polen zurückzuführen war. Diese Erkenntnis schmerzte uns. Die Exiner Feldscheune und vier Schober Weizen waren eingeäschert, sonst aber war kein Gebäude zu Schaden gekommen.

Intakt war der Dampfpflug und griffbereit auch die 2000 Zentner Kohlen. Am 12. begann er zu arbeiten. Kotłowski war Soldat. So übertrug ich Andreas Schmidtke die Oberaufsicht. Als Kotłowski zurückkam, änderte ich das wieder, er war besser für diesen Posten geeignet. Doch konnte ich Schmidtke, den Deutschen, damals nicht unter einen Polen stellen, auch wenn das bisher so gewesen und wirtschaftlich richtig war. Da war es gut, daß der bestellte 45-PS-Bulldog bald geliefert wurde und Schmidtke diesen übernehmen konnte.

Für die Herbstbestellung war es hohe Zeit und wir begannen sofort damit. Ich war motorisiert, ein unschätzbarer Vorteil gegenüber allen Nachbarn, und erhielt in Nakel von einem Wehrmachts-Kraftstoff-Zug auf meinen Danziger Passierschein hin Sprit, soviel ich wollte. Braunes Hemd, EK-Bändchen und Verwundetenabzeichen waren die beste Visitenkarte. So konnte ich mich auf den polnischen Gütern rundherum umsehen. Da sah es viel übler aus als in Grocholin: überhaupt keine Anspannung, nur widerwillige Leute, kein einziger Betriebsleiter, aber viel geplündert. Die acht oder zehn Betriebe lagen wie tot. Sie mußten schleunigst angekurbelt werden, um die Herbstbestellung wenigstens notdürftig durchzuführen. Posen war einmal die „Kornkammer" des Reiches gewesen — und wir standen im Krieg auf Sein oder Nichtsein. Ich setzte überall Jungbauern ein, besprach die dringlichen Arbeiten und mobilisierte auch die zurückkommenden polnischen Bauern mit ihren Pferden. Sie mußten nicht nur ihre eigene Bestellung mit Hochdruck durchführen, sondern außerdem auf den Gütern helfen. In Siernik standen zwei Schober anerkannter Saatroggen, ich ließ sie dreschen und das Korn an Güter und Bauern ausgeben, gegen Quittungen, Geld gab es nicht.

Es war eine Zeit höchster Anspannung. Von unseren Nachbarn war Rost schon vier Tage vor uns in Exin gewesen. Von einem Wehrmachtsauto bis Netzwalde mitgenommen, war er von dort in seiner alten Rittmeisteruniform zu Fuß nach Zalesie marschiert. Er fand sein Haus geplündert, die Zimmer unvorstellbar voller Kot und Unrat, Möbel und Bilder zertrümmert. Es graute ihn, mutterseelenallein dort zu übernachten, und so marschierte er die sieben Kilometer weiter bis Exin. Dort wurde er freudig begrüßt. Egon Koerner war mit uns aus Danzig gekommen, er fand nur noch die Ruine seines Schlosses vor. Es war mit allen wertvollen Möbeln und den wunderbaren Bildern seines Berliner Onkels mutwillig heruntergebrannt worden. Kämpfe hatte es ja bei uns überhaupt keine gegeben, die Flucht der Polen war trotzdem in voller Panik vor sich gegangen.

Bald darauf kam auch Hermann Bülow. Er kam per Rad. Von denen, die nicht ausgewichen waren, fehlte zunächst jede Spur. Sie waren am 1. September verhaftet und nach Hohensalza gebracht worden. In einem furchtbar zugerichteten Toten unweit Hohensalza wurde Landrat Naumann erkannt — man hatte ihn aus dem Gefängnis „nach Hause" entlassen, die sicherste Methode, jemand aus dem Wege zu räumen. Zur gleichen Zeit lag Dr. Busse halbtot in Lodz, er war auf dem Verschleppungsmarsch nach Lowitsch zusammengeschlagen und nur von Kameraden mitgeschleppt worden — wer nicht mehr weiterkonnte, wurde kurzerhand totgeschlagen. Das erfuhren wir freilich erst mit der Zeit. Mehrere tausend deutsche Männer und Frauen waren am 10. September in Lowitsch von der Wehrmacht befreit worden. Infolge starker polnischer Angriffe mußte Lowitsch jedoch zeitweilig wieder geräumt werden. Damals hat es die einzige kritische Lage während des Polenfeldzugs gegeben. Die polnischen Verbände aus dem Raum Posen, sechs Elite-Divisionen, die bisher überhaupt nicht ins Gefecht gekommen, aber um so erbitterter über den eigenen Rückzug waren, stießen aus dem Raum Kutno in südöstlicher Richtung gegen die als Flankendeckung der achten deutschen Armee marschierende 30. Inf.-Division. Sie marschierte, weit auseinandergezogen, durch Lentschütz auf Lowitsch zu. Die mehrfach überlegenen polnischen Verbände drängten die Schleswig-Holsteiner unter Generalmajor von Briesen anfänglich mehrere Kilometer zurück. Die Gesamtverluste der Division beliefen sich auf etwa 4000 Mann. Das Füsilier-Regiment 26 aus Flensburg gehörte zu der 30., Kersten führte eine Kompanie. Nach zwei Tagen war die Gefahr gebannt, die polnischen Streitkräfte wurden im „Kutno-Kessel" eingeschlossen. Am 18. kapitulierte General Bortnowski mit 176 000 Mann. Am gleichen Tage wurden hunderte deutscher Verschleppter in letzter Minute in Brest-Litowsk durch Guderians Panzer befreit, im „Kutno-Kessel" ebenfalls mehrere Hundert Posener, die dort fast eine Woche lang inmitten der kämpfenden Truppe gelegen und auch schweres deutsches Artilleriefeuer über sich hatten ergehen lassen müssen. Warschau kapitulierte am 27. September — hier hatten zwei deutsche Verschlepptenzüge aus Pommerellen die schwere deutsche Beschießung im „Pawiak"-Gefängnis durchgestanden. Hela ergab sich am 2. Oktober.

Die Verluste des Kreises Schubin waren besonders schwer, sie betrugen 163 Tote, Männer, Frauen, Kinder, Greise. Nicht ein einziger von ihnen hatte sich das geringste zuschulden kommen lassen. Den Exiner Pastor Heinz Werner fand man in Hohensalza in einer Gefängniszelle in einem grauenvollen Zustand ermordet. Pankalla, unser Exiner Molkerei-Verwalter, war erschlagen, Breitag-Stahlberg kam furchtbar zerschlagen vom Marsch zurück. Unsere Befreiung war sehr teuer erkauft.

Der dritte Aufbau

Es war keine Zeit, die Hände in den Schoß zu legen — und wir wollten das auch nicht. Wir wollten so schnell wie möglich wieder aufbauen.

Am 24. September kam Eva mit den Kindern mit einer Taxe aus Bohnsack zurück. Ich hatte gemeint, ich könne mich für eine Abholung nicht freimachen. So hatte sie selbst gehandelt, und das war gut. Die Hausfrau war nötig und sie hatte nicht mehr tatenlos in dem sich leerenden Badeort herumsitzen wollen. Sie war die erste unter den Frauen unseres nachbarlichen Kreises.

Bald danach hatten wir die Freude, daß uns „Körling" besuchte, der Sohn von Onkel Erich aus Stralsund, dem jüngsten der Ruhdener Krügers. Er hatte den Polenfeldzug gut überstanden, war Unteroffizier und nun auf dem Rückmarsch ins Reich. Selig setzten sich die Kinder Stahlhelm und Feldmütze des Soldaten auf.

Als das Wichtigste für unsere Betriebe erschien uns die Frage der Anspannung. Unsere Pferde waren zum größten Teil in das Innere Polens gebracht worden — es mußten doch noch viele davon vorhanden sein. Vielleicht konnte man sich von dort einen gewissen Ersatz beschaffen. Rost, Bülow und ich besorgten uns die erforderlichen Ausweise und starteten am 22. mit meinem „Adler" in Richtung Osten. Ein paar mal erwiesen Wehrmachtsangehörige eine stramme Ehrenbezeugung, wenn wir vorbeifuhren — daß ich nur ein ganz gewöhnlicher NSKK-Mann war, konnten sie in der Eile nicht sehen. Aber es machte mir natürlich Spaß. Auf der Bahnstrecke Posen – Kutno – Warschau standen zahllose Züge, die deutschem Fliegerbeschuß zum Opfer gefallen waren. Im Land waren wenig Spuren von Kämpfen zu sehen, aber auch nur sehr wenige Bauern bei der Feldarbeit.

Plötzlich kam uns ein Zug Berittener entgegen, die Reiter jeder mit einem Handpferd zur Seite. Wir stoppten. Es waren die Gnesener Hengste! Der langjährige Grocholiner Gestütswärter sprang vom Pferde und meldete in tadellosem Deutsch den Zug. Auf beiden Seiten war die Freude groß. Wir waren sehr glücklich, daß die wertvollen Tiere gerettet waren — die Hengstwärter froh, bekannte deutsche Herren zu treffen; ihr eigenes Schicksal war ja durchaus ungewiß. Natürlich habe ich mich für unseren bewährten Mann eingesetzt und dafür gesorgt, daß er wieder nach Grocholin kam — man wird sehr wahrscheinlich in vielen Fällen analog verfahren sein. Freilich: Pferde fanden wir keine!

Schließlich landeten wir in Lodz. Die Wehrmachtstankstelle am Sintflutbrunnen verabfolgte nach kurzem Zögern den nötigen Kraftstoff, wir erhielten Hotelzimmer zugewiesen und übernachteten. Ich suchte Wyrwichs auf, die ich wohlbehalten antraf. Um nicht gänzlich umsonst gefahren zu sein, deckten wir uns mit Textilien ein, die es in

Lodz noch ohne Bezugsschein gab. Wir waren ja auch ausgeplündert und brauchten neue Sachen. Rost, der sehr stolz auf seinen neuen Hut war, meinte, für mich sei der Krieg doch insoweit ein Segen gewesen, als ich endlich neue Sachen hätte und anständig angezogen sei.

In Grocholin fanden wir Einquartierung vor. Es war eine bespannte Nachschubkolonne, der der Krieg buchstäblich davongelaufen war. Mit dem Kommandeur hätten wir eigentlich in Kontakt kommen müssen, einer seiner Brüder war in Breslau mein Klassenkamerad gewesen, ein anderer mit Kersten in einer Klasse. Aber er verkörperte einen Typ, der uns nicht lag. Die Offiziere, alles ältere Jahrgänge, Reservisten, nicht gerade voller ungehemmten Tatendranges, aber teilweise etwas überheblich, paßten auch nicht zu uns. Man merkte bei mehreren, daß sie den Status des Offiziers genossen, weil sie im privaten Leben einen solchen nicht innehatten. Es drückte sich auch in ihrem gewaltigen Alkoholkonsum aus. An ihren häufigen Gelagen im Alten Schloß nahmen wir nicht teil. Sicherlich gefiel ihnen auch unsere positive Einstellung zum „Dritten Reich" nicht. Daß wir mit unseren deutschen Leuten auf dem Rondell vor dem Hause eine Dankfeier veranstalteten, fanden sie etwas komisch. Aber wir waren auch zu schwerfällig, wir lebten nur der Pflicht und nicht dem Genuß. Es war nicht erstaunlich, daß die Herren sich in der Nachbarschaft wohler fühlten und viel ausritten. Wir verübelten es ihnen nicht im Geringsten. Aber es kränkte uns doch, feststellen zu müssen, daß eine Nachbarin die Offiziere in unserem Hause besuchte, ohne uns Guten Tag zu sagen.

Ich hatte den Kommandeur gebeten, die wohlgenährten Pferde seiner fünf rundum liegenden Kolonnen etwas auf den Gütern in der Herbstarbeit helfen zu lassen. Es war auch für die Tiere viel gesünder als das Herumstehen in den Ställen. Dem konnte er sich nicht entziehen und gab entsprechende Anordnungen. Aber der Schaden war größer als der Nutzen. Die Fahrer fanden es höchst abwegig, für die Gutsbesitzer arbeiten zu müssen, statt den ganzen Tag der Ruhe zu pflegen. Sie bummelten unvorstellbar. Unsere polnischen Fornals waren damals besonders „auf Draht". Aber sie konnten doch die Deutschen nicht hinter sich lassen! Also standen auch unsere Gespanne mehr still, als daß sie arbeiteten. Glücklicherweise blieben die Nachschubleute nur etwa drei Wochen lang.

Das Wetter spielte im Herbst 1939 mit und die Herbstbestellung ging, allen Schwierigkeiten zum Trotz, ziemlich uneingeschränkt über die Bühne. Die Kartoffelernte war an sich kein Problem, da nur von Hand gerodet wurde. Zur Abfuhr fehlten freilich die Zugkräfte. Wir mieteten die Kartoffeln zunächst auf dem Felde ein. Bei den Rüben war das natürlich anders, auch hier war das Roden reine Handarbeit, aber die Frucht mußte zur Bahn gebracht werden. Die Fabriken begannen jedoch später als sonst mit der Kampagne, es waren noch zu viele Brücken aufzubauen. So zog sich die Abfuhr bis in den Januar hin. Natürlich froren die nur mit Blättern bedeckten Rüben zusammen und erlitten Verluste. Aber sie kamen alle zur Verwertung. Die „Winterfurche" — für das Sommergetreide und die Hackfrucht des nächsten Jahres — erledigte wie seit Jahren der Dampfpflug. Ohne ihn wären wir in diesem Herbst allerdings nicht fertig geworden.

Daneben galt es vor allem, die Lücken an Inventar zu schließen, die der Krieg gerissen hatte. Pferde gab es keine. Wohl aber wurden die beiden neuen Gaue bei der Belieferung mit Treckern bevorzugt behandelt. Alle stürzten sich auf Schlepper, die weitaus meisten auf den primitiven, aber unverwüstlichen LANZ-Bulldog, Einzylinder Rohölmotor. Nur Laengner, unserer Motorenspezialist, kaufte zwei Dieselschlepper. Sie waren höher gezüchtet, anspruchsvoller und störanfälliger. Aber dafür war er ja auch Fachmann par excellence.

Im Gegensatz zu allen meinen von der Technik begeisterten Nachbarn hielt ich es für vordringlicher, das lebende Inventar so schnell wie möglich wieder aufzufüllen. Wir brauchten Stallmist! Noch im September kaufte ich vierzig Kühe jeglicher Rasse und Hautfarbe, ohne zu fragen, wo sie herkamen. Der kleine deutsche Viehhändler Kurz, der sich früher mühselig sein Geld verdient hatte, indem er auf einem klapprigen Fahrrad herumfuhr und ein Stück Vieh, das ihm einer der Herren Landwirte überlassen hatte — gegen polnische und vor allem jüdische Konkurrenz —, mit einem Stöckchen vor sich hertrieb, erklärte mir: „Sie haben mir in der polnischen Zeit geholfen und etwas zu verdienen gegeben — jetzt liefere ich Ihnen, was ich liefern kann!" Es waren bessere und schlechtere Tiere unter den Vierzig, eine gab sogar zehn Liter Milch täglich — Mist gaben sie alle!

Dann ersteigerte ich in Danzig zwei Waggons Herdbuchkühe, um wieder zu einer vernünftigen Herde zu kommen. Dank des Agreements mit Herrn Plath hatte ich ja Geld in Danzig und der Danziger Gulden wurde mit 70 deutschen Pfennigen gerechnet — der polnische Złoty nur mit 50. Ich konnte über mehr als 20 000 deutsche Mark verfügen, die Gerste hatte sich gelohnt! Im Frühjahr kaufte ich 35 ostfriesische Herdbuchkälber und im Juni glückte mir ein Mordscoup. Unsere Exiner Ein- und Verkaufsgenossenschaft, deren Entwicklung natürlich gewaltig aufwärts ging, hatte sich vier ostfriesische Jungbullen „angelacht". An sich hatte sie mit Vieh nichts zu tun, mit Zuchtvieh schon gar nicht. Auf Herrn Flechners Anruf hin fuhr ich auf meinem 98-ccm-Motorrädchen hin — „Tun Sie mir doch den Gefallen, Herr von Rosen, und seien Sie Vorreiter!", hatte er gesagt. In Exin traf ich den alten Breitag-Stahlberg. Nach guter Sitte begannen wir an den Tieren herumzumäkeln. Als der sehr sympathische Herr Flechner anfing, ärgerlich zu werden, fragte ich in etwas nachsichtigem Tonfall, ob er vielleicht auch Papiere der vier

Bullen hätte. Es ergab sich, daß der eine der Vier ein Enkel der Kuh „Quitte" war, die im neunjährigen Durchschnitt 6.929 Liter Milch mit 4,64 % Fett gebracht hatte. Das waren 321,5 kg Milchfett, eine damals unerhörte Leistung. Ich ließ mir nichts anmerken, da ich Breitag als dem Älteren bei der Wahl die Vorhand einräumte. Der Preis der Bullen war für alle derselbe, 1000 Mark. Breitag wählte nur nach der Figur. Der „Quittow" war in dieser Hinsicht nicht so überwältigend und gelangte deshalb in meine Hand.

Herr Schülke, der seit dem 1. Januar Oberinspektor in Grocholin war, hielt den Kauf lange Zeit für falsch. Der Bulle gewöhnte sich trotz bester Fütterung nur sehr langsam an die anderen klimatischen Verhältnisse und entwickelte sich nicht ganz so, wie ich es erhofft hatte. Ich ließ ihn deshalb anfänglich auch nur wenig decken, um ihn zu schonen. Das machte sich bezahlt. Nach einem Jahr hatte er die Schwierigkeiten überwunden. Zwar wurde er nicht schwerer als 20 Zentner, bekam aber eine vorzügliche Figur. Die Vorhand, auf die man beim Vatertier ja den Hauptwert legt, wurde erstklassig. Der Herdbuchverband nahm ihn als einen der insgesamt acht Prämienbullen des Warthegaues auf. Ich erhielt 500,– Mark „Angeld" gegen die Verpflichtung, den Bullen nicht zu verkaufen — was ja auch reiner Blödsinn gewesen wäre. Der Bulle lief frei in der Box — sonst wurden die Bullen fest angekettet — und wurde täglich geritten. Dank der guten Behandlung entwickelte er einen ausgesprochen friedlichen Charakter. Wenn er sich gut vererbte, konnte ich hoffen, mit der Grocholiner Herde spürbar vorwärts zu kommen.

Auch bei den Schafen „stiegen wir ein". Als Grundlage für eine neue Klassenherde kaufte ich eine Herde von 120 guten Muttern — auf den geretteten 45 Stamm-Lämmern wurde eine Stammherde aufgebaut. Sie wurde drei Jahre später als solche anerkannt, der alte Schafzucht-Direktor Heine nahm sich der Sache an und Eva kümmerte sich eingehend darum.

Mein Herz aber hing ich an die Pferde. Noch im Spätherbst suchte ich den neuen Landstallmeister in Gnesen auf, Rittmeister von Allwoerden. Er stammte aus dem Lande Hadeln, nördlich Stade, und war überzeugter „Hannoveraner". Das aber war das Pferd, das wir brauchten: ein vorzügliches Reit-, Spring- und Wagenpferd, gleichzeitig stark genug für die Arbeit im Acker. Allwoerden und ich waren vom ersten Augenblick an d'accord. Er sicherte mir zu, seinen besten Hengst aus Hannover nach Grocholin auf Station zu stellen, und wies mich wegen Ankaufs guter Stutfohlen an einen zuverlässigen Händler bei Buxtehude.

Im April 1940 wurde der Posener Stutbuch-Verband neu gegründet. Es geschah in dem früheren polnischen Staatshotel „Bazar" am Wilhelms-Platz. Man wollte die Tradition des früheren Posener Warmbluts fortsetzen und auf rein ostpreußischer Grundlage züchten. Ich wagte den Hinweis, daß diese edlen Pferde für die schweren

Böden der Rübenbetriebe zu leicht seien, und bat darum, auch Hannoveraner Nachzucht zuzulassen. Es gab entrüsteten Widerspruch seitens des alten Züchters von Oertzen-Pempowo — er hatte immerhin 1929 auf der Posener Landwirtschafts-Ausstellung die Goldene Staatsmedaille erhalten, war also anerkannt Nr. 1 im Kreise der Pferdezüchter. Natürlich wurde meine Anregung abgelehnt. Als ich Allwoerden darüber berichtete, sagte er: „Machen Sie sich gar nichts daraus, das besorgen wir schon! Und kaufen Sie ruhig Ihre Fohlen!"

Ich fuhr also an die Niederelbe und suchte mir außer einem Reitpferd, der sechsjährigen „Flagge", sechzehn Fohlen aus, darunter zwei Hengstfohlen, sowie einen weiteren Waggon für einige Nachbarn. Dabei sah ich nicht so sehr auf die Abstammung, sondern auf die Figuren der Mütter: stark und nicht hochbeinig. Genügend Gang hatten sie sowieso alle. Leider bekamen sie schwere Druse, eins ging ein. Wir richteten den ehemaligen Ochsenstall mit großen Laufbuchten ein und koppelten die wenig genutzten Teile des Hofes zusätzlich zu den außerhalb angrenzenden Koppeln ein. Die Fohlen wurden so vertraut, daß die Kinder ohne Bange mitten unter ihnen stehen konnten.

Im Juni brachte ich unseren Oldenburger Hengst, der den Krieg überstanden hatte, zur Körung nach Schubin. Dort sagte mir Herr Gössing, der Geschäftsführer des Verbandes, man habe meiner Anregung doch Folge geleistet und nähme auch Hannoveraner Nachzucht ins Posener Stutbuch auf; ich könne also, wie geplant, Hannoveraner Fohlen kaufen. Ich erwiderte, das sei inzwischen schon geschehen. Herr Gössing reagierte ziemlich sauer. Um ihn etwas zu versöhnen, kaufte ich auch über ihn noch zwei vierjährige Stuten. Die eine gab ein gutes, kräftiges Kutschpferd, die „Aller", die andere, ein bildschöner Apfelschimmel, ein Reitpferd für unsere Mutti. Leider zeigte es sich daß sie in der Schulter nicht ganz einwandfrei war. Wir haben sie „Flammenschein" genannt.

Onkel Münte war mit meinen Wiederaufbau-Maßnahmen voll einverstanden, nur nicht mit der Pferdezucht. Ihm schwebte natürlich die Erinnerung an Julius von Treskow vor. Aber die Dinge lagen diesmal doch anders. Zum ersten würde die Pferdezucht nur eine ganz untergeordnete Rolle im Rahmen des Gesamtbetriebes spielen, zum anderen bestand keine Abhängigkeit von der Annahme als Remonten — die Hannoveraner waren immer zu gebrauchen und auch zu verkaufen. Rost, der ein überzeugter Ostpreußen-Züchter war, hat mir nach dem Kriege einmal gesagt: „Rosen, Sie hatten es damals richtig gemacht mit Ihren Hannoveranern!" An die Entwicklung der Mechanisierung und Motorisierung konnte niemand denken.

Allwoerden stellte mir den aus dem Lande Hadeln stammenden jungen Hengst „Flegel" nach Grocholin. Er vereinigte mehrere bekannte Blutlinien in sich und war fast ein Ideal-Pferd: ganz tief, mit gewaltiger Brust und einer geradezu unwahrscheinlichen Aktion — die Vorführer mußten sich in den Zügel hängen, um Schritt halten zu können. Er hätte etwas mehr Widerrist und etwas härtere Hufe haben können — das war das einzige an ihm, was nicht voll befriedigte. Nach dem Kriege fiel mir auf zwei DLG-Ausstellungen die große Ähnlichkeit des jeweils höchstprämierten Hannoveraner Spitzenhengstes mit dem „Flegel" auf — in beiden Fällen waren es Halbbrüder unseres alten Grocholiners.

Auf allen diesen Gebieten ging es mehr oder weniger um Schaffung von Neuem oder um „Wieder-Schaffung" des durch den Krieg Zerstörten. Im Gegensatz dazu gab es in der Feldwirtschaft nicht viel zu verändern, sie war schon vorher sehr intensiv gewesen. Daß wir die Anwendung künstlicher Düngemittel vervielfachten, verstand sich von selbst.

Die Humusversorgung war ziemlich gesichert, da wir den Viehbestand schneller als die meisten anderen wieder auf erträgliche Höhe brachten. Ich durfte zunächst rund 1000 Morgen des zwangsparzellierten Landes wieder bewirtschaften, die polnischen Siedler wurden enteignet. Für dieses Land reichte der Stallmist natürlich noch nicht. Aber es mußte sowieso erst einmal wieder in Kultur gebracht werden. In den vier Jahren polnischer Bauernwirtschaft waren teilweise geradezu Unkrautplantagen entstanden. Die Herren der Bonitierungskommission hatten schon recht gehabt mit ihrem: „Der Bauer versteht ja nicht zu wirtschaften!"

Als besonders günstig erwies es sich, daß wir mit einer großen Ernte anerkannter „Böhms Mittelfrühe" in die deutsche Zeit gingen. Man war heilfroh, mehrere tausend Zentner gute Saatkartoffeln im Lande zu haben. Ich habe die eigene Saat immer weiter angebaut mit dem Erfolg, daß sie 1944 besser war als 1939.

An Neuerungen führte ich den Anbau von Zuckerhirse ein, die ausgezeichnet einschlug. Ferner coc sagis, ein Löwenzahngewächs, aus dessen Wurzeln Gummi hergestellt wurde. Manche Betriebe bauten stark Feldgemüse an, doch beschränkte ich mich auf zehn Morgen Möhren, ich mochte den Betrieb nicht zu sehr komplizieren. Aber wir vergrößerten den Mohn-Anbau auf 100 Morgen — solch ein Feld in der Blüte war ein märchenhafter Anblick und Öl wurde dringend benötigt.

Infolge der starken Viehkäufe kam ich allerdings erst später als die Nachbarn dazu, das Tote Inventar zu ergänzen. Es war sehr nachholbedürftig, weil die Preisschere zwischen landwirtschaftlichen Erzeugnissen und Produktionsmitteln weit auseinandergeklafft hatte. Zwar kaufte ich bald einen Bulldog, erhielt aber erst viel später einen leichteren IHC-Trecker und nur einen einzigen Gummiwagen. Indes war das nicht so schlimm, wir hatten ja die Feldbahn und vor allem den Dampfpflug. Der Breslauer Ingenieur, der 1940 zur Inspektion kam — zu polnischer Zeit hatte man niemand dazu ins Land gelassen, doch führte auch keine polnische Stelle eine Inspektion durch —, erklärte, die Maschinen sähen wie neu aus. Sie hatten mittlerweile mehr als 20 000 Morgen bearbeitet.

Ich stellte eine neuzeitliche Getreidetrocknung auf dem Neuen Speicher auf, kaufte Kartoffelroder (LANZ) und 1943 einen Stahllanz DA 30 mit 60 kw-Motor. Wir legten Anschluß an vier Stellen der Feldmark, um die Ernte zur Hälfte aus der Stiege zu dreschen und die große Arbeit des Einfahrens und Einbansens zu vermeiden. Der Dreschsatz ist nur noch einen einzigen Tag zum Einsatz gekommen, er war für die Ukraine bestimmt gewesen, die Beschriftung war kyrillisch.

Betrüblich, wenn auch nicht verwunderlich war es, daß uns die Mehrzahl unserer deutschen Leute im Herbst und Winter verließen. Der Schmied Voigtland übernahm selbstverständlich wieder seine frühere Schmiede in Malitz. Der Gärtner Heimann ließ sich in einen Bauernhof vor Exin einweisen, der Hofverwalter Falck auf eine polnische Siedlerstelle ebenfalls vor Exin. Andere gingen zur Post, zur Bahn, zur Polizei, zur Verwaltung — lauter Berufe, die uns in Polen nicht zugänglich gewesen waren. Kündigungstermine gab es natürlich nicht mehr, doch ging alles friedlich ab mit der einen Ausnahme des Chauffeurs, der keine Anweisungen mehr entgegennehmen wollte.

Ersatz gab es mehr als genug. Die ehemaligen Grocholiner Familien, die bei der Zwangsparzellierung gesiedelt hatten, waren heilfroh, daß sie wieder Arbeit auf dem Gute fanden. Sie mußten in ihren Poniatówken wohnen, also jeden Tag zweimal an- und wieder abmarschieren. Dabei war ihr ganzes Inventar beschlagnahmt worden, sie hatten also auch keine Kuh mehr — und Milch durften sie — offiziell — nicht bekommen. Der Lohn wurde „zur Bestrafung" für die polnischen Arbeiter unvorstellbar heruntergesetzt, und wenn man sich nicht an diese Bestimmungen hielt, riskierte man angezeigt zu werden. Man riskierte es!

Glück entwickelten wir mit dem Ersatz für Schmied und Gärtner. Ich konnte den Zinsdorfer Schmied Michalski gewinnen, einen sehr guten Mann — Zinsdorf war deutsches Ansiedlungsdorf, aus dem der deutsche Schmied 1919 vertrieben worden war wie unser Voigtland aus Malitz; und als Gärtner den in Exin verdrängten Adamski. Natürlich war es für beide günstig, unterzukommen und dadurch einer Ausweisung ins Gouvernement zu entgehen — Adamski sagte einmal zu Eva: „Ich werde das nicht vergessen, solange ich lebe!", und sein Sohn hat sich auch dementsprechend verhalten, als Eva ihn 1978 auf seiner Exiner Gärtnerei aufsuchte. Aber es war eine Sache auf Gegenseitigkeit, wir waren froh, gute und zuverlässige Kräfte gefunden zu haben.

Auch für den Hofbeamten Falck fand sich ein sehr guter Ersatz in der Person von Georg Sauer, einem Bauern aus der Gnesener Gegend, der sich auf seiner dortigen Siedlung — er stammte aus Galizien — nicht ausgelastet fühlte. Sauer war ein passionierter Pferdefreund, ideal geeignet für unsere sich entwickelnde Zucht, und menschlich hervorragend.

Natürlich verließen uns auch unsere Hausangestellten. Beim Weggang der Mamsell stellte die Polizei größere Bestände unserer Wäsche sicher. Wir fanden einen vorzüglichen Ersatz in einer polnischen Mamsell, die bisher auf einem kleinen polnischen Gute tätig gewesen war, aber viel mehr von „feiner Küche" verstand, als wir es gewöhnt waren. Schlimm war es, daß ihr Mann für immer in einem deutschen KZ verschwand. Die beiden neuen Hausmädchen erwiesen sich als Perlen: freundlich, aufmerksam, voller Interesse für die Herrschaft. Es waren Kazia, die Tochter des Schmieds Michalski, und Jadwiga, die Tochter des Vogts Kalka.

Von unseren deutschen Leuten blieben:

Karl Müller, der Schäfer; Andreas Schmidtke, der Treckerfahrer, Robert Strehlau, der Maurer; Ludwig Vogt, der freilich immer noch zweiter herrschaftlicher Kutscher blieb; die Günthers und Neßler. Alle wurden weit über Tarif entlohnt. Ich sah den Bau neuer, sehr guter Wohnhäuser mit Wasserleitung, WC, Bad u. a. für alle vor, längs der östlichen Hofmauer auf dem trockeneren Untergrund, nach eigenem Entwurf. Auf einer Ausstellung in Posen wurden die Modelle gezeigt — ohne mein Zutun. Der Gauleiter äußerte sein Staunen.

Nach einer gewissen Zeit wurde die Unter-Entlohnung der polnischen Arbeiter beendet. Wir hatten schon vorher Wege gefunden, um sie irgendwie zu kompensieren. Darüber hinaus wurde die Kategorie der „Leistungspolen" eingeführt, sie erhielten fast dasselbe wie deutsche Arbeiter. Ich stufte zwölf Familien ein: die Handwerker, die Vögte, Kotłowski, Kaczmarek und einige andere. Wenn ich eine zu große Anzahl namhaft gemacht hätte, wäre ich Gefahr gelaufen, daß mir alle abgelehnt worden wären — man hätte mich als „Polenfreund" oder schlechten Deutschen betrachtet. Ich mußte „differenzieren".

Der Wiederaufbau wurde anfänglich vom Reich unterstützt, indem wir Sonderkontingente für Produktionsmittel, Maschinen und Dünger zugewiesen erhielten. Allerdings dauerte dieser Zustand nur etwa ein Jahr. Schlecht behandelt wurden wir bzgl. der Kriegsschaden-Vergütung. Zwar durften wir diesen noch im Wirtschaftsjahr 39/40 anmelden, er erschien also in der Bilanz als Aktivposten und wurde versteuert, aber wir erhielten das Geld erst 1943 — und zu dieser Zeit konnten wir mit dem Reingewinn nichts mehr anfangen. In unserem Falle handelte es sich um einen Betrag von annähernd

150 000 Mark. Ein beim Regime nicht gut angeschriebener Gutsbesitzer hat mir nach dem Kriege gesagt, er habe überhaupt niemals eine Entschädigung erhalten — sein Schaden war um ein Vielfaches höher gewesen als der unsere. Umgekehrt sollen NS-Freunde bevorzugt behandelt worden sein.

Der „Reichsgau Wartheland"

Der Kreis Schubin sollte anfänglich, der polnischen Wojewodschaftsgliederung von 1935 entsprechend, aber auch im Sinne der Teilung von 1772, die ja die ethnisch sinnvollste deutsch-polnische Grenze gezogen hatte, zu Westpreußen gehören. Wir erhielten Mitte September von Danzig unsere Zivilverwaltung. Die „Freie Stadt" mußte aus den Beständen ihrer zahlenmäßig geringen Bevölkerung 18 Landkreise und die Städte Bromberg und Thorn mit Behörden versorgen. Es handelte sich zwar zunächst nur um eine Handvoll Kräfte für jeden Kreis, aber insgesamt eben doch um 150 oder 200. Selbstverständlich gab es nicht annähernd so viel überschüssige Beamte in Danzig — also mußte man auf Parteifunktionäre zurückgreifen. Vermutlich tat der Gauleiter Forster das liebend gern. Auch Parteifunktionäre waren in der Regel beruflich beschäftigt. Beruflich tüchtige Leute aber wurden überall gehalten. Also kamen überwiegend — gewiß mit Ausnahmen — weniger tüchtige, aber eher entbehrliche Kräfte zu uns. Sie sorgten dafür, daß es bald hieß: „Heim ins Reich — Danzig kehrt reich heim!"

Damals sind ganze Waggonladungen polnischer Möbel aus den leerstehenden Bromberger Wohnungen nach Danzig gegangen.

Im Kreise Schubin fanden sie weniger zum Mitnehmen, sie verließen uns auch schon nach acht Tagen. Aber diese acht Tage genügten, um uns mit Schrecken erkennen zu lassen, was mir auf der Danziger Bauernschaft erklärt worden war: „Wir wissen allein, was wir zu tun haben!" Der Kreis wurde zum „Reichsgau Wartheland", Posen, geschlagen. Für die Bauern aus dem östlichen Teile des Kreises wirkte sich das fatal aus, sie wurden von ihrem Absatzmarkt Bromberg abgeschnitten. Forster, immer schon Greisers Feind und nun zusätzlich verärgert darüber, daß es diesem gelungen war, ihm den Kreis Schubin wegzuschnappen, sperrte die Gau-Grenze!

Ein paar Tage waren wir wieder herrenlos. Dann erschienen Ende September unsere neuen Herren, aus dem Reich. Das dortige Kräfte-Reservoir war ungleich größer als das Danziger. Aber es war bereits Österreich, das Sudetenland, das Protektorat Böhmen-Mähren und schließlich das Memelland versorgt worden. So war man auch im Reich bei der dritten oder vierten oder fünften Wahl angelangt. Unter den Männern, die zu uns kamen, sind hervorragende Leute gewesen, charakterlich wie fachlich — ich denke an den Landrat und Kreisleiter unseres Nachbarkreises Wongrowitz, Dr. Müller-Hoppenworth, den wir ein Jahr zuvor auf der Hochzeit von Marie-Agnes von Bülow mit Dr. Sellschopp, seinem Freund, kennengelernt hatten — er trug übrigens das Goldene Partei-Abzeichen, war also „alter Kämpfer". Auch der Jarotschiner und der Posener Landrat waren einwandfreie Männer. Leider waren sie die Ausnahmen. Auch der Kreis Schubin hatte Glück, wir erhielten in der Person von

Herrn Z. einen Juristen, der aus gutem Hause stammte. Seine Frau — Rost nannte sie ihres blonden Pagenkopfes wegen „Christine von Schweden" — kam aus sehr wohlhabenden Kreisen. Das hemmte unseren Kreisleiter, er vermied, zumindest im Anfang, den Kontakt mit „seinesgleichen". Es machte ihn auch blind gegenüber seinen Mitarbeitern — die er sich ja auch nicht hatte selbst aussuchen können: Er lernte sie erst beim Abflug aus Frankfurt/Oder nach Posen kennen. Auch unter ihnen gab es „so 'ne und solche". Sein Stellvertreter, ein Maurermeister aus dem Raum Hamburg, war ein anständiger Kerl. Das Gegenteil galt für Herrn Cz., einen Sudetendeutschen, der für Technik und Kraftfahrwesen zuständig war. Als ich meinen Wagen ummelden wollte, brüllte er mich an, woher ich mein Auto hätte — er konnte es sich nicht vorstellen, daß jemand rechtmäßig im Besitz eines Pkw war. Später stolperte er über das Verbot, sich mit einer Polin geschlechtlich einzulassen. Übrigens war er verheiratet.

Der übelste und zugleich mächtigste Mann war der Kreislandwirt S. Ihm unterstand der gesamte polnische Besitz, Güter wie Bauern. Die Güter erhielten Treuhänder, ihre Besitzer waren teilweise nicht von der Flucht in den Osten oder auch dem Kriegsdienst zurückgekehrt, die anderen wurden ins Gouvernement ausgesiedelt. Für Stachu Szulczewski, dessen Frau uns aufsuchte, sagten wir gut, ohne ihm das Schicksal der Aussiedlung ersparen zu können. Sein Vetter aus Chwaliszewo wurde erschossen. Hermann Bülow gelang es, seinem ausgesprochen unpolitisch-toleranten Nachbarn Kawczyński eine Bleibe und ein einigermaßen ausreichendes Auskommen auf seinem bisherigen Besitz zu sichern. Im übrigen aber gab es „tabula rasa". Auf den von mit provisorisch mit Betriebsleitern besetzten Gütern lösten Treuhänder die „unzuverlässigen Beutedeutschen" ab — wir nannten die Herren aus dem Altreich: „Reichsgermanen".

Ich hatte die lose „Oberleitung" dieser Betriebe sowieso aufgegeben und widmete mich ausschließlich der Grocholiner Wirtschaft. Anfang Oktober war Rudolf Hoppe heil aus dem Kriege zurückgekehrt. Es war die Zeit, als händeringend Betriebsleiter für die „Ostland"-Betriebe gesucht wurden — natürlich solche, die nicht von uns eingesetzt worden waren. Ich sagte ihm, wenn er eine Stellung fände, die ihm ein größeres Betätigungsfeld böte als Grocholin, würde ich nicht auf der Innehaltung einer Kündigungsfrist bestehen. Zwei Tage später hatte er es gefunden, zwei Güter bei Bartschin im Süden des Kreises.

„Schön, und wann soll es losgehen?"

Er schluckte etwas. „Morgen, Herr Baron!"

Ich war in Grocholin ausgelastet. Herumfahren konnte ich ohnehin nicht mehr, mein Wagen war beschlagnahmt worden. Das war so zugegangen: Alle deutschen Männer waren automatisch im „Selbstschutz", dem SS — nicht der SS! — zusammengeschlossen.

Ich erinnere mich übrigens nicht, daß er je in Erscheinung getreten
wäre, jedenfalls habe ich an keiner Aktion teilgenommen. Im Oktober tauchte in Exin ein SS-Hauptsturmführer (Major) auf. Man sagte
von ihm, er habe im Reich Alkoholverbot. Wir waren noch nicht
„Reich". Er ließ eines Tages den Selbstschutz antreten und pickte
sich diejenigen heraus, die er für einen SS-Sturm haben wollte — er
zeigte mit der Reitpeitsche auf den Betreffenden. Die Aufstellung
von NS-Formationen war zu der Zeit verboten, sie sollte später mit
gleichen Chancen für alle erfolgen. Ich wußte dies, trug die Uniform
des NSKK und sagte ihm, als er auch mir die Ehre zudachte, zur SS
Exin zu kommen:

„Sie dürfen niemand aus einer Formation abwerben!"

Dagegen konnte er nichts machen. Wohl aber ließ er am nächsten
Tag meinen Wagen beschlagnahmen. Nach einigen Wochen bekam
ich ihn wieder — mit nicht mehr brauchbarem Motor. Die Vertreter
des „Herrenvolkes" traten in Erscheinung.

Es kam bald besser. Im November wurden die Balten bei uns angesiedelt. Bald danach erschien Herr von Hirschheydt bei mir.

„Wissen Sie schon, Baron Rosen, daß der Kreislandwirt behaup-
tet, Sie hätten Roggen gestohlen?"

„Der kann mich gernhaben, ich habe in meinem Leben noch nie
etwas gestohlen!"

„Aber Sie dürfen sich das nicht gefallen lassen! Sie werden sehen,
es gibt die Einheitsfront der Balten und der Volksdeutschen gegen
die Reichsregierung!" In unverfälschtem Baltisch.

„Lieber Herr von Hirschheydt, ich habe doch nicht zwanzig Jahre
lang für das Deutschtum gekämpft, um mich jetzt gegen meine eigene Regierung zu stellen!"

Aber Herr S. zwang mich dazu, es zu tun. Am nächsten Tage
schon bekam ich ein Schreiben des Herrn Kreislandwirts, ich solle
nachweissen, wo die 800 Zentner Roggen geblieben wären, die zur
Zeit meiner „Beschlagnahme" aus Siernik verschwunden seien.

Zuerst war ich sprachlos, fuhr nach Siernik, konnte aber nichts
herauskriegen. Der dortige Verwalter behauptete, es seien keinerlei
Unterlagen vorhanden. Der Mitte September von mir eingesetzte
Jungbauer wußte auch nichts. Daß er Ende September durch einen
Diplomlandwirt und Gutspächter aus der Gegend von Greifswald
ersetzt worden war, der Fahrer der Nachschubkolonne war, kam
mir nicht in den Sinn. Ich begab mich also nach Schubin zu Herrn
S., um dies Mißverständnis zu klären. Der fuhr mich lautstark an.
Ich blieb zunächst ruhig.

„Wollen wir uns in Ruhe aussprechen oder nicht?"

„Ich bin ganz ruhig!" brüllte er.

Daraufhin machte ich die Tür ins Vorzimmer auf, in dem zwanzig
deutsche Bauern warteten — Herr S. hatte öffentlich erklärt: „Die

160

volksdeutschen Bauern sind allesamt Diebe!", das wußten wir. Dann brüllte ich um mehrere Phon lauter als er:

„Herr S.! Ich bin preußischer Unteroffizier gewesen, ich kann viel lauter brüllen als Sie. Wir sind keine Diebe, wir sind viel bessere Nationalsozialisten als Sie! Wenn Sie sich ruhig mit mir unterhalten wollen, dann bitte. Andernfalls gehe ich!"

Er konnte plötzlich ganz normal sprechen, schlug aber einen anderen Tag vor. Im Vorzimmer herrschte Seligkeit.

„Dem Hund haben Sie's ja gegeben!"

Aber damit war die Sache nicht vom Tisch. Sie ließ mir keine Ruhe. Endlich fiel mir ein, daß Ende September ja gar nicht mein ursprünglich eingesetzter Betreuer in Siernik gewesen war. Es gelang mir, Verbindung zu der Nachschubkolonne aufzunehmen. Der Greifswalder bekam zwar keinen Urlaub, gab mir aber das Stichwort: Der Saatroggen! Als ich erneut in Siernik vorstellig wurde, fanden sich die Empfänger auf einer Liste verzeichnet — sie war in dem Zylinderbüro in eine Ecke geraten und nicht vernichtet worden. Ich teilte dem Kreislandwirt die Aufklärung des Falles mit und bat ihn, seinen öffentlich erhobenen Vorwurf des Diebstahls entsprechend zurückzunehmen. Er dachte nicht daran.

Also mußte ich „gegen die Reichsregierung" antreten. Ich setzte eine lange Beschwerde über sämtliche Schikanen dieses Herren gegenüber deutschen Bauern auf, zum Schluß als dickes Ende die Sache mit dem Saatroggen. Das schickte ich über den mir von früher her bekannten Rigenser Erhard Kroeger, Leiter der Umsiedlung der Balten und höherer SS-Führer in Posen, an die Gestapo. Das geschah Ende Januar.

Im März wurden in Schubin die „Baltenlichtspiele" eingeweiht. Während der Veranstaltung wurde ich herausgeholt. „Gestapo!" Kühle Begrüßung.

„Heil Hitler!"

„Heil Hitler!"

„Sie haben sich über den Kreislandwirt S. beschwert."

„Jawohl!"

„Was haben Sie noch gegen ihn vorzubringen?"

„Nichts. Sein persönliches Leben kenne ich nicht und es interessiert mich auch nicht. Ich will nur verhindern, daß deutsche Bauern, die hier zwanzig Jahre lang für ihr Deutschtum gekämpft haben, jetzt verleumdet werden!"

„Wir sind Ihnen sehr dankbar. Solche Leute können wir hier nicht brauchen, sie schaden der Partei."

Sie schaden der Partei — aber immerhin! Mir war doch etwas leichter, als ich zurück ins Kino ging. Herr S. mußte Schubin verlassen. In den Warthegau kam er bald wieder hinein, dafür sorgten seine Berliner Parteifreunde. Er beglückte fortan den Kreis Neutomischl. Wir waren ihn los. Und wir trugen den Kopf erkennbar höher.

Ganz zu Ende war das Schauspiel allerdings noch nicht. Der Kreisleiter trat für seinen Kreislandwirt ein. Es war sein gutes Recht, bis zu einem gewissen Grade sogar seine Pflicht.

„Es ist ein paar hergelaufenen baltischen Baronen gelungen, einen alten Parteigenossen herauszubeißen!", tobte er.

Aber der Regierungspräsident in Hohensalza riet ihm davon ab, gegen die Entfernung des Herrn S. vorzugehen — er müsse damit immerhin gegen die Gestapo antreten. So unterließ Herr Z. weitere Schritte. Aber es sprach sich herum. Willusch Landgraf tönte bei Rossek:

„Und wenn kein Mensch mehr den Namen Z. kennt, werden wir noch auf unseren Gütern sitzen!"

Er hat sich schrecklich geirrt, aber aus unserer damaligen Lage war sein Ausspruch berechtigt. Natürlich wurde es brühwarm dem Kreisleiter hinterbracht. Es dauerte lange, bis er darüber hinwegkam und Kontakt zu uns aufnahm. Als dies in Grocholin geschah, waren ausgerechnet nur die Eltern anwesend, er stieß also wirklich auf Gegner der Bewegung. Aber mit der Zeit hat es sich eingerenkt und sind wir ganz gut miteinander ausgekommen.

Die Bauern, denen ich das Reich in rosaroten Farben gemalt hatte, kamen im Herbst 1939 zu mir und sagten: „So schlecht ist es uns ja in Polen nicht gegangen!" Natürlich meinten sie das nicht wörtlich — aber ihre Enttäuschung war groß. Dabei war gerade der Bauernstand im Dritten Reich hoch angesehen, nur bäuerliche Betriebe wurden „Erbhöfe" und dadurch vor Zersplitterung oder Veräußerung geschützt. Wir Gutsbesitzer, „Landwirte" genannt, hatten wesentlich mehr Grund dazu, der Zukunft skeptisch entgegenzusehen. Wir wären, falls der Krieg siegreich ausgegangen wäre, höchstwahrscheinlich nicht im Lande geblieben. Dieses Land sollte ja einen „Bauernwall" gegen die slawische Flut abgeben, da wären die Güter aufgesiedelt worden. Der Plan des „Reichskommissars für die Festigung des deutschen Volkstums im Osten" sah, soweit mir bekannt war, folgende Landverteilung vor:

50 v. H. Bauern zu 100 Morgen
25 v. H. Bauern zu 400 Morgen
15 v. H. Landwirte zu 2000 Morgen
10 v. H. Nebenerwerbsbetriebe, Gärtnereien u. a.

Bei dieser Einteilung wäre ein Gutsbesitzer auf 200 Groß- und Kleinbauern bekommen und es hätten neun von zehn bisherigen deutschen Gutsbesitzern räumen müssen. Man kann diesem Plane vom rein-nationalen Standpunkt her Großzügigkeit und Folgerichtigkeit nicht absprechen — durchführbar wäre er niemals gewesen, auch in der Diktatur des Nationalsozialismus nicht.

Die enteigneten Gutsbesitzer sollten mit entsprechenden Ländereien im weiteren Osten, im „Vorfeld" vor dem „Bauernwall" entschädigt werden, also im Gouvernement. Sie waren ja den Umgang mit dem polnischen „Sklavenvolk" gewohnt, hatten auch selbst verschiedene östliche Gewohnheiten angenommen und könnten sich dort bewähren und nutzbar machen. Der Exiner Amtskommissar hat einmal zu Eva geäußert, Grocholin würde wohl erhalten bleiben. Aber erstens lag die Entscheidung darüber mehrere Stockwerke höher, und zweitens war keineswegs gesagt, daß wir selbst weiterhin Besitzer bleiben sollten. Es unterliegt für mich keinem Zweifel, daß wir über kurz oder lang in die gleiche Kontrastellung zur Partei geraten wären wie Yorck und Buchholz — und das wäre dann nicht mehr so ausgegangen wie mit dem Kreislandwirt S. Während eines Urlaubs sprach ich mit Herbert Eichstaedt und Erich Sommerfeld, die zufällig auch beide auf Urlaub waren, was wir nach dem Kriege alles würden ändern müssen. Im Grauen Rock gab man sich solchen Illusionen hin — wir hatten das System noch längst nicht durchschaut, wir waren immer noch Idealisten.

Während des Krieges freilich wäre es Unsinn gewesen, die fachlich bewährten und national zuverlässigen Gutsbesitzer herauszusetzen. Also durften im Warthegau alle weiter wirtschaften, ausgenommen zwei Besitzer jüdischer Abkunft. Man hatte ja auch genug Mühe, für die enteigneten polnischen Güter einigermaßen geeignete Treuhänder zu finden. Wie in der gesamten Verwaltung, so gab es auch unter den Treuhändern einige sehr ordentliche Männer, etwa den Herrn Gay in Chwaliszewo. Ganz zu uns paßte Hauptmann Moeller, dessen Frau aus Rostau stammte und der sich dort einen Betrieb geben ließ. Ziemlich zu Anfang stieß ich in Schubin auf meinen einstigen Lehrherrn, den fachlich tüchtigen Herrn R. Wir hatten seinerzeit nicht recht harmoniert, woran ich sicherlich nicht ganz unschuldig gewesen war. Nun freute ich mich aber doch, einen alten Bekannten zu treffen. Aber er tat so, als ob er sich meiner nicht mehr erinnere. Offensichtlich war ihm diese Konfrontation mit seinem einstigen Eleven peinlich. Damals war er als Administrator des großen Graf Pückler'schen Gutes ein ganz großer Herr gewesen — wieso kam er nun als kleiner Treuhänder in den Osten? Auch wenn Herr S. ihn mit der Verwaltung der großen Herrschaft Labischin mit dem Sitz im Schlosse Lubostroń betraute. Unter den „Ost-Landwirten" waren viele, die, sei es als Besitzer, sei es als Verwalter nicht „floriert" hatten — womit durchaus nicht von einem Versagen in jedem Falle gesprochen werden soll.

Neben durchweg tüchtigen „volksdeutschen" Männern bildeten die Balten eine Hilfe, wenn auch nur eine bedingte, da ihre landwirtschaftlichen Fähigkeiten notgedrungen nicht überwältigend waren, und außerdem eine von der Partei etwas mißtrauisch betrachtete — „eine Handvoll hergelaufener baltischer Barone"! Soweit sie von

Restgütern in Estland oder Lettland kamen, wurden sie auf den stark devastierten polnischen Gütern angesetzt, die verhältnismäßig nicht zahlreichen Bauern auf Bauernhöfen. Sie empfanden es furchtbar, dabei in die noch mehr oder weniger eingerichteten Wohnungen der Vorbesitzer eingewiesen zu werden. Vor der Umsiedlung hatte man ihnen erzählt, sie kämen auf herrenlose und unbewirtschaftete Betriebe. Mit den polnischen Arbeitern bekamen sie sehr schnell Kontakt, sie kannten die Verhältnisse mit Andersvölkischen seit sieben Jahrhunderten und sie waren „Herren". Dafür hatten die Polen ein feines Gespür — und der Gegensatz zu den „Herrenmenschen" der Partei war ja auch wie der zwischen Tag und Nacht.

In den Kreis Schubin kamen der schon erwähnte Herr von Hirschheydt, ein Dehn, ein Graf Recke und Onkel Hans, der Groß-Roopsche. Bei seiner Überfahrt hatte es große Aufregung auf dem Schiff gegeben, als ein Funkspruch des Reichsmarschalls Göring eintraf:

„Wir begrüßen die befreundeten Familien Fock und Rosen!"

Da hatte man ja eine ganz große Persönlichkeit an Bord! Wer war das und wo steckte er? Man suchte das ganze Schiff ab. Schließlich fand man den „Freund des Reichsmarschalls" ganz unten im Schiff, mitten zwischen lauter einfachen Leuten, in angeregtem Gespräch. Er hatte gar keine Lust, als hoch geehrte Persönlichkeit nach oben zu müssen. Es half ihm aber nichts, für den Rest der Überfahrt mußte er die Kapitänskajüte beziehen. Die Vorgeschichte war folgende: Der Pour-le-Mérite-Flieger des ersten Weltkriegs Hermann Göring verdiente sich nach dem Kriege sein Geld als Flieger, u. a. in einem Stockholmer Luftfahrt-Unternehmen. An einem Spätherbsttage hatte er den Grafen Eric Rosen aus Rockelstad dorthin zurückzufliegen. Eric war selbst Flieger, er hatte sich 1917 dem finnischen General Mannerheim mit seinem Flugzeug zur Verfügung gestellt — die finnische „Ein-Mann-Luftflotte" — er war ein bekannter Afrika-Forscher und ein großer Verehrer altgermanischer Vergangenheit. Rockelstad war ein Museum. Verheiratet war Eric mit Mary von Fock. Als Göring nach Rockelstad kam, war ihre jüngere Schwester Karin, verheiratet mit einem Deutsch-Schweden, auch dort. Ein Schneesturm hinderte Göring an dem sofortigen Rückflug nach Stockholm. Karin ließ sich scheiden und heiratete Hermann Göring. Sie ist noch vor der Machtübernahme gestorben — Göring hat sein Jagdschloß in der Mark nach ihr „Karinhall" genannt. Die Rockelstader haben weiter in enger Verbindung zu ihm gestanden, Gräfin Mary ist auf Görings Hochzeit mit Emmy Sonnemann gewesen und hat ihr nach dem Kriege sehr geholfen.

Onkel Hans wäre der letzte gewesen, die durch den Funkspruch geknüpften Beziehungen auszunutzen, um sich im Reichsgau Wartheland ein besonders wertvolles Objekt zuweisen zu lassen. Doch machte er wenigstens von der Vergünstigung Gebrauch, sich die Gegend seiner Ansiedlung aussuchen zu dürfen. Er wählte die Nähe von Grocholin, um von den landwirtschaftlichen Kenntnissen seines Patenneffen zu profitieren. Zuerst wies man ihn nach Smogulsdorf ein, einem Nebengut des Hutten-Czapski'schen Smoguletz. Das Hauptgut übernahm natürlich ein „Reichsgermane", doch fand er das Haus geplündert vor. Am 14. September habe ich es noch völlig heil angetroffen, das Bild der Kaiserin und ein anderes lagen in Kisten verpackt auf dem Fußboden, alle anderen, teilweise sehr guten Bilder, hingen an den Wänden. Ich mußte gegen die Versuchung ankämpfen, eins davon mitzunehmen in unser in dieser Hinsicht wirklich armes Haus. Der damals von mir als Verwalter eingesetzte Jungbauer Zempel wurde ein paar Tage später von einem SS-Kommando herausgeworfen. Wenige Tage darauf waren alle Bilder und Teppiche verschwunden. Nicht nach Danzig. Und hier fragte die Gestapo nicht: „Was haben Sie sonst noch gegen ... vorzubringen?"

An Smogulsdorf und seinem sehr hübschen Herrenhaus fand dann ein anderer Anzusiedelnder Gefallen und Onkel Hans mußte es räumen. Er kam in unsere unmittelbare Nachbarschaft, nach Siernik. Hier wurde er bald gut Freund mit den Leuten. Sie haben sich Ende Januar 1945 amerikanischen Offizieren gegenüber, die aus dem Offlag Schubin kamen, sehr anerkennend über den „alten Baron" ausgesprochen.

Onkel Hans war auch der gütigste Mensch, den man sich vorstellen konnte oder dem ich im Leben begegnet bin. Überall sah er die positiven Seiten, nie klagte oder schimpfte er. Ich erinnere mich eines Gesprächs im Herbst 1944 anläßlich eines Urlaubs.

Er: „Wir haben eine neue Steuer!"

Ich: „Na und? Ist das etwas besonders schönes?"

Er: „Es ist doch herrlich, für das deutsche Reich wenigstens etwas zahlen zu dürfen!"

Es war gerade ihm, der sich sein Leben lang für das baltische Deutschtum eingesetzt hatte, bitter schwer gewesen, die Heimat aufzugeben und unter sieben Jahrhunderte einen Strich zu ziehen. Aber — ganz abgesehen davon, daß Dortbleiben reiner Selbstmord gewesen wäre, ohne das Geringste zu nützen — er sah auch im Dritten Reich nur das Gute, das es ganz bestimmt auch gegeben hat. Trotzdem war er keineswegs blind. 1935, als er, zusammen mit Konrad Henlein, in Breslau den Ehrendoktor bekommen hatte — er den Dr. theol. wegen seines mannhaften Eintretens für die evangelische deutsche Kirche Livlands —, sagte er mir:

„Merke dir eins, mein Lieber: Du darfst dem Russen niemals trauen!"

Er war lange Jahre Abgeordneter in der Duma, dann im Reichsrat gewesen, hatte im Winter in Zarskoje-Sselo gewohnt, er und seine Familie waren absolut zarentreu wie sein Großvater Johann Gustav, der Groß-Roop wieder erworben hatte. Seine Erfahrungen

hatte er noch im alten Rußland gemacht, das gewiß von dem anti-
deutschen Panslawismus, aber noch nicht von der Weltanschauung
des Marxismus-Leninismus durchsetzt war. Der „unverbesserliche
Optimist", wie Vater ihn genannt hat — und zwar in negativem
Sinne — war viel klüger und kritischer als große Teile unseres Vol-
kes es heute sind.

Es gab natürlich auch Rücksiedler aus dem Baltikum, die keinen
Anspruch auf einen landwirtschaftlichen oder städtischen Besitz anmelden konnten, vor allem alte Menschen. Solch ein Transport kam
im Winter 39/40 in ein Auffanglager in Exin. Eva, die sich um die
Menschen kümmerte, nahm zwei alte Damen zu uns, Fräulein von
Stryk und Fräulein Bäuerle, denen es im Lager jämmerlich ging. Sie
waren rührend dankbar. Schließlich kamen sie in ein Altersheim für
Balten in Schwetz an der Weichsel, von wo sie uns ziemlich traurig
schrieben.

Den Balten folgten im Winter 39/40 die Deutschen aus Galizien,
Wolhynien, Beßarabien, der Dobrudscha und dem Banat. Mit ihnen
kamen überwiegend Bauern ins Land. Die Deutsch-Balten hatten
sich in der Hauptsache aus drei Schichten zusammengesetzt: Den
„Baronen", den „Literaten" — Pastoren, Professoren, Doktoren,
Apothekern — und dem städtischen Bürgertum. Deutsche Bauern
waren erst nach der Revolution von 1905 an zwei Stellen auf Guts-
land angesiedelt worden. Jetzt mußten polnische Bauern in großer
Zahl den Rücksiedlern Platz machen. Das ging in sehr harter, oft
unmenschlicher Form vor sich. Sie mußten binnen ganz kurzer Zeit
und mit nur ganz wenig Gepäck Haus und Hof verlassen und wurden im Gouvernement ohne irgendwelche Hilfsmaßnahmen ihrem
Schicksal überlassen.

Die deutsch-polnischen Beziehungen glichen einem Teufelskreis. In
der ersten Septemberhälfte sind 5000 Angehörige unserer Volksgruppe umgebracht worden, Männer, Frauen, Kinder, Greise — kein
einziger von ihnen ist irgendwie schuldig gewesen. Die Vergeltung
folgte auf dem Fuße, und sie war sehr hart. Ihr ist die doppelte Anzahl Polen zum Opfer gefallen, von denen sich die meisten auch keiner Untat gegen Deutsche schuldig gemacht hatten. Wir standen
noch unter dem Eindruck des „Bromberger Blutsonntags" und ähnlicher Greueltaten, gerade auch in unserem Kreise, es war eine spon-
tane Vergeltungsaktion. Sie soll nicht entschuldigt, aber verständlich
gemacht werden.

Was dann folgte, war verbrecherisch, darüber gibt es keinen Zweifel. Es war aber auch unsagbar dumm, es schürte den Haß gegen
alles Deutsche. Auch Leute, die uns treu ergeben gewesen waren,
konnten die Augen nicht verschließen vor der Tatsache, daß dieses
Deutschland ihr Volk zu einem Helotenvolk machen wollte. Wir
alten Posener haben diese Politik nicht mitgemacht, uns, wo wir

konnten, dagegen zur Wehr gesetzt, unsere Leute menschlich behandelt — an der Gesamtentwicklung konnten wir nichts ändern.

Dabei geriet vor allem der im Frühjahr 1940 ins Leben gerufene „Reichsnährstand" in Schwierigkeiten, der fast ausschließlich mit Volksdeutschen besetzt wurde. Er war auch im Reich eine verhältnismäßig positiv zu beurteilende Organisation — trotz des oft zitierten Spruchs: „Lieber drei Jahre Dürre als ein Jahr Darré!" Er beschränkte sich im wesentlichen auf die fachliche Seite, deshalb waren oft genug die besten Landwirte und Bauern an der Führung, vor allem auf unterer Ebene. Ich habe dies bei meiner Berater-Tätigkeit nach dem Kriege häufig festgestellt.

Landesbauernführer wurde Dr. Hans Kohnert, unser langjähriger Hauptgeschäftsführer der „Deutschen Vereinigung" und ihr eigentlicher Leiter. Er ernannte die Kreisbauernführer, im Kreise Schubin den famosen Oskar Kunkel aus Eichenhain — er saß auf einem alten Schulzengut von 600 Morgen. Unsere Mutti war empört, daß man nicht mich dazu berufen hatte. Aber erstens war ich „Großgrundbesitzer", und zweitens hatte ich zu polnischer Zeit mehrfach meinen eigenen Kopf bewiesen. Kunkel erfreute sich allgemeinen Vertrauens und war auch fachlich ohne Tadel. Er übertrug mir die Hauptabteilung I, der Mensch — II war der Betrieb, III der Markt. Das war eine sinnvolle Entscheidung. Mich hat diese Einstufung davor bewahrt, nach 1945 in ein Lager zu kommen — die „Leiter" galten als untergeordnete Kräfte, die „Führer" als gefährliche Helfer des Regimes. Der alte militärische Grundsatz: „Niemals vordrängeln!" hatte sich bewährt. Im übrigen sind sowohl Kunkel wie Kohnert sehr bald wieder freigelassen worden, beide hatten sich gegenüber den Polen nichts zu Schulden kommen lassen, insbesondere sich bemüht, deren Aussiedlung nach Möglichkeit weniger inhuman durchzuführen.

Das gleiche Glück hatte ich auf dem Gebiet der Partei-Formation. Als die Aufstellung freigegeben wurde, fuhr ich nach Posen zum Führer der „Standarte", einem biederen Manne, und entwickelte ihm den Plan, den Motorsturm Exin aufzubauen. Er war sprachlos, daß ein Volksdeutscher dazu imstande sein sollte, und begriff auch anfänglich nicht, daß ich deutscher Offizier gewesen war. Wir galten weithin als Halbwilde, denen erst einmal Deutsch als Sprache beigebracht werden mußte. Das führte zu grotesken Vorkommnissen. Ich erlebte folgendes: Anläßlich einer Veranstaltung in Posen gegen Winderende — ich hatte meinen Wagen wieder fahrbereit machen lassen können — stiegen zugleich mit mir zwei Parteifunktionäre, sogenannte „Goldfasanen", aus ihrem Wagen und versuchten, ihrem Fahrer klarzumachen, daß er die Reifen vulkanisieren lassen solle. Sie kamen wohl aus dem Osten des Reichsgaues, der ja Lodz mit einschloß, jedenfalls verstand der Mann kein Wort deutsch. Ich erbot mich, ihm den Auftrag zu übersetzen. Die beiden Herren sahen mich mißtrauisch an, konnten das Angebot aber nicht ablehnen — der Mann war dankbar und erledigte den Auftrag.

Später beteiligte ich mich wohl irgendwie an der Diskussion im Saal. Das war den beiden nun gänzlich unbegreiflich und sie fragten mich:

„Was sind Sie eigentlich für ein Mann? Erst sprechen Sie fließend polnisch, jetzt tadellos deutsch — sowas gibt es doch gar nicht!"

Es war ein Pendant zu Laur in Warschau, zwölf Jahre vorher.

Der Motorsturm Exin fiel freilich völlig aus dem Rahmen. In der Regel bestand das NSKK aus etwas bequemen, nicht mehr ganz jugendlichen Leuten, die wenig mit der NS-Weltanschauung im Sinne hatten, sich aber nicht völlig abseits halten wollten. Mit Auto oder Motorrad ließ sich ja auch recht gemütlich Dienst tun. Die „Elite" ging zur SS, die Masse zur SA. In Exin traten alle meine alten Kameraden aus der „DV" dem Motorsturm bei: Landgraf, Koerner, Bülow, Laengner, Bernhard-Stahlberg — wir waren allein vier ehemalige deutsche Offiziere unter 75 Mann! Dazu alle Jungbauern, voran die Jwnoer unter Herbert Eichstaedt. Selbst unser neuer Pastor, Waldemar Jung, trat ein. Das war in den Augen der Partei „unmöglich" und man legte mir nahe, ihn herauszutun. Stattdessen ließ ich ihn bald zum Scharführer avancieren. Wir unterschieden uns in mancherlei Hinsicht von dem Schema, z. B. auch dadurch, daß ich es ablehnte, das allgemeine „Du" einzuführen — beim Militär wurde streng auf das „Sie" geachtet, selbst zwischen Vater und Sohn im dienstlichen Umgang. Natürlich betrachtete man uns mißtrauisch, aber das kümmerte uns nicht im Geringsten.

Dienstlich waren wir wahrscheinlich ganz besonders rege. Wir waren alle mit Fahrrädern „motorisiert" und ich nutzte das zu großen Kriegsspielen: Einnahme des „Bismarck-Kopfes", wobei beide Parteien der Meinung waren, die jeweils andere verteidige ihn — ich stand allein auf dem Turm und beobachtete ihre Bemühungen, getarnt heranzukommen; oder einen Angriff auf den Bahnhof Grocholin, der von einer Handvoll Männer „verteidigt" wurde. Exerzieren ließ ich nur ganz wenig, dann aber stramm. Prima klappte das:

„An die Räder — Marsch marsch!"

„Räder in die — Haaand!"

„Auf — ge — sessen!"

Der Obergruppenführer in Posen war natürlich von diesem Sturm begeistert. Er stammte aus Stolp, hieß Hopf und war ein durchaus vernünftiger Mann. Ich kam in ein recht gutes Verhältnis zu ihm und habe später aus dem Felde einen losen Briefwechsel mit ihm gepflogen. Dabei konnte ich es mir erlauben, ihm nach dem 20. Juli 1944 zu schreiben, daß die Männer des Attentats jedenfalls nicht aus niedrigen Beweggründen gehandelt hätten. Dem hat er zugestimmt.

Ich hatte den Motorsturm als einfacher „NSKK-Mann" gegründet. Bis zum Herbst 41 kletterte ich die Rangleiter Stufe um Stufe bis zum „Obertruppführer", was militärisch einem Zugführer-Feldwebel entsprach. Bis zum „Sturmführer", dem untersten Offiziersrang, schaffte ich es nicht mehr, weil ich Soldat wurde und damit alle Partei-Funktionen ruhten. Das hat mich bei der „Entnazifizierung" ebenfalls davor bewahrt, ein paar Jahre in einem Straflager verbringen zu müssen. Und Eva davor behütet, jahrelang ganz auf sich gestellt für unsere sechs Kinder sorgen zu müssen!

Schließlich wurde ich durch den Eintritt in die Wehrmacht auch nicht PG. Allerdings hing das zunächst auch damit zusammen, daß meine kritische Einstellung zur Partei natürlich bekannt war — unser braver Pferdeknecht Hübner, der wirklich nicht das Geringste für das Deutschtum getan hatte, wurde Parteigenosse. Unsere Oma in Bromberg übrigens auch und zwar noch im Herbst 1939. Mein Rencontre mit dem Kreislandwirt hatte sicherlich auch nicht dazu beigetragen, mich zu qualifizieren. Aber unser großes Erntefest in Iwno — „Da ist ja wirklich echte Volksgemeinschaft vorhanden!", urteilte der Stellvertreter des Kreisleiters —, die Arbeit als Abteilungsleiter der Kreisbauernschaft und andere Tätigkeiten führten zu der Erkenntnis, daß es nach außen wenig günstig wirkte, wenn ein Nicht-PG so viel leistete. Ehe aber die Aufnahme in die Partei erfolgte, wurde ich Soldat — und also nicht mehr Parteigenosse. Was für eine Fügung! Eva, im Besitze des silbernen „Mutterkreuzes" — sechs Kinder — und Exiner „Frauenschaftsführerin" — worum sie von unseren alten, volksdeutschen Frauen dringend gebeten wurde — entging der Aufnahme in die Partei nicht, doch hat sich das nach 1945 nicht ausgewirkt. Jedenfalls hat sich das Wort, das dem greisen Hindenburg zugeschrieben wurde, auch in meinem Falle als richtig erwiesen: „Wer weiß, wozu es gut ist!"

Glück entwickelten wir auch mit unserem Amtskommissar Brandt. Er hatte den größeren Teil seines Lebens in Afrika und Südamerika verbracht und einen entsprechenden Horizont gewonnen. So hatte er auch Verständnis für uns und wir faßten Vertrauen zu ihm. Das ging so weit, daß wir ihn zu unseren Jagden einluden. Anfang Januar war Jagd in Rospentek. Wir saßen beim Frühstück und waren schon recht fröhlich, Brandt mitten unter uns. Die Tür tat sich auf und herein kam Onkel Otto, wie immer mit einem Bonmot.

„Dzień dobry, panowie — Kinder, vergeßt eure Muttersprache nicht!" Dann bemerkte er den Amtskommissar und bekam einen schönen Schreck. Jeder echte „Reichsgermane" hätte seine Begrüßung für bare Münze genommen und sich in der Meinung bestätigt gefühlt, daß wir letztlich eben doch halbe Pollacken wären. Aber Brandt lachte fröhlich mit. Wir haben ihn zu später Stunde zum „Ehren-Volksdeutschen" ernannt und auch das hat ihm gefallen. Schon ein Jahr später ist er gestorben. Sein Nachfolger war korrekt, sehr fleißig, kein Partei-Fanatiker, aber subaltern und ohne Humor.

In der zweimonatigen Zwischenzeit verwaltete ich ehrenamtlich das Amt des Exiner Amtskommissars und Bürgermeisters. Ich benutzte diese Zeit, um den Wegebau im Bezirk voranzutreiben, und ließ die Straße nach Palmierowo und den Weg von Gromaden nach Neudorf pflastern, beide ziemlich hängig. Bei dem ersten Projekt wurden englische Kriegsgefangene beschäftigt, deren Arbeitseifer im diametralen Gegensatz zu ihrer Dickfelligkeit stand. Zu meinen Amtspflichten gehörten auch standesamtliche Tätigkeiten. Bei Trauungen, sowohl deutschen wie polnischen, mußte ich eine Ansprache halten — sie wird sich in beiden Fällen erheblich von den Ansprachen der Parteifunktionäre unterschieden haben. Auch daß ich bei der Abnahme von Fahrerprüfungen polnische Antworten, wenn sie fachlich richtig waren, unbeanstandet durchließ, war gegen die Kleiderordnung und die „Herrenvolk"-Theorie.

Zur „Regermanisierung" gehörte auch die Umbenennung der Ortsnamen. Das war an sich begreiflich — welcher Binnendeutsche konnte denn Namen wie etwa „Brzyskorzystewko" aussprechen! Schon zu deutscher Zeit hatte man zahlreiche Namen verdeutscht oder durch neue, deutsche Namen ersetzt. Jetzt aber schoß man über das Ziel hinaus und machte sich teilsweise geradezu lächerlich. Warum sollte „Exin" nicht mehr „Exin" heißen? Die Hauptstadt des Deutschen Reiches hieß Berlin und so gab es unzählige Namen, die auf slawische Herkunft hindeuteten, ohne daß jemand daran Anstoß nahm. Jetzt benannte man unser kleines Städtchen um in „Prien" — nach dem berühmten U-Boot-Kommandanten. Es gab aber schon ein „Prien", das lag am Chiemsee. Prompt ging ein Großteil der Post dorthin. Nach gewisser Zeit zog man sich still und verschämt wieder auf „Exin" zurück.

Aus unserer Kreisstadt Schubin wurde „Altburgund". Das war gar nicht so abwegig. Vor 1600—1700 Jahren hatten die Burgunder tatsächlich in unserem Raum gesessen, wenn auch nicht auf Dauer. Es war sehr zu bezweifeln, daß unsere Bauern etwas von den Burgundern an der Netze wußten. Den schönsten Beweis lieferte ein alter Bauer aus Dembogóra, das vor 1919 „Bismarckskopf" hieß, der unserem auf seine neue Namensgebung so stolzen Kreisleiter gegenüber von „Schubin" sprach und sich, mißbilligend angeblickt verbesserte: „Alt*bur*gund", mit deutlicher Betonung der zweiten Silbe. Das war typisch polnisch, denn im Polnischen wird stets die vorletzte Silbe betont: Szúbin — Genitiv Szubina — Dativ Szubinówi. Wir waren eben halbe Pollacken!

Auch „Grocholin" war nicht mehr tragbar. Wir wurden aufgefordert, binnen zweimal 24 Stunden einen neuen Namen vorzuschlagen. Andernfalls würde dies von Amts wegen geschehen. Das aber mußte vermieden werden. Die meisten Gutsbesitzer machten es sich leicht und gaben ihren Gütern ihren eigenen Namen in Verbindung mit der Endsilbe „tal" oder „höhe" oder „hof" oder „horst" oder

„feld". In vielen Fällen war das berechtigt, denn die Betriebe waren erst unter den deutschen Besitzern zu dem geworden, was sie darstellten. In Grocholin hatte kein Rosen etwas geleistet — aber der Name „Treskow" war bereits in Owinsk — „Treskau" — festgehalten.

Eine zweite Möglichkeit bestand darin, die Namen ins Deutsche zu übertragen. Das konnte ausgesprochen hübsch sein. Bülow nannte Zurawia „Kranichshöhe" — nicht ganz exakt, der „żóraw" ist nicht Kranich, sondern Reiher, aber „Reihershöhe" hätte natürlich zu sehr viel Spott Anlaß gegeben. Auch Egon Koerner übersetzte etwas frei, aber sehr hübsch „Sto-lenschin" — sto łężyn — in „Hundertwiesen". Aber „groch" war die Erbse — und „Erbsendorf"?

So verfielen wir auf „Jürgensburg". Dabei dachten wir nicht an unseren Jüngsten, sondern an den Schutzpatron der Reiter, St. Georg. Es gab „Georgenburg" sowohl in Ostpreußen wie im Kreise Hohensalza. Also wählten wir die niederdeutsche Form des Namens. Pferdezucht sollte bei uns großgeschrieben werden — und eine Burg hatten wir ja auch vorzuweisen. Die Wahl war deshalb gut. Trotzdem haben wir längst wieder zu dem vertrauten alten „Grocholin" zurückgefunden, er ist für uns der Begriff der Heimat, er ist verbunden mit den gewiß nicht leichten, aber doch einmalig schönen Jahren unserer Arbeit für die deutsche Sache. „Jürgensburg" aber erinnert an die Zeit, die wir erst als die der Befreiung begrüßt hatten, die sich dann aber zunehmend als unerfreulich erwies. Aber selbst wenn das nicht so wäre, so wiegen eben hundert Jahre mehr als vier. So wie uns geht es allen unseren Nachbarn, es wird nur von Zurawia, Stolenschin, Rospentek, Zalesie gesprochen. Erstaunlicherweise haben sich dagegen die Namen aus dem „Dritten Reich" bei den Bauern viel fester verankert — Lindental (Iwno), Amtstal (Gromaden), Schwertheim (Mieczkowo). Vielleicht liegt das daran, daß die Mehrzahl der Dörfer vor 1919 schon deutsche Namen trug, sowohl die Hauländereien und die Schulzendörfer aus alter polnischer Zeit wie die Ansiedlungsdörfer der Jahre 1886—1916. Als ich versuchte, 1953/54 unsere Heimatkreisvereinigung und das Heimatblatt nach dem alten „Schubin" zu benennen, stieß ich auf entschiedenen Widerstand und kam mit meinen Wünschen nicht durch.

Gleich nach dem Abzug der Nachschubkolonne stellten wir das Alte Schloß der „Kinderlandverschickung" zur Verfügung. Aber das erwies sich bald als eine Fehlentscheidung. In den Kindern aus Berlin-Wedding, vor allem aber ihrem Lehrer, stand der Klassenkampfgedanke noch in voller Blüte. Besonders auf der Weihnachtsfeier kam klar zu Tage, wie weit unsere Auffassungen vom Nationalsozialismus auseinandergingen. Wir waren heilfroh, als die Kinder fortfuhren und wir das Heim für Lehrgänge des BdM frei bekamen. Lilo Freimann, die einstige Mädelführerin der „DV", hielt sie für Mädels der Umsiedler ab, aus Beßarabien, der Dobrudscha usw. Wir merkten an ihnen, wie segensreich die Arbeit der „Deutschen Vereinigung" sich ausgewirkt hatte, wieviel weiter unsere Mädels waren.

Was wir „weltanschaulich" im kleinen erlebten — an den Berliner Kindern, an dem Herrn Kreislandwirt und auch sonst vielerorts —, galt im großen erst recht. Die beiden neuen Gaue stellten für die Partei ein ideales Experimentierfeld dar, weil sie hier noch weniger Rücksichten zu nehmen brauchten als im Altreich. Zwar waren wir ganz sicherlich noch weniger für allerlei Neuerungen aufgeschlossen als die Menschen im Altreich — aber wir waren ja nur etwa ein Zehntel der Bevölkerung des „Reichsgaues Wartheland", ein weiteres Zehntel entfiel auf die „Reichsgermanen" — unter denen sich ja auch viele einstige Ansiedler oder andere im Lande ansässig Gewesene befanden, die ihre nach 1919 verlassenen Besitze wieder einnahmen; ein Teil von ihnen war damals echt vertrieben worden, aber ein anderer Teil hatte sich als nicht bodenständig erwiesen und war freiwillig gegangen. Gerade diese Leute zeigten sich häufig als 110 %ige Parteigänger. Acht Zehntel der Bevölkerung aber waren immer noch Polen, auf die man ja nicht die geringste Rücksicht nehmen zu brauchen glaubte.

An erster Stelle der Neuordnungs-Versuche stand die Kirche. Im Reich wurde sie schikaniert, aber man wagte doch nicht, sie zu liquidieren, insonderheit nicht die Katholische Kirche. Bei uns brauchte man aber in dieser Hinsicht sich keine Mäßigung aufzuerlegen. Also löste man die Kirchen einfach auf und gestattete nur noch „religiöse Vereine". Die würden bestimmt gar nicht erst zur Blüte kommen, sondern an Auszehrung eingehen. Aber man hatte die Rechnung ohne den Wirt gemacht — ohne die „Volksdeutschen", gleich ob sie Alteingesessene waren oder Rücksiedler aus östlichen Gebieten. Wir traten Mann für Mann in unseren „Verein" ein und zahlten die bisherige Kirchensteuer jetzt als freiwilligen Beitrag. Natürlich Mark für Zloty. Es war gar nicht viel, für Grocholin 2000,— Mark — in den „Erinnerungen" einer Posener Gutsfrau las ich allerdings, sie hätten den Beitrag als „unglaublich hoch" empfunden; die Aufzeichnungen weisen freilich, soweit es um die Volksgruppe geht, auch sonst viele Fehler auf. Zur Bekämpfung der Kirche gehörte es auch, daß die Parteiveranstaltungen gern auf Sonntag vormittag verlegt wurden. Als das auch bei uns eingeführt werden sollte, erklärte Eva dem Amtskommissar — es war nicht mehr der „Ehren-Volksdeutsche" Brandt —, darunter würden die Parteiveranstaltungen spürbar leiden, denn wir nähmen an den Gottesdiensten teil. Herr M. war klug genug, nachzugeben.

Daß unsere deutschen Privatschulen in Staatsschulen umgewandelt wurden, war logisch. Doch hätte unseren bewährten Lehrkräften keineswegs ein reichsdeutscher Leiter vor die Nase gesetzt zu werden brauchen. Wenn er auch im Falle unserer „Albrecht-Dürer-Schule" in Exin ein anständiger Mann war, so war es für Fräulein Jagusch und Fräulein Becker trotzdem kränkend, denn sie hatten ihre Sache ausgezeichnet gemacht.

Unsere Kinder fuhren weiter nach Exin, nur Hans-Kunibert mußten wir aufs Gymnasium schicken. Wir gaben ihn nach Bromberg zur Oma, wo auch sein Vetter Klaus Menner eingeschult war. Doch wurde Oma auf die Dauer nicht mit den beiden Jünglingen fertig. Während eines Urlaubs nahm ich Verbindung zu der Internatsschule in Wongrowitz auf. Sie stand unter Leitung von Parteileuten, war aber keine Napola oder sonstige Parteischule. Das Verhältnis zu den Lehrkräften machte einen sehr guten Eindruck, auf sportliche Ertüchtigung wurde großer Wert gelegt. So gaben wir unseren Ältesten dorthin. Im September 44 war seine Klasse ein paar Wochen in Grocholin als Helfer in der Kartoffelernte. Natürlich setzten wir die Dreizehnjährigen nur zu leichten Arbeiten ein, es waren nette Jungens und sie genossen die Abwechslung sehr.

Am 23. Mai 1940 war unsere Gudrun zur Welt gekommen. Ihre Taufe vereinte alle Nachbarn, dazu unseren guten Freund Gerhard Tietze, den wir zum Paten gebeten hatten. Er war Pastor in Kulm an der Weichsel, hatte den Marsch der Verschleppten nach Warschau mitgemacht und war wie durch ein Wunder einer Kugel des Exekutionskommandos entgangen — die Polen hatten jeden zehnten Mann zur Erschießung herausgeholt, 47 der 50 kamen ums Leben. Wir tauften im „Roten Zimmer". Im Gewölbe des kleinen Raumes schallte unser Gesang so laut, vornehmlich Egon Koerners wohllautender Tenor, daß der Täufling zu brüllen anfing und sich nicht mehr beruhigen ließ. Pastor Jung konnte seine mit viel Liebe ausgearbeitete Taufpredigt nur zur Hälfte halten. Trotzdem hat der Täufling später eine Pfarrfrau wie im Buche abgegeben.

Hin und wieder wurde auch auf kulturellem Sektor etwas für die „Beutedeutschen" getan. So gab der große Pianist Wilhelm Kempff in Exin ein Abendkonzert. Wir hatten es erreicht, daß er bei uns wohnte, was er sichtlich genoß. Er war sehr empfänglich für gutes Essen, hatte aber auch ein Faible für attraktive Frauen. Nach dem öffentlichen Konzert luden wir, völlig improvisiert, die Nachbarn und auch den Landrat mit Frau zu uns ein, es wurde ein ausgesprochen netter Abend. Zu mitternächtlicher Stunde setzte sich der große Meister an Evas Flügel und spielte die „Mondscheinsonate". Das war schon beeindruckend.

Der Rußlandkrieg

Im Juni 1940 war ich zu einer Reserve-Offiziersübung nach Hohensalza einberufen worden. Wie gut, daß ich zwanzig Jahre zuvor so eitel gewesen war, mir den „charakterisierten Leutnant a. D." verleihen zu lassen. Der „Graue Rock" ging immer noch über den „braunen" — und hier war ich eben Offizier. Der Lehrgang war äußerst harmlos. Anschließend wurde ich „Kreisoffizier", allerdings nicht für Schubin, wo bereits Rost dieses Amt versah, sondern für den Nachbarkreis Znin, wo einer fehlte. Die Hauptaufgabe bestand darin, zu überprüfen, ob Uk-Stellungen — „unabkömmlich" — angebracht seien oder nicht. Das konnte unter unseren bäuerlichen Verhältnissen ein Landwirt am besten beurteilen. Viel zu tun bekam ich nicht, die Einberufungen zur Wehrmacht begannen erst später, als der Krieg sich ausgeweitet hatte.

Seine Vorboten zeigten sich im April 1941 in einer für uns besonders sympathischen Form. Wir bekamen Einquartierung. Es war der Stab des 1. Nebelwerfer-Regiments. Der Kommandeur, Oberstleutnant Berger, war ein kluger, liebenswerter, toleranter Mann, das Gegenteil eines „Kommißhengstes". Sein Vetter war der Filmschauspieler Karl Ludwig Diehl, der sympathische Darsteller vornehmer Herren. Berger ließ die Einheiten seines Regiments auf den umliegenden Gütern Quartier beziehen, er wollte nicht ausschließlich Dienst machen, sondern Mensch sein, so lange das noch möglich war.

Wie der Chef, so war auch sein kleiner Stab: Oberleutnant Hein, Adjutant, aktiv, und Leutnant Tewes, Ordonnanzoffizier, Reservist, Student. Beide reizende, frohe, gescheite Menschen. Alle drei wurden uns in Kürze lieb und wert, und die knapp zwei Monate, die sie unsere Gäste waren, gehören zu den schönsten unserer Grocholiner Zeit. Am Vorabend des 1. Mai fuhren wir nach Exin und tanzten auf dem Markt den Mai ein — mit den Mädels der LBA, der Lehrerinnen-Bildungsanstalt, unter ihren prächtigen Leiterinnen, Fräulein Mundt und Fräulein Pohlenz. Es dürfte kaum wieder vorgekommen sein, daß deutsche Offiziere in Uniform sich aktiv an einer solchen Veranstaltung beteiligt haben.

Eine kurze Unterbrechung erfuhr die Idylle durch den Besuch des Kommandeurs der 30. Infanterie-Division, General von Tippelskirch, Ende Mai. Kersten, damals Adjutant, hatte auf die Möglichkeit hingewiesen, in Grocholin zu übernachten — die Hotels in unserem Raume waren ja recht einfach. Es war auch für uns sehr hübsch, einmal einen hohen Wehrmachtsangehörigen im Hause zu haben. Allerdings war der Ton bei Tisch schlagartig ein völlig anderer, kühl-korrekt, Berger schweigsam, seine fröhlichen jungen Herren zackig. Dabei war Tippelskirch ein famoser Mann, klug, geistig, keinesfalls „vom wilden Soldaten gebissen". Seine „Geschichte des Zweiten Weltkriegs" ist hervorragend, kurz, klar, objektiv und sehr gut lesbar. Im übrigen habe ich die Erfahrung gemacht, daß die weitaus größte Mehrzahl der deutschen Generalstäbler eine Elite waren, geistig-militärisch wie auch charakterlich.

Das einzig Unerfreuliche an diesem Besuch trug sich am nächsten Vormittag zu, als wir eine Hofbegehung machten. Tippelskirch hatte einen Terrier mit. Der stürzte sich auf unsere Absatzfohlen. Sie jagten in panischem Schrecken los, durchbrachen die armstarken Stangen des Koppelricks und rasten bis in den Wald. Passiert war erstaunlicherweise nichts, doch war es dem General natürlich sehr unangenehm. Als ich ihn 1955 auf dem Divisionstreffen in Neumünster wiedersah — er war sehr erstaunt, mich dabei vorzufinden, er wußte nicht, daß ich später auch der 30. I. D. angehört hatte — entsann er sich des Vorgangs noch genau.

Nicht lange danach rückten auch die Nebelwerfer nach Osten ab. Der Rußlandkrieg nahm seinen Anfang. Wir unterdrückten unsere Bedenken, indem wir sagten: Der Führer wird den Krieg nicht anfangen, wenn er nicht fest davon überzeugt ist, ihn zu gewinnen. Der Beginn schien dies ja auch zu bestätigen.

Berger und Tewes sind gefallen, Hein haben wir um 1960 herum als Major der Bundeswehr wiedergesehen, dann aber aus den Augen verloren. Gegen Ende des Sommers 41 wurde deutlich, daß dies kein „Blitzkrieg" werden würde. Ich mochte nicht länger zu Hause sitzen. Allzuviel konnte man nicht mehr im Betriebe leisten, es wurde alles kontingentiert und reglementiert. Es gelang mir, meine Uk-Stellung als Kreisoffizier und Hauptabteilungsleiter aufheben zu lassen. Ich wurde zum Landesschützen-Ersatzbataillon nach Stettin einberufen, wo ich der Jüngste im Offizierscorps war und die alten Landwehrmänner ausbilden sollte. Noch am ersten Tage bat ich Kersten, mir eine Stellung draußen zu verschaffen. Es klappte, und nach ein paar Tagen Weihnachtsurlaub — es war das letzte Weihnachten, das ich in Grocholin verlebte — fuhr ich am 1. Januar 1942 zur 12. Infanterie-Division nach Demjansk. Ende Januar machte der Russe den Kessel dicht. Wir saßen ein Vierteljahr in der „Grafschaft Demjansk" — Kommandierender General war Graf Brockdorf-Ahlefeldt, dem sechs Divisionen unterstellt waren mit 100 000 Mann. Wir wurden nur durch die Luft versorgt mit der braven JU 52, hatten 16 000 Abgänge durch schwere Erfrierungen — bis 53° Kälte wurden gemessen. Aber der Russe war damals noch nicht in der Lage, uns fertig zu machen, obwohl er mit 3600 Mann Luftlandetruppen in den Kessel eingedrungen war. Im Februar 43 räumten wir den „Balkon" planmäßig — Stalingrad hatte sogar Hitler erkennen lassen, daß wir nicht mehr die Überlegenen waren. Ich hatte als „Kommandant des Stabsquartiers" die Führung der Feldwebel, Unteroffiziere und Mannschaften der verschiedenen Abteilungen des Divisionsstabes.

In Grocholin entwickelten sich die Dinge weniger erfreulich. Herr Schülke und Herr Sauer wurden zur Wehrmacht einberufen —

Schülke hätte auf jeden Fall uk-gestellt werden müssen, nachdem ich im Felde stand. Wenn er auch noch jung war, so kannte er doch Land und Leute, wußte mit ihnen umzugehen und war auch durch mich in die Wirtschaftsführung eingeweiht worden. Nun stellte das Wehrbezirkskommando — nach dem Kriege habe ich festgestellt, daß der Kommandeur mich für einen wilden „Nazi" gehalten hat — uns einen Ersatzmann. Der verstand aber wenig von Landwirtschaft, war Gestütsmann und der Aufgabe überhaupt nicht gewachsen. Er wurde nach einem knappen Jahr durch einen pensionierten ehemaligen Administrator ersetzt, den Onkel Münte engagiert hatte. Aber auch er erwies sich als Niete. Er wurde nicht mit den Leuten fertig, behandelte sie wie die Herren „Ostlandwirte" auf den polnischen Gütern. Sie reagierten mit immer geringeren Arbeitsleistungen. Daraufhin ließ er die Sonntage durcharbeiten — natürlich mit dem Erfolg, daß die Arbeit nun erst recht nicht geschafft wurde. Für die von ihm angeordnete Sonntagsarbeit hat er nach dem Kriege Entschädigung für Mehrarbeit verlangt — als Bezieher von monatlichen Bezügen! Er hat noch verschiedene andere Forderungen erhoben, ist indessen vom Arbeitsgericht abgewiesen worden. Aber er hat uns sehr geschadet.

Auch der Ersatzmann für Herrn Sauer war recht unvollkommen. Schlimmer war jedoch der Tod unseres prächtigen Försters Lohf, der 1943 an Blinddarmentzündung starb — auch sein Nachfolger war unerfreulich. Schließlich starb im Sommer 44 noch Herr Zinke, der fast 25 Jahre lang in Grocholin tätig gewesen war und alles ausgezeichnet kannte. Es gelang zum Glück, kurzfristig einen guten Ersatz zu finden. Frau Anneliese Gropius-Sperling war zu weit mehr als den Aufgaben einer Gutssekretärin in der Lage, sie wurde mit ihrer Energie und Pflichttreue für Eva eine große Hilfe — auch menschlich.

Ich erhielt erstmalig im Herbst 42 und dann alle halbe Jahr einen 14tägigen Arbeitsurlaub als Landwirt. Für eine wirkliche Einflußnahme reichte das natürlich nicht aus. Onkel Münte schaltete sich etwas ein, aber er war damals bald achtzigjährig und übersah die Dinge nicht mehr richtig. Für Eva war es außerordentlich schwierig. Sie sah, was vor sich ging, erkannte die Mängel, war aber nicht berechtigt, selbst einzugreifen. Es wäre bestimmt besser gewesen, wenn wir ihr die Betriebsführung übertragen hätten.

Im Juni 43 führte ich eine Zeitlang die 1. Kompanie des Grenadier-Regiments 89, Schwerin, der mecklenburgischen 12. I. D., um Hauptmann werden zu können. Wenige Tage vor der Beförderung erreichte mich ein Telegramm: „Der jüngste Rosen meldet sich bei seinem Vater." Er war drei Tage vorher, am 21. Juni, zur Welt gekommen. Dann bekam ich zum 1. September die Einberufung zu einem Ic-Lehrgang nach Brückenberg im Riesengebirge. Der Ic war für die Feindnachrichten zuständig, als Gehilfe des Ia, der als erster

Generalstabsoffizier die Operationen der Division leitet. Da es an jungen Generalstäblern für die Ic's fehlte, wurden Reservisten dafür genommen, und zwar neben Juristen vor allem Landwirte. Sie besaßen in der Regel einen Blick für das Ganze, einen Überblick. Wichtig war insbesondere ein gutes Kombinationsvermögen, um aus den verschiedenen Quellen — Luftaufnahmen, Gefangenen-Aussagen, Licht- und Geräusch-Beobachtungen und anderem — Schlüsse auf die Pläne des Gegners zu ziehen. Man sprach vom „Lügen-Gewerbe" des Ic — netter war der Vers, den mir Kameraden einmal an die Tür zu meinem Befehlsstand hefteten:

„Tiefbrütend wird hier ausgedenkt, wie Iwan seine Truppen lenkt. Ob diese Denkungsart war richtig, erweist sich erst, wenn's nicht mehr wichtig!"

Auf der Fahrt zum Lehrgang traf ich in Grocholin die Eltern. Am 10. stieg in Brückenberg das „Bergfest". Auf meinen Wunsch kam Eva dazu herüber, unseren Jüngsten im Körbchen dabei. Am Morgen nach dem Fest rief Ingeborg aus Grocholin an, daß Vater in der Nacht gestorben sei. Ich erhielt Urlaub, wir fuhren sofort hin. Es gelang mir, von der Wachmannschaft des Offlag Schubin eine Gruppe loszueisen. Zum Tragen des Sarges beorderte ich acht unserer polnischen Männer, die stets besonders treu zu uns gestanden hatten. Der Sarg war mit der alten Reichskriegsflagge bedeckt, die von einem vor Scapa Flow 1919 versenkten deutschen Zerstörer stammte. Alle unsere deutschen Leute gingen hinter dem Sarge. Selbstverständlich waren die Nachbarn gekommen. Wir betteten den Toten in dem kleinen Erbbegräbnis hinten im Park, der 1849 für den kleinen Heinrich von Treskow angelegt worden war, zur letzten Ruhe. Die Soldaten schossen die drei Ehrensalven für den alten Oberst. Er ruhte am Geburtsort seiner Frau wie sein Vater am Wohnort der seinen, in Groß-Roop. Ich hatte die Gräber der Großeltern 1942 aufgesucht, als ich auf der Fahrt in den Urlaub mir einen Tag zur Fahrt von Wenden zu dem alten Stammgut nahm und viele Aufnahmen machte. Heute sind alle Grabplatten im Schloßhof zu Roop aufgestellt. Daß ich den Sarg von Polen hatte tragen lassen, ist mir ganz bestimmt von seiten der Partei sehr verübelt worden.

Aber dies entsprach unserer Grundeinstellung zu ihnen. Von wenigen Ausnahmen abgesehen, haben wir bis zum Ende in einem guten Verhältnis zueinander gestanden. Als ich einmal auf Urlaub war, wahrscheinlich 1944, fragte mich der Dampfpflugmeister Kotłowski, wie er sich verhalten solle angesichts der an ihn gerichteten Aufforderung, sich in die „Deutsche Volksliste IV" eintragen zu lassen. Volksliste I waren die Deutschen, die sich stets offen zum Deutschtum bekannt hatten, also die große Mehrheit; II waren etwas zweifelhafte Deutsche; III polonisierte Deutsche; IV Polen, die irgendwelche Beziehungen zum Deutschtum hatten und deren „Eindeutschung" möglich und erwünscht schien. Kotłowski war mit der ältesten Tochter Günther verheiratet, in seinem Hause wurde deutsch gesprochen und ein ausgezeichneter Mann war er außerdem. Aber natürlich war er Pole und darauf stolz. Er sagte mir: „Ich bin doch kein Deutscher, ich müßte mich ja vor meinen Eltern und Geschwistern schämen!" Er wollte nur wissen, ob es mir Nachteile bringen würde, wenn er ablehnte. Sie wußten genau Bescheid über die Spannungen zwischen Partei und Wehrmacht. Selbstverständlich habe ich erklärt, es wäre für mich überhaupt nicht nachteilig, und er solle tun, was er für recht halte. Aber ich habe mich vor meinem polnischen Arbeiter geschämt.

Nach beendetem Ic-Lehrgang und anschließendem Urlaub fuhr ich wieder zur 12. zurück und wurde dort mit dem Glückwunsch empfangen: „Sie kommen als Ic zur 30.!" Dort habe ich unter dem hervorragenden General Wilhelm Hasse und nach ihm anderen eine einmalig schöne Zeit der Kameradschaft in dieser schleswig-holsteinischen Elite-Division verlebt. Zuerst bei Staraja Russa am Ilmensee, dann im Raum Pleskau unweit des Smolina-Sees, wo Wolter von Plettenberg 1502 die Moskowiter geschlagen hatte, schließlich bis zum 8. Mai 1945 in Kurland.

Im April 44 war mir noch vergönnt, einen beruflichen Höhepunkt zu erleben: die Körung unserer jungen Hannoveraner Stuten. Sie hatten ihre erste Nachzucht nach dem „Flegel" zur Welt gebracht. Ich erhielt „Bestellungsurlaub" und fuhr am 2. los. Von Thorn nach Bromberg benutzte ich einen für Wehrmacht gesperrten Zug, um nicht einen halben Tag des kostbaren Urlaubs zu verlieren, und von Exin aus marschierte ich zu Fuß nach Grocholin, weil ich Eva überraschen wollte.

So kam ich rechtzeitig zum „Appell" und verlangte zwölf Männer zur Vorbereitung des auf den nächsten Tag, den 5., angesetzten Termins. Der Herr Betriebsleiter war sehr ungehalten, er war beim Kartoffellegen, mußte sich aber fügen. Wir probten die Stutenschau durch. Am 5. regnete es leicht und wir stellten den Tisch für die Kommission auf einer Scheunendiele des Speicherhofs auf. Dann führten die zwölf Männer die jungen Stuten gemeinsam im großen Kreise vor. Alle hatten ihr Fohlen bei Fuß, alle Fohlen waren nach dem Vater geschlagen, braun mit einem „Strumpf" rechts hinten und einer Blesse, ein völlig ausgeglichener Typ. Das Bild war herrlich. Allwoerden legte die Hand an die Mütze, Gössing zog den Hut. Das weitere war Formsache. Unter den zwölf Fohlen waren zehn Stutfohlen — auch das unwahrscheinlich günstig. Auf ihnen sollte die Jürgensburger Zucht aufgebaut werden. Es wäre eine Idealgrundlage gewesen.

Die Rückfahrt benutzte ich dazu, von Wolmar aus nach Hochrosen zu fahren. Ein sympathischer lettischer Bauer fuhr mich. Er war naturgemäß erstaunt, daß ein deutscher Offizier so gut auf dem „Löwenhof" Bescheid wußte, Tante Adys und Fredas Wohnsitz nach

1919. Ich gab mich zu erkennen. Dann fuhren wir nach Hochrosen und ich machte die letzten Bilder von den Resten der Schildmauer auf der Südseite. Heute wird vielleicht auch von ihnen nichts mehr übrig geblieben sein. 1942 hatte ich ein Gesuch eingereicht, das Gut Hochrosen, dessen Besitzer Conrad von Gersdorf, Tante Adys Schwager, keine Nachkommen hatte, einem meiner Söhne zuzuweisen. Ich hatte niemals einen Bescheid bekommen — und wenn, dann wäre er höchstwahrscheinlich abschlägig gewesen. Im April 44 hoffte ich immer noch, daß das Land, die alte baltische Heimat des Geschlechts, deutsch bleiben würde. Ein halbes Jahr später war der Traum ausgeträumt. Daß nur ein Vierteljahr danach auch Grocholin verlorengehen würde, hielt ich noch im Spätherbst 1944 für ausgeschlossen.

Die Zeit unseres „Geliebten Grocholin" näherte sich dem Ende. Darüber und über das, was danach folgte, hat Eva geschrieben. Das konnte nur sie, denn sie hat es erlebt — in allen Schrecken und Ängsten, in allen Nöten und tödlichen Gefahren. Der Bericht ist für Kinder und Enkel geschrieben und deshalb noch stärker persönlich gehalten als die bisherigen Aufzeichnungen. Es ist auch der Bericht einer „geglückten" Flucht — das Furchtbarste ist den Grocholinern dank Gottes gnädiger Fügung und der unerhörten Leistung Evas erspart geblieben. Dennoch ist dieser Schlußpunkt zugleich der Höhepunkt unseres Grocholiner Lebens. Über den Bericht haben Pastor Waldemar Jung und seine Frau in unseren „Posener Stimmen" geschrieben:

„Wir haben die Aufzeichnungen ihrer Flucht (Januar 1945) lesen dürfen. Uns hat noch nie ein Bericht dieser Art so bewegt wie der ihre. Mit großer Sachlichkeit und knapp in der Darstellung hat sie die ganze Dramatik jener Wochen geschildert und zugleich atmosphärisch etwas eingefangen von dem, was nur die Erlebnisgeneration weiß und zu beurteilen vermag. Auch in diesen turbulenten Zeiten stand die Sorge für die ihr anvertrauten Menschen an erster Stelle."

Die Flucht

Geborgen zu Hause

Das fünfte Kriegsjahr geht seinem Ende zu. Die Russen stehen bei Warschau und im Süden bei Baranow im Weichselbogen. Wir sind voller Zuversicht, daß unsere Truppen die Front halten können, daß der Krieg vor unseren Grenzen stehenbleibt. Hans hat beruhigend gewirkt, als er im Oktober bis Anfang November bei uns auf Urlaub war. „Solange wir in Kurland stehen, braucht Ihr in der Heimat keine Angst zu haben." Noch leben wir in tiefem Frieden. Aber es gibt Augenblicke, in denen die Angst in mir hochsteigt: Was wird, wenn der Krieg bis zu uns kommt?

Die Weihnachtszeit kommt heran. Ich habe das Haus wie in allen Jahren festlich geschmückt. Ein großer Tannenbaum mit Lametta steht vor dem hohen Spiegel in der Eingangshalle. Der Adventskranz hängt in der Diele über dem Eßtisch. Auch die Zimmer sind weihnachtlich geschmückt, die Nußkette hängt an der Wand, im Kinderzimmer steht ein Adventshäuschen mit den Fensterchen und auf dem Eßtisch stehen die kleinen bunten Porzellanengelchen mit den roten Lichtern, die während der Mahlzeiten angezündet werden. Gärtner Adamski bringt herrliche Alpenveilchen ins Haus, am Heiligen Abend ein besonders schönes mit 24 großen, weißen, zart lila gestreiften Blüten.

Bärbels Geburtstag feiern wir mit ihren Freundinnen. Wir singen Weihnachtslieder, und das Himmelskörbchen schwebt mit brennenden Lichtern von oben herab vor das Fenster und enthält kleine Geschenke für die Kinder. Am folgenden Tag fahre ich zum Geburtstag der Oma nach Bromberg. Ein Matrose von Kuniberts Schiff, der auf Urlaub fuhr, ist bei ihr. Er hat Grüße von Kunibert gebracht, eine Flasche Cognac und Likör, damit soll sie sich trösten, wenn sie allein ist. Auch eine Flasche Sekt hat er mitgegeben, damit wir auf Muttis Gesundheit anstoßen können.

Einige Tage vor Weihnachten verteile ich unter die Leute den Zucker, den wir als Prämie für abgelieferte Zuckerrüben von der Fabrik bekommen haben. Auch die Prämienwolle verteile ich unter die Leute, besonders bedacht werden die Mädchen, die im Akkord bei der Rübenernte geholfen haben.

Im Waschhaus haben wir Sirup gekocht, und Mamsell hat mit den Mädchen Berge von Pfefferkuchenplätzchen gebacken. Am Nachmittag vor dem Heiligen Abend kommen alle Dorfkinder vor unser

Haus, die Kleinsten auf den Armen ihrer Mütter. Wir singen ein deutsches, darauf ein polnisches Weihnachtslied, dann verteilen wir die Pfefferkuchen und Äpfel unter die Kinder, wobei unsere Kinder helfen. Dann singen die Kinder noch ein polnisches Weihnachtslied und ich wünsche allen ein gesegnetes Weihnachtsfest in deutscher und in polnischer Sprache. Eine Weihnachtsfeier für alle Leute im großen Saal des Alten Schlosses mit einem großen Lichterbaum gibt es nicht mehr. Unsere beiden Lodzer Familien sind zu ihren Männern nach Lodz gefahren. Ihr großes Gepäck ist bei uns geblieben. Im Januar wollen sie zurückkommen. Ich habe sie nie wiedergesehen.

Zu den Feiertagen kommt die Mutti aus Bromberg zu uns. Ich habe den Baum geschmückt und wir haben zusammen Weihnachten gefeiert mit den Kindern und Frau Gropius, mit Mamsell und den Mädchen. Während die Kerzen am Baum brennen, haben wir Weihnachtslieder gesungen, die Weihnachtsbotschaft gehört, und die Kinder haben ihre Gedichte aufgesagt. Die Tische sind nun nicht mehr so reich gedeckt, aber es gibt doch für jeden noch einige Geschenke, meist praktische Sachen: Wäsche, Kleidung und Selbst-Gebasteltes.

An den Fronten bleibt es ruhig. Zu meinem Geburtstag habe ich die Nachbarinnen eingeladen. Sie sind alle gekommen: Dorothee Bülow, Annemarie Landgraf, Margot Laengner, Frau von Rost und Fräulein Werner, auch Frau Werner, die Witwe unseres 1939 ermordeten Pfarrers, und Frau Brandt, die Witwe des ersten Amtskommissars. Der ausgezogene Eßtisch in der Diele ist festlich gedeckt mit dem schönen neuen Kaffeeservice mit breitem Goldrand. Mamsell hat eine ihrer wunderbaren Torten gebacken, mit einem Strauß aus roten und rosa Rosen geschmückt, die sie aus selbstgemachtem Marzipan kunstvoll geformt hat.

Natürlich sprechen wir über unsere Sorgen. Der russische Großangriff steht bevor, und wir haben gerüchtweise von den Greueltaten gehört, die die Russen in Ostpreußen begangen haben. Wir glauben alle daran, daß die Front halten wird, auch, daß die Bevölkerung rechtzeitig evakuiert wird, falls es nötig sein würde.

Der 1. Januar 1945 kommt herauf. Es schneit in der Nacht. Die Kinder holen ihre Skier und freuen sich über den ersten Schnee. Ich hole meinen Fotoapparat und knipse sie: Bärbel auf dem Weg zum Waschhaus, Reinhold und Jürgen vor Kutschstall, Schmiede und Stellmacherei. Es ist ein klarer und sonniger Wintertag. Was wird das neue Jahr uns bringen?

Zunächst muß ich mich um die Durchführung der Kleidersammlung kümmern, die von der Partei als Volksopfer propagiert wird, um Bombengeschädigten und Flüchtlingen zu helfen. Es ist die Arbeit der Frauenschaft, die Sachen zu sortieren und weiterzuleiten.

Ich setze meine Kontrollgänge über den Hof und durch die Ställe fort. Im Kuhstall ertappe ich den deutschen Maurer Strehlau beim Futterstehlen. Im Maschinenschuppen überrasche ich drei dunkle Gestalten, die dicht beieinander stehen und leise miteinander reden. Erschreckt fahren sie auseinander, als ich sie anspreche. Es sind Kotłowski, Edmund und Adamski. Verlegen antworten sie, daß sie etwas zu reparieren hätten. Mir ist es unheimlich, dunkle Schatten breiten sich aus.

Mit Herrn N. gibt es Ärger. Während des Urlaubs hatte er Hans bedrängt, ihm eine Tantieme zu zahlen. Nun standen Herr Hoppe und ich auf dem Standpunkt, daß ihm keine Tantieme zusteht, da er nur als Kriegsvertretung angestellt ist und bei uns seinen Kriegseinsatz ableistet. Hans hat ihm eine kleine Gewinnbeteiligung zugesagt. Als Frau Gropius sie ihm auszahlen will, verlangt er mehr und ist wütend, als ich ihm dies verweigere. Das Verhältnis wird immer gespannter. Herr N. hat alle wirtschaftlichen Vollmachten und ist nicht gewillt, wichtige Fragen mit mir zu besprechen. Er fühlt sich als alleiniger Betriebsleiter. Wie negativ sich das auswirken konnte, beweist der Kauf der Ochsen.

Mit Hans und Herrn Hoppe war besprochen worden, daß wir zur Frühjahrsbestellung 40 Simmentaler Ochsen kaufen sollen, da die Treibstoffversorgung unsicher ist und wir einige Pferde an die Wehrmacht abgeben mußten. Ich bitte Herrn N., mit dem Kauf der Ochsen bis Februar zu warten, aber er kauft die Ochsen noch vor Weihnachten, und obwohl ich dagegen bin, läßt er sie gleich bezahlen, so daß unser Konto bei der Genossenschafts-Kasse leer ist, als ich Geld für die Flucht abheben will.

Auch das Geld für 50 000 Zentner abgelieferte Zuckerrüben haben wir nicht mehr bekommen. Ich hatte Hans dringend gebeten, die Zuckerfabrik anzuweisen, das Geld, es waren 50 000 Mark, nach Berlin auf die Ritterschaftsbank zu überweisen, wo wir von Tante Roberta her noch ein kleines Konto haben. Als ich von Hans die schriftliche Einwilligung endlich erhalte, ist es zu spät. Wir bekommen zwar Bescheid, daß das Geld nach Berlin überwiesen ist, aber auf dem Konto in Berlin ist es nie angekommen — Überweisungen in den „Westen" waren als „Verbreitung von Defaitismus" verboten worden.

In den ersten Tagen des Januar kommt das Ehepaar Fürholzer zu uns. Herrn Fürholzer kannten wir schon. Der Amtskommissar hatte ihn im Sommer bei uns einquartiert, als er vor den Arbeitsdienstführern in Exin Vorträge hielt. Er hatte erzählt, wie sehr seine Frau unter den häufigen Luftalarmen und Bombenangriffen in Berlin leidet, da hatte ich ihn aufgefordert, seine Frau mitzubringen, wenn er wieder in den Warthegau käme. Nun sind sie da, mit zwei großen Rohrplattenkoffern, die ihre Wertsachen enthalten. Während Herr Fürholzer zu seinen Vorträgen unterwegs ist, bleibt Frau Fürholzer bei uns, um sich zu erholen und richtig auszuschlafen.

Für den 12. Januar, es ist ein Freitag, habe ich auf Drängen von Herrn von Rost, der bei uns das Amt des Kreisjägermeisters bekleidet, eine Treibjagd angesetzt. Ich habe gar keine Lust, eine Jagd auszurichten, während mein Mann an der Front ist. Aber es wird im Sinne der Volksernährung gewünscht. Hans hatte dieselbe Ansicht geäußert. So einigen wir uns auf eine Treibjagd mit anschließendem Kaffee bei uns im Haus. Ich habe Mühe, genügend Schützen zusammenzubekommen, da mehrere Nachbarn bei der Wehrmacht sind. Ich bitte Herrn N., an der Jagd teilzunehmen, er streikt mit der Begründung, daß ihm als Betriebsleiter die Leitung der Jagd zugestanden hätte. Da ich sie Herrn von Rost übergeben hätte, würde er nicht mitgehen.

Das Wetter ist gut, es ist leichter Frost, der Ertrag mit 45 Hasen ist nicht groß. Dann liegen die Hasen in Reihen auf dem Rasen, die Jäger haben auf der Terrasse Aufstellung genommen und Förster R. verbläst die Strecke und das „Jagdaus". Fünf Hasen dürfen wir behalten, die übrigen sollen am nächsten Tag in Exin abgeliefert werden. Zunächst lasse ich alle auf den Speicher bringen mit Ausnahme eines einzigen, den unser Nachbar Bülow sich ausborgt, um mir nach seiner Jagd einen Hasen zurückzugeben. Im Haus gibt es für jeden der Herren einen Schnaps, mehr konnte ich nicht anbieten. Aber auch heißer Tee und frische Pfannkuchen tun allen gut. Doch eine rechte Stimmung wie sonst bei den Jagden kommt nicht auf. Gegen 6 Uhr verabschieden sich die Herren.

Der Speicherbrand

Nachdem die Kinder im Bett sind und ich mit ihnen wie jeden Abend gebetet habe, daß der liebe Gott unseren Ati und alle Soldaten beschützen möge, und Frau Gropius und Frau Fürholzer sich zurückgezogen haben, schreibe ich wie fast täglich an Hans über die Ereignisse des Tages. Gegen 12 Uhr bin ich zu Bett gegangen. Ich muß noch nicht lange geschlafen haben, da werde ich durch das Tuten des Feuerhorns geweckt. Ich reiße das Fenster auf, eiskalte Luft strömt herein. Die Nacht ist sternenklar, der Schnee leuchtet hell, kein Feuerschein ist zu sehen. Wieder tutet das Horn auf der Dorfstraße. In aller Eile ziehe ich den Skianzug an, der immer bereit liegt, den Pelz darüber, steige in die Filzstiefel und eile hinaus auf den Hof. Vorbei am Beamtenhaus, an Schmiede und Stellmacherei. Auf dem Hof ist es ganz still, aber unentwegt tutet das Feuerhorn auf der Dorfstraße. Ich gehe weiter am Kutschstall vorbei, da sehe ich durch die Ritzen der Speichertür den hellen Schein: Feuer, der Speicher brennt! Ich kehre um, laufe zum Beamtenhaus, wecke die Beamten und laufe weiter zum Haus, bitte Frau Gropius, die (Exiner) Feuerwehr zu alarmieren, wecke die Mädchen, auch Bärbel und Reinhold und zurück zum Hof. Dort sind inzwischen einige Leute und Herr B. eingetroffen. Ich schreie, man solle eine Axt holen und die Tür einschlagen, aber niemand rührt sich. Ich rufe nach der Feuerspritze, sie bringen sie, sie ist unbrauchbar. Wasser ist im Schlauch und alles ist eingefroren. Schmidtke beteuert, daß er sie trocken und ordnungsgemäß weggehängt hat. Schon schlagen die Flammen zum Fenster hinaus. Ich bin verzweifelt, tatenlos zusehen zu müssen, wie alles verbrennt: die kostbaren Maschinen, die neue große Getreidetrocknung, die schier unersetzlichen Sämereien: Klee, Luzerne, Raps, die zu beschaffen viel Mühe gekostet hatte.

600 Zentner Roggen stehen fertig eingesackt und sollen am Morgen geliefert werden. Schon hört man das Knistern des brennenden Korns. Inzwischen sind fast alle Arbeiter aus dem Dorf versammelt. Wo ist Edmund? Die Pferde im Kutschstall sind in Gefahr! Sonderbar, daß Edmund nicht da ist, wo doch alle Fornals gekommen sind. Ich schicke Jadwiga, Edmund zu holen. Nach einer Weile kommt er, er hätte geschlafen, hätte nichts gehört. Schon schlagen die Flammen aus dem Dach. Es gelingt Edmund, die Pferde aus dem gefährdeten Stall herauszubringen. Endlich kommt die erste Feuerwehr, sie kommt aus dem benachbarten Wegheim, wo Onkel Hans wohnt. Sie hatten das Horn gehört und dann den Feuerschein gesehen. Auch die Feuerwehr aus Exin ist herangekommen. Der Speicher und das Korn sind nicht mehr zu retten, aber die Spritzen verhindern, daß das Feuer auf die Wagenremise und den Kutschstall übergreift und daß die 300 Zentner Kohlen, die im Keller lagern, Feuer fangen. Als nun das Getreide und die Balken brennen, wird die Hitze so

groß, daß wir zurücktreten müssen. Hoch lodern die Flammen gegen den mit tausend Sternen übersäten Himmel. Es ist ein grandioser Anblick — ohnmächtig stehen wir davor. Dann stürzt mit Krachen und Funkenstieben das Dach ein. Gegen 4 Uhr am Morgen fällt das Feuer in sich zusammen, hier und da flackert es noch. Die Feuerwehren aus der Nachbarschaft rücken ab, die Grocholiner, die in der Zwischenzeit aufgetaut ist, übernimmt die Kontrolle der Brandstätte.

Es ist Sonnabend, der 13. Januar. Am Nachmittag kommt Hans-Kunibert, dem in der Schule in Wongrowitz schon von dem Brand berichtet worden ist. Nur die rauchgeschwärzten Ziegelmauern stehen noch. Wir sind alle wie zerschlagen und rätseln, wie es zu dem Brande kommen konnte. Erste Verdachtsmomente wegen Brandstiftung tauchen auf. Ich suche im unteren Stock, wo die Sämereien lagerten, nach Resten von Samen, lasse den noch warmen Samen ins Alte Schloß hinüberbringen und breitschütten. Ich ordne an, daß Adamski im Treibhaus Keimproben ansetzen soll, um festzustellen, ob der Samen noch keimfähig ist.

Auch die Hasen sind verkohlt. Trotzdem verlange ich, daß einer in der Küche zurechtgemacht und gebraten wird. Aber es schmeckte so widerlich, daß es niemand gegessen hat und selbst die Hunde es ablehnen.

Am Montag kommt die Brandpolizei aus Gnesen. Man vermutet Brandstiftung, Sabotage, es hätte schon einige Brände in Nachbarkreisen gegeben. Ich sage für alle unsere Leute gut, erkläre, daß sie uns alle treu ergeben sind, daß wir keine Feinde unter ihnen haben. Trotzdem werden alle einzeln verhört: Bethke, Schmidtke, ob sie Vermutungen haben, Kaczmarek, Edmund usw. Am Mittwoch kommen mehrere Herren von der Gestapo aus Posen. Die Verhöre beginnen von neuem. Ob ich Verdacht auf Brandstiftung habe? Ich verneine.

Heute weiß ich, daß unser brennender Speicher das Signal für die Polen gewesen ist, daß für sie der Tag der Befreiung von der deutschen Herrschaft gekommen ist. Am Tage zuvor, am 12. Januar, waren die Russen zum Großangriff angetreten und es war ihnen mit ihren Panzern der Durchbruch durch die deutschen Linien bei Baranow gelungen. Fast fürchte ich, daß es unser Kutscher Edmund war, der das Feuer gelegt hat, zumindest davon gewußt hat. Er ist als letzter am Abend auf dem Speicher gewesen, als die Hasen dorthin gebracht wurden. Vielleicht hat es sogar der alte, treue Nachtwächter Kaczmarek gewußt. Kaum denkbar, daß er das Feuer durch die Ritzen der Speichertür schon gesehen hatte, als er zum ersten Mal das Feuerhorn geblasen hat, wovon ich aufwachte. Daß er dann auf die Dorfstraße gegangen ist, ohne die Beamten zu wecken. Verhöre, Verhöre, nichts kommt heraus. Schließlich sind sie alle Polen und halten zusammen. Wir melden den Brand bei der Feuerversicherung an, die den Schaden feststellen muß. Tage voller Unruhe.

Am Mittwoch nachmittag kommt Herr Fürholzer zurück. Er führt ein langes Telefongespräch mit einer Stelle in Wreschen, wohin er am nächsten Tag fahren will.

Ich selbst fahre früh nach Wongrowitz, um den Schulleiter von Hans-Kunibert zu sprechen. Ich will ihn bitten, Hans-Kunibert nach Haus zu schicken, falls unser Gebiet geräumt wird. Die Tage sind voller Unruhe, Gerüchte vom Vorstoß der Russen, von Kämpfen bei Wreschen beunruhigen. Auch in der Heimschule ist die Unruhe spürbar. Der Heimschulleiter ist in Feldgrau. Der Volkssturm ist aufgeboten, er müsse heute noch einrücken. Aber dies wäre kein Grund zur Beunruhigung. Er würde veranlassen, daß Hans-Kunibert nach Hause käme, wenn Gefahr drohe oder die Schule evakuiert würde. Auch mit Hans-Kunibert spreche ich. Er ist völlig sorglos und vergnügt mit seinen Kameraden. Sie freuen sich, daß die Lateinstunde ausgefallen ist. Auf der Rückfahrt treffe ich unsere Nachbarin Frau Koerner-von Gustorf im Zuge. Sie ist in Rotkreuz-Uniform. Wir sprechen Belangloses. Später erfahre ich, daß sie an diesem Nachmittag von Koernersfelde abgefahren sind. Mit keinem Wort hat sie mir einen Hinweis gegeben.

Zu Hause zurück, treffe ich zu meinem Erstaunen Herrn Fürholzer an, der mir mitteilt, daß er nicht nach Wreschen gefahren ist, da die Tagung nicht stattfindet. Er fragt, ob er und seine Frau noch bis zum 27. bei uns bleiben dürfen. Am Abend werde ich von Fräulein Werner aus Stolenschin angerufen. Seit dem Tode von Frau Koerner betreut sie die Koernerschen Kinder. „Sind Sie auch schon am Packen? Was sollen wir tun? Bei uns kommen aus der Richtung von Hohensalza laufend Wagen mit Flüchtlingen vorbei." Auf meinen Einwand, daß es Flüchtlinge aus den Ostgebieten sind, die wir auch in Exin für Sonnabend erwarten, sagt sie, es sollen auch schon Wagen aus dem Kreis Hohensalza dabei sein. Ich verspreche, Bescheid zu geben, wenn ich etwas Beunruhigendes erfahre. Augenblicklich wäre wohl keine Gefahr. Frau Gropius hätte gerade heute beim Ortsgruppenleiter angerufen, ob wir Frau Schülke, die hoch schwanger ist, westwärts schicken sollten, und darauf die Antwort erhalten: er sähe keine Veranlassung dazu, es sei absolut kein Grund zur Sorge vorhanden und würde nur beunruhigend wirken.

Durch das Telefongespräch beunruhigt, fange ich am späten Abend an, heimlich einige Sachen einzupacken. Ich packe je einen Koffer für Hans-Kunibert, für Bärbel und für Reinhold so, daß sie ihn notfalls selbst tragen können.

Beim Frühstück frage ich Herrn Fürhölzer nach der Lage. Er gibt zu, daß die Russen östlich von Wreschen angegriffen haben, aber der Angriff sei zurückgeschlagen worden, die Gefahr sei gebannt. Ich fahre nach Exin, um mir Geld zu holen, damit ich etwas in der

Hand habe, falls wir fliehen müssen. Bei der Raiffeisenbank erhalte ich 5000 Mark, auf der Genossenschaftsbank bedauert man, mir nichts auszahlen zu können, da unser Konto schon überzogen ist, siehe Ochsenkauf und der Roggen, der nicht geliefert werden konnte.

Am Nachmittag ruft Annie Hahn aus Wegheim an. Sie bestellt mir Grüße von meiner Mutter, bei der sie in Bromberg gewesen ist. Sie hätte ein Päckchen für mich mitgebracht. Daß sie auch einen Brief für mich hat und daß Mutti sie gebeten hat, mir zu sagen, daß in Bromberg Mütter mit Kindern nach dem Westen verschickt würden, sagt sie leider nicht, auch nicht, daß die Mutti ihr gesagt hat, ich solle mit den Kindern auch wegfahren. So nehme ich an, daß das Päckchen nur den Stoff für ein Nachthemd enthält, den die Mutti mir besorgen wollte.

Am Abend sind Hermann Bülow und ich zur Lagebesprechung beim Ortsgruppenleiter in Exin. Herr Mensing berichtet, daß er am gestrigen, also Donnerstagabend beim Gauleiter in Posen zur Lagebesprechung gewesen ist. Der Angriff der Russen wäre zurückgeschlagen worden, es bestünde keine Gefahr für den Warthegau. Er fordert uns auf, beruhigend auf unsere Umgebung zu wirken; wenn Gefahr drohe, würden wir rechtzeitig evakuiert werden.

Aber ich bin doch beunruhigt und heimlich packe ich in der Nacht Koffer mit Kleidern und Wäsche.

Wir müssen fliehen

Am nächsten Morgen muß ich nach Exin fahren, um die Verpflegung und Betreuung der aus den Ostgebieten erwarteten Flüchtlingstrecks zu organisieren. Zwanzig Frauen sind bestellt. Es soll in großen Kesseln gekocht werden und das Essen an die durchfahrenden Flüchtlinge ausgeteilt werden. Im Zimmer des Ortsgruppenleiters warte ich auf ihn. Er ist kaum hereingekommen, da schrillt das Telefon. Mensing nimmt den Hörer, ich höre aus dem Apparat das Wort „Frundsberg". Mensing legt auf, er ist ganz blaß. Ich sage, das heißt nun wohl, daß auch wir trecken müssen. Mensing sagt, er müsse jetzt einige Anweisungen geben, ich solle derweil zu den Frauen gehen, aber noch nichts sagen, er käme gleich nach. Er sagte dann: Auf Befehl des Gauleiters würde unser Kreis vorsichtshalber geräumt. Es wäre eine Vorsichtsmaßnahme, falls es hier zu Kriegshandlungen kommen sollte. Alle sollten jetzt nach Hause gehen und ihre wichtigsten Sachen zusammenpacken. Weitere Weisungen würden bekanntgegeben werden, wahrscheinlich würde am Nachmittag getreckt werden.

Hier seien in Evas Fluchtbericht die Ausführungen in dem Heimatbuch „Der Kreis Schubin" eingefügt. Sie beruhen auf einer großen Anzahl von Berichten und Schilderungen und ergeben folgendes Bild:

„Es gab drei Stichworte für einen Ernstfall, von denen das dritte, „Frundsberg", die Räumung der Zone A, Gouvernement und östlichster Teil des Warthegaues, bedeutete. Der Reichsverteidigungskommissar, Gauleiter Greiser, raffte sich angesichts der auf den Gau zustürzenden Lawine nicht zu den geringsten Anweisungen auf. Am 20. früh teilte er den Kreisleitern lediglich mit, die Lage sei ernst, obwohl er sich am Vortage selbst im Raume Lodz von der furchtbaren Gefahr überzeugt hatte und die östlichen Kreise des Warthegaus sich schon in feindlicher Hand befanden. Erst am 20. nachmittags gab er den Räumungsbefehl.

Der Schubiner Landrat und Kreisleiter Zülch ordnete indes von sich aus nach dem Ferngespräch vom Morgen des 20. die Räumung des Kreises an. Die östlichen Teile sollten um 14 Uhr, die übrigen um 16 Uhr auf den Marsch gehen.

Die Amtskommissare Schubin und Bartschin erhielten diese Anweisung von Zülch persönlich und haben sie sofort weitergegeben. Soweit sie befolgt worden ist, sind die Trecks auch überwiegend herausgekommen, obwohl sie einen viel längeren Marsch hatten als etwa die Exiner. Die Schmalbacher haben allerdings den Treckbefehl geschlossen nicht befolgt — von ihnen fehlt jede Spur.

Die Fernsprechleitungen nach Exin und Labischin waren von Militär belegt. Da Zülch sich im Kreise von der Ausführung seiner Anordnung überzeugen wollte, gab er einem seiner Beamten den

Auftrag, die beiden Amtskommissare zu unterrichten. Das ist indes höchst unvollkommen geschehen, lediglich das Stichwort „Frundsberg" wurde durchgegeben, aber nicht der Räumungsbefehl. Beide Amtskommissare waren sich deshalb des Ernstes der Lage nicht bewußt."

(Eigener Zusatz: Zu dieser Schilderung steht Evas Aussage im Widerspruch, Mensing habe erklärt, wahrscheinlich würde am Nachmittag getreckt werden. Doch ist das nicht wesentlich, es geht hier nicht um Schuldzuweisungen.)

Mein erster Gedanke gilt Hans-Kunibert. Ich bitte, telefonieren zu dürfen. Herr Mensing sagt mir, daß er telefonieren würde, seine Söhne wären ja auch in der Schule in Wongrowitz. Er würde sogleich seinen Wagen schicken. Da ich unter Wagen sein Auto verstehe, bin ich einverstanden. Ich selbst habe ja kein fahrbares Auto mehr. Seit Hans im Kriege ist, bekommen wir keine Benzinzuteilung. Den Motor hatten wir abgeben müssen. Die Autoreifen hatte ich vorher schon an den gelben Jagdwagen anmontieren lassen.

Ich rufe Frau Gropius an, um in Grocholin Bescheid zu sagen, daß alle Mütter mit Kindern um 4 Uhr am Nachmittag trecken sollen. Ich bitte sie, zwei Kastenwagen als Planwagen vorzubereiten und Herrn N. zu bitten, daß er die Pferde scharf beschlagen läßt. Dann bin ich hinüber gelaufen zu Frau Werner, um ihr Bescheid zu sagen und daß sie mit ihren Kindern mit uns fahren könnte. Sie meinte aber, daß sie mit ihrer Schwägerin und den drei Koerner'schen Mädchen mit den Stolenschiner Wagen mitfahren würden.

Endlich bin ich zurück in Grocholin. Ich ordne an, daß der große Teppich aus dem Eßzimmer als Plane über einen Kastenwagen gespannt wird, der Teppich aus dem Herrenzimmer über den zweiten Wagen. Ich packe in Eile Sachen von Gudrun und Jürgen und bitte Fräulein Asta, die Sachen von Bützer einzupacken. Reinhold und Bärbel sind aus der Schule zurück. Da bringt Frau Gropius die Nachricht, daß alle Deutschen trecken sollen und zwar am nächsten Morgen um 7 Uhr von Exin.

Wer von den Polen will, kann mitkommen. Zu 15 Uhr ist eine Versammlung aller Ortsvorsteher und Gutsbesitzer nach Exin in die Bürgermeisterei einberufen.

Inzwischen ist das für den Haushalt gefütterte Schwein geschlachtet worden. Mamsell und die Mädchen sind mit der Verarbeitung beschäftigt, damit wir noch recht viel davon mitnehmen können. Schmalz wird ausgelassen und in eine große Milchkanne gefüllt. Brot wird gebacken. Mit Herrn N. bespreche ich die Verteilung der Wagen unter unsere deutschen Leute und bitte ihn, mit dem Hofinspektor B. auf dem Selbstfahrer zu fahren, um beweglich zu sein und den Treck unserer Wagen zusammenzuhalten.

In großer Eile packe ich unsere Wertsachen zusammen. Herr Fürholzer warnt mich, zuviel Schmuck oder andere Wertsachen zu mir zu stecken. So nehme ich nur meinen persönlichen Schmuck zu mir, nehme die Perlenkette um und stecke den großen Aquamarin, den mir Hans zu Weihnachten 1939 geschenkt hat, als wir deutsch geworden waren, in die Hosentasche meines Skianzuges. Wohin mit all den anderen wertvollen Sachen? Alles gut verpacken, damit es nicht gestohlen werden kann. Ich lasse mir meinen Reisekorb vom Boden holen, packe den Schmuck in einen kleinen Kasten: das sehr wertvolle Erbstück von Tante Roberta mit dem großen Smaragd, den goldenen Wappenring von Hans, den er von Onkel Lollo geerbt hatte, Tante Elsis Mann, der 1915 als zaristischer Offizier gefallen ist. Dann die silbernen Patengeschenke der Kinder, das goldene Kreuz mit Smaragd an goldener Kette, das Bärbel von Onkel Münte zur Taufe bekam, Schmuck von meiner Mutter, den sie mir zur Aufbewahrung gegeben hatte, darunter die goldene Uhr meines Vaters und eine goldene Nadel mit Brillanten. Auch die goldene Uhr, die Hans zur Konfirmation von Onkel Hans D. bekommen hat. Die silbernen Bestecke, die schönen Spaten matt, die ich zur Hochzeit bekam, den silbernen Brotkorb, Zuckerdose usw. Alles packe ich in den Korb, auch alle Papiere und Kontobücher aus dem Safe, die Fotoalben und das Gästebuch, bis der Korb voll ist. Außen herum wickle ich zwei schöne Perserbrücken, umschnüre alles mit einer Wäscheleine und sage Frau Gropius, daß der Korb zuunterst in den für mich bestimmten Kastenwagen gestellt werden soll. So, meine ich, ist er sicher und kann nicht gestohlen werden.

In unserem Safe lag auch der Brief Friedrichs d. Gr. an Marianne Frfr. v. Rosen, geb. v. Schenkendorff. Ingeborg hatte ihn bei uns ausgelagert, trotz meines Einwandes, daß man nicht wissen könne, ob er in Grocholin sicher aufgehoben ist. Wohin nun mit diesem historischen Dokument? Als ich noch überlege, kommt Frau Gropius herein. Sie sagt: Geben Sie mir den Brief, ich lege ihn in die eiserne Kassette zu den Gutspapieren, die darf ich auch nicht verlieren. So gebe ich ihr den Brief.

Ich ordne an, daß für die Kinder Rucksäcke gepackt werden, in die außer etwas Kleidung ein Napf zum Essen, Becher und Besteck gepackt werden. Auch sollen Brustbeutel für die Kinder genäht werden.

Sehnsüchtig warte ich auf Hans-Kunibert, frage bei Mensing, den ich glücklicherweise erreiche, ob er Nachricht von den Kindern hat. Er meint, sie können noch gar nicht da sein, seine Pferde wären nicht so schnell. Also heißt es weiter warten.

Es ist halb drei Uhr, höchste Zeit, zur Besprechung nach Exin zu fahren. Vom Amtszimmer des O.G.-Leiters kann ich nach Wongrowitz telefonieren. Der Hausmeister der Heimschule meldet sich. Auf meine Frage nach H.-K. antwortet er: Hier ist niemand mehr. Die Jungens sind mit Lkws abgefahren, einige sind um 12 Uhr zum

Bahnhof gegangen, da soll noch ein Zug gehen. Vom Bahnhof erfahre ich, daß der 5-Uhr-Zug von Posen noch erwartet wird.

In der Versammlung wird der gemeinsame Treck für den nächsten Morgen angesetzt und zwar Abfahrt Exin 7 Uhr. Als ich dafür plädiere, schon am heutigen Abend zu fahren, fällt mit Paul-Adolf Hahn mit der Bemerkung in den Rücken, man müsse auch nicht zu ängstlich sein, noch wären die Russen nicht da, und ob sie überhaupt bis hierher kämen. Sie hätten im Baltikum schon ganz andere Situationen erlebt. Also bleibt es bei der Abfahrt am Sonntag. Jedes Gut soll einen Wagen für die Bevölkerung von Exin stellen. Der Treck soll über Smogulec, Kolmar, Scharnikau gehen. Die bessere Chaussee über Netzthal, dort über die Netze und auf der Chaussee jenseits der Netze nach Schneidemühl müsse für vorrückendes Militär freibleiben.

Ich erbitte für unsere Wagen die Genehmigung, von Grocholin über Gollantsch—Margonin nach Kolmar fahren zu dürfen ohne den Umweg über Exin. Treckführer für uns ist der Bauer Bernhard Schülke, unser Nachbar, denn auch die Karlsdorfer Bauern gehören zu unserem Treck. Wir sollen so viel Lebensmittel wie möglich mitnehmen, möglichst auch Kühe. Darauf mein Einwand, wie man sich das dächte, auf den vereisten Straßen bei minus 20 Grad. Es wird noch gesagt, daß für Frauen und Kinder am nächsten Morgen um 5 Uhr vom Bahnhof Exin ein Zug abgehen würde. Ich sehe Frau Laengner, Frau Landgraf und Lore Schultz-Naumann, die zu ihrem Mann auf einen Selbstfahrer steigt und statt in Richtung Osten nach Suchorenz in Richtung Westen aus Exin herausfährt.

Ich selbst fahre schnell noch zu Frau Lohf, um zu fragen, wie sie wegkommt. Sie ist noch völlig ahnungslos. Ich sage ihr, daß sie und ihre Kinder mit uns fahren können und daß ich ihr einen Wagen schicken werde, der sie abholt. Sie solle inzwischen wichtige Sachen und Kleidung zusammenpacken.

Es ist schon dunkel, als ich nach Hause komme, wo ich sehnsüchtig erwartet werde. Hans-Kunibert ist noch immer nicht da, ich schicke Edmund zum Bahnhof. Im Osten ist der Himmel rot gefärbt, das müssen Brände sein, von Zeit zu Zeit dumpfe Detonationen, Kanonendonner, die Unruhe wächst.

Endlich höre ich in der Ferne Räderrollen und ich rufe laut über den weiten Hof: „Hans-Kunibert? Hans-Kunibert?" und die Antwort von Edmund: „Ja, er ist da!" Einige Augenblicke später springt unser Junge gesund vom Wagen. Ich bin erlöst von schrecklicher Angst. Gott sei Dank, nun sind wir alle beisammen!

Während meiner Abwesenheit hatte Frau Gropius die beiden für uns bestimmten Kastenwagen fertigmachen und vor das Haus fahren lassen. Auch die Koffer waren aufgeladen. Der Reisekorb mit den Wertsachen, der große Koffer mit den Sachen von Hans, die Koffer der Kinder sind auf dem für mich bestimmten Wagen, der als Plane den Teppich aus dem Eßzimmer hat. Über die Koffer sind Matratzen und Decken gepackt. Auf den zweiten Wagen hatten Fürholzers ihre Koffer gepackt, dazu einen großen Wäschekorb mit Lebensmitteln, den Rohrplattenkoffer mit guter Bett- und Tischwäsche, den ich schon im Herbst gepackt hatte, und einen Koffer mit meinen Kleidern, der auch schon im Roten Zimmer bereit stand. Auch der Jagdwagen steht schon vor dem Haus. Frau Gropius hat sich ausbedungen, ihn mit Flagge und Aller, unseren Kutschpferden (Flagge war Hans' Reitpferd) selbst zu fahren. Bärbel und Hans-Kunibert sollen mit ihr fahren. Auf dem Kofferträger hat sie die Bilder aus meinem Zimmer festgebunden: die drei Bilder von den drei Töchtern der Urgroßeltern, das Kinderbild von Hans-Kunibert, der schöne Stich der Raffaelschen Madonna, das Bild „Maria im Rosenhag". Das große Ölbild, eine Landschaft im holländischen Stil, ist hängengeblieben. Die Bilder aus dem Herrenzimmer sind auf den großen Kastenwagen gekommen, das große Ölbild des Urgroßvaters Julius Treskow, allerdings ohne den schweren goldenen Rahmen, die Radierungen vom Frontsoldaten und von Hitler. Alle anderen Bilder sind dort geblieben, wir hoffen doch, zurückzukommen. Frau Gropius hat es groß in den leeren Bilderrahmen geschrieben: Wir kommen wieder!

Auch hat Frau Gropius auf jeden Wagen einen Zentner Hafer gepackt, was sehr gut war. Auf Wunsch von Herrn Fürholzer war sogar auf jeden Kastenwagen ein Sack Steinkohle gekommen die wir später heruntergeworfen haben, wir sind nicht in China, wo er seine Erfahrungen gesammelt hatte. Als ich wünschte, daß die Koffer der Kinder auf die Wagen kommen, auf denen jedes Kind fährt, erklärt Frau Gropius, daß das nicht mehr möglich sei, und ich habe nicht die Energie, es durchzusetzen.

Jetzt wird der bereitstehende Leiterwagen bepackt. Ich hatte vom Stellmacher eine große Kiste machen lassen. Da hinein packen die Kinder ihre liebsten Spielsachen: Hans-Kunibert die vom Ati ererbte Eisenbahn, Bärbel den elektrischen Puppenherd, die Käthe-Kruse-Puppe und das Puppenbaby, Reinholds geliebter Teddy, Hans-Kuniberts Löwchen und vieles mehr, woran ich mich nicht mehr erinnere. In eine zweite Kiste, den kleinen Bettkasten, packt Frau Gropius die neuen Sättel und die guten Pferdegeschirre, die sie unbedingt mitnehmen will, auch die Kassette mit den Gutspapieren kommt in den Bettkasten, der mit einem Schloß versehen wird. In der Kassette ist auch der Brief von Friedrich dem Großen. Auch der große Reisekorb, der mit Silber und Kleidung aus Potsdam bei uns ausgelagert ist, wird auf diesen Wagen gestellt und das Kinderbett von Bützer. An die beiden Seiten des Wagens werden die neuen Fahrräder der Kinder gebunden. Den riesigen Koffer von Onkel Münte haben wir im Roten Zimmer stehen gelassen. Er war so schwer, daß man ihn nicht anheben konnte. Onkel Münte ist nachher sehr böse, daß wir den Koffer nicht mitgebracht haben.

Inzwischen ist Frau Lohf gekommen. Ich bespreche, daß sie mit den Kindern mit Frau Schülke zusammen auf einem Planwagen fährt und daß auf einen zweiten Wagen alle Koffer gepackt werden.

Ich würde gern mit Onkel Hans und den anderen Wegheimern zusammen trecken. Da wir nicht mehr telefonieren können, geht Herr Fürholzer mit Hans-Kunibert und Bärbel am Abend nach Wegheim, um meinen Wunsch vorzutragen und den gemeinsamen Aufbruch zu besprechen. Sie kommen unverrichteter Sache zurück. Man hätte ihnen gesagt, sie wüßten nicht, wann sie fahren, sie hätten noch gar nicht gepackt. Sie bringen mir das Päckchen von meiner Mutter und den Brief, in dem die Mutti mir schreibt, daß ich mit den Kindern wegfahren soll. Telefonieren konnte ich mit der Mutti schon Donnerstag nicht mehr.

Die Wegheimer sind dann, so viel ich weiß, den Weg über Netzthal gefahren und gut herausgekommen.

Dann haben alle Kinder noch geschlafen, in meinem blauen Zimmer, angezogen und auf Matratzen liegend. Frau Gropius und Fräulein Asta packen ihre Koffer. Ich selbst gehe hinüber ins Beamtenhaus, um noch einmal mit den Beamten über den Treck zu sprechen, bitte sie noch einmal, dafür zu sorgen, daß unsere Wagen zusammenbleiben.

Der Abschied

Danach nehme ich Abschied von den Vögten, die ich mir ins Büro bestellt habe. Ich sage ihnen: „Wir müssen fliehen, ich muß die Kinder in Sicherheit bringen. Ich vertraue Euch den Hof an, bitte Euch, die Tiere zu versorgen und acht zu geben, daß unser Haus und der Hof nicht abbrennen. Ihr habt uns immer treu gedient, auch im Namen von Herrn Baron danke ich Euch. Wenn der Krieg vorbei ist, kommen wir wieder und dann soll jeder von Euch eine Kuh bekommen.“ Der Alte Goncerzewicz sagt fassungslos: „Frau Baronin, nicht weggehen mit den Kinderchen, nichts wird passieren, wir gut achtgeben!“ Er schluchzt, ergreift den Ärmel meines Pelzes und küßt ihn. Tränen fallen aus seinen Augen, der alte Demski und Kalka, Kaczmarek und Potulny, unter dessen Obhut unsere Fohlen zurückbleiben.

Ich gehe zum Haus zurück, auf dem Hof ist für mich nichts mehr zu tun. Das Schießen hat aufgehört, es ist ganz still, doch im Osten ist der Himmel glutrot, da brennen die Dörfer. Möge Gott uns beschützen — über mir leuchten tröstlich die Sterne.

In der Küche ist Licht, dort sind Mamsell und die Mädchen noch tätig. Ich schicke Jadwiga zu Kotłowski, um ihm zu sagen, daß ich ihn noch sprechen möchte. Als er kommt, sage ich auch ihm, daß wir fortgehen müssen, die Russen würden uns alle töten. „Der Herr Baron hat immer große Stücke auf Sie gehalten und Ihnen vertraut. Ich gebe Ihnen hier 500 Mark, vielleicht werden Ausgaben für das Gut notwendig sein. Und geben Sie acht, daß alles in Ordnung bleibt.“

Darauf gebe ich ihm die Hand. Kotłowski hat nichts geantwortet, er sieht mich nur so sonderbar an — ich weiß es nicht zu deuten. Er geht, so ist auch das vorüber.

Die Kinder schlafen ruhig. Auch ich lege mich hin, aber ich finde keine Ruhe und stehe bald wieder auf, packe letzte Sachen in meinen neuen Lederkoffer und in meinen kleinen Handkoffer Waschzeug und Wäsche für unterwegs.

Es ist 5 Uhr morgens. Edmund kommt, ich hatte ihn bestellt. Ich frage ihn, ob er bereit ist, uns zu fahren. Wenn er hierbleiben wolle bei seiner Frau und seinem kleinen Kind, solle er das jetzt sagen, ich würde es verstehen. Er antwortet: „Frau Baronin, ich weiß doch, was ich der Herrschaft schuldig bin.“

Lebensmittel werden auf die Wagen gepackt, auf den Leiterwagen das zerlegte Schwein, eine Milchkanne voller Schmalz, eine Kanne dicke Erbsensuppe, die Mamsell in der Nacht gekocht hat. Auch das frische Brot wird aufgepackt. Frau Gropius nimmt eine Kanne mit Milch und einen Korb Eier auf den Jagdwagen. Fräulein Asta hat mehrere Flaschen Milch für den Bützer fertiggemacht.

Es ist Zeit, die Kinder müssen aufstehen und frühstücken. Asta kümmert sich um Bützer. Ich sage den Mädchen, die uns eifrig helfen, sie sollen jetzt ihre Koffer holen, damit wir sie aufladen, aber sie schütteln die Köpfe und sagen, sie würden nicht mitkommen, sie blieben hier. Dasselbe sagt Mamsell. Damit habe ich nicht gerechnet, ganz entsetzt sage ich: „Ihr könnt mich doch nicht mit den Kindern allein lassen, wie soll das denn werden?" Sie schluchzen nur und bleiben bei ihrem Nein. Da gebe ich Mamsell die Haushaltsschlüssel und sage: „Ihr könnt an alle Vorräte herangehen, aber laßt von dem Eingemachten noch etwas übrig, damit noch etwas da ist, wenn wir Ostern zurückkommen."

Die Pferde werden gebracht und vor die Wagen gespannt. Die Kinder wollen auch ihre Ponys mitnehmen, sie werden vor den Ponywagen gespannt, den Hans-Kunibert fahren will. Ein Korb mit silbernen Geräten wird auf dem Ponywagen festgebunden.

Wir verabschieden uns von Mamsell und den Mädchen, dann steigen die Kinder auf die Wagen. Bärbel steigt zu Frau Gropius auf den Jagdwagen. Sie hat den Pelz vom Großvater übergezogen, die große Pelzdecke schützt sie beide vor der Kälte. Hans-Kunibert hat seinen Fahrpelz an und steckt in einem unserer großen Fußsäcke. Vor sich im Fußsack hat er seinen geliebten Hund Struppi, den Drahthaarterrier. Reinhold, auch in seinem Fahrpelz, und Jürgen in meinem alten Pelz kommen auf den Wagen zu Fürholzers. Unsere beiden Kleinen und Fräulein Asta sind schon auf dem Kastenwagen mit den Wertsachen, den Edmund fährt. Als ich nun auch auf diesen Wagen steigen will, ruft Asta von oben: „Frau Baronin, hier ist kein Platz mehr!" Da ich noch zwei Pferde habe, die ich als Reserve mitnehmen wollte, lasse ich sie noch an den gelben Kutschwagen anspannen, den ich selbst fahre. Reinhold kommt zu mir auf den Wagen, auch er hat vor sich im Fußsack seinen kleinen Terrier Schlumpi. In letzter Minute, die vorderen Wagen fahren schon, kommt Jadwiga eiligst angerannt und bringt im alten Strohkoffer, was sie noch in den Schubkästen gefunden hat: Unsere täglichen Bestecke und die silbernen Serviettenringe. Dann steckt sie noch meinen warmen rosa Morgenrock auf den Wagen. Sie möchte uns noch so viel Gutes tun. Wir haben ihn gut gebrauchen können. Gudrun hat später ein Mäntelchen daraus bekommen.

Der Treck

Es ist hell geworden, ein frostiger, kalter Januartag ist angebrochen. Das Thermometer zeigt –25 Grad. Es ist der 21. Januar 1945. Wir fahren ums Rondell, durch das Parktor hinaus aus dem Park. Da fällt mir ein, daß ich meinen Fotoapparat am großen geschnitzten Armlehnstuhl mit dem Rosenwappen hängengelassen habe. Ich fahre zurück, das Haus ist verschlossen, niemand öffnet. Erst als ich am Kücheneingang klopfe, werde ich gehört und die Mädchen öffnen. Ich eile nach oben ins Herrenzimmer. Der Fotoapparat hängt nicht an dem Stuhl, der neben dem Kamin steht. Wahrscheinlich habe ich ihn doch in den Koffer zu den Wertsachen getan. Da sehe ich über dem Kamin das große Ölbild von Bärbel hängen, Bärbel im rosa Kleid mit den langen, braunen Zöpfen. Sie sah älter darauf aus, auch war ihr großer Charme nicht eingefangen. Ein wenig als Pfand habe ich es hängenlassen. Wir kommen ja wieder. Dann bin ich noch einmal in mein Zimmer gegangen. Es ist so unbegreiflich, jetzt fortzugehen aus dieser Geborgenheit in die Winterkälte, für wie lange und wohin?

Als ich wieder aus dem Haus heraustrete, ist gerade die Sonne aufgegangen und ihre Strahlen fallen auf das Haus und den verschneiten Park. Noch einmal nehme ich das schöne Bild in meine Seele auf, unauslöschlich ist es da versenkt.

Hinter der Parkmauer haben die Wagen auf mich gewartet. Nun schließen sich die Wagen der Leute aus dem Dorf an. Alle sind bereit, zu fahren, nur Schäfer Müller zögert, er könne doch die Schafe nicht im Stiche lassen, jetzt, wo die Lämmer kämen. Ich beschwöre ihn, mitzukommen. Als nun alle unsere Wagen da sind, sage ich zu den Leuten, daß wir alle uns bemühen müssen, daß die Wagen zusammenbleiben; sollten wir getrennt werden, so wollen wir uns in Berlin-Friedrichsfelde, auf dem Gut von Herrn Landrat von Treskow wiederfinden.

Nun fahren wir, aber schon in Karlsdorf gibt es den ersten Aufenthalt. Einige Bauern haben sich nicht entschließen können, ihren Hof zu verlassen. Herr Schülke hat am Morgen auf sie eingeredet, daß sie mitkommen. Nun hilft er ihnen beim Packen. Eine halbe Stunde warten wir, dann fahren wir im Einverständnis mit Herrn Schülke weiter. Hinter Laengnershorst (Dobieszewko) springt plötzlich der schöne Jagdhund von Frau Gropius, der mit auf dem Jagdwagen war, vom Wagen herunter und läuft weit ins Feld hinein. Kein Rufen hilft, er kommt nicht zurück. Frau Gropius ist sehr traurig darüber, aber zurückholen können wir ihn nicht. Frau Gropius hofft, daß er nach Grocholin zurückläuft und daß die Mädchen für ihn sorgen werden. (Erst als ich 1978 nach Grocholin fahre, erfahre ich, daß der Hund nach drei Tagen zurückgekommen ist und daß Kazia sich seiner angenommen und ihn später nach Królikowo mitgenommen hat.)

Bis Gollantsch kommen wir gut voran, doch als wir auf die Chaussee stoßen, die aus östlicher Richtung von Hohensalza über Znin und Wapno kommt, ist die Straße voller Treckwagen und es geht nur noch im Schritt-Tempo vorwärts. Von den vielen Wagen ist die Straße spiegelglatt. Unseren gut beschlagenen Pferden macht es nichts aus, aber die beiden Ponys rutschen nach allen Seiten. Sie fallen hin, Hans-Kunibert ist verzweifelt. Gerade hatte ich eine Schmiede gesehen, wir kehren um, damit die Ponys scharf beschlagen werden. Dort stehen inzwischen eine Reihe von Bauern mit ihren Pferden. Es hätte zu lange gedauert, bis wir herangekommen wären. So sind wir zurückgefahren, um nicht den Anschluß an unsere Wagen zu verlieren. Frau Gropius und Bärbel haben auf uns gewartet. Als wir uns bemühen, den Anschluß an unsere vorausgefahrenen Wagen zu bekommen, überholen wir Koerners aus Stolenschin. Die drei Mädels gucken hinten aus einem Planwagen heraus. Wir winken und rufen uns zu: „Auf Wiedersehen, wenn wir wieder zu Hause sind!" Bärbel sagt, Elisabeth hätte ihr noch zugerufen: „Deinen nächsten Geburtstag feiern wir wieder in Jürgensburg." Koerners fahren sehr langsam, ihre Pferde sind nicht scharf beschlagen. Den Ponys wird das Laufen auf der vereisten Straße immer mühsamer. Frau Gropius rät, sie abzuschirren und frei nebenher laufen zu lassen. Das tun wir auch und binden die Ponywagen hinten an den Jagdwagen an. Eine Weile laufen die hübschen kleinen Pferdchen neben unseren Wagen her, nun auf dem Feld im fröhlichen Trab. Doch dann verlieren wir sie aus unserem Blickfeld. Sie werden hoffentlich einen warmen Stall gefunden haben.

Bei einem Dorf vor Margonin fahren die Wagen vor uns von der Chaussee herunter in das Dorf. Eine Mittagspause soll eingelegt werden. Auch wir fahren in das Dorf. Die Pferde werden gefüttert. Gerade wollen wir die Erbsensuppe an die Kutscher verteilen, da sehe ich, wie die Wagen nach uns plötzlich umdrehen und wie wild losfahren. Es ist ein panikartiger Aufbruch. „Die Russen kommen!"

Die Nachricht ist durchgekommen, die russischen Panzer sind in Znin. Auch die Grocholiner Wagen drehen um und fahren weiter. Auch wir wollen fahren, da sagt Edmund: „Fräulein Asta fehlt!" Wir rufen, suchen in den umstehenden Häusern, Frau Gropius wartet mit uns. Endlich, nach endlos scheinender Zeit, taucht sie hinten auf der Dorfstraße auf. Sie hätte unser Rufen nicht gehört. Wir reihen uns in den Treck ein, versuchen, den Anschluß an die Grocholiner Wagen zu bekommen. Frau Gropius gelingt es, an den Treckwagen vorbeizufahren, die linke Seite der Straße war ja frei, sie mußte für Militär und Partei freigehalten werden, die uns mit ihren Autos laufend überholten. Als nun Edmund mit dem schweren Kastenwagen auch einige Trecks überholen will, lassen ihn die Bauern nicht vorbeifahren. Es gibt einen richtigen Aufruhr: „Sie sind auch nicht besser als wir!" Selbst mein Einwand, daß die anderen Grocholiner Wagen weiter vorn sind und meine anderen Kinder auf den vorderen Wagen sind, hilft nicht. Die Bauern hätten uns vielleicht durchgelassen, aber der aus dem Reich gekommene Geschäftsführer der Kreisbauernschaft hetzte die Leute gegen uns auf. Er hatte sein Auto an einen Bauernwagen gebunden und steuert es so seitwärts, daß Edmund mit dem schweren Kastenwagen nicht vorbeikommt. Die Nervosität ist groß. Das Schießen hinter uns wird immer stärker. Da ich fürchte, daß die russischen Panzer uns bald eingeholt haben werden, nehme ich das Bützerlein und Fräulein Asta zu mir auf den gelben Wagen, befehle Edmund, mit dem Kastenwagen nachzukommen und fahre mit dem leichteren gelben Wagen nach links heraus aus der Kolonne, durch den Straßengraben und über das Feld, bis ich unsere anderen Wagen erreiche und mich hinter Frau Gropius mit dem Jagdwagen einreihen kann. So bin ich nun mit allen Kindern zusammen und ich sage zu den Großen: „Wenn jetzt die Russen kommen und erschießen uns, dann sterben wir alle zusammen." Hinter uns hören wir immer noch Schießen, nur langsam kommen wir vorwärts, Schritt für Schritt. Jürgen weint, er hat Ohrenschmerzen. Er kommt auf den Planwagen, auf dem Fürholzers fahren, Bützer und Fräulein Asta ebenso. Gudrun steigt zu mir und Reinhold auf den gelben Wagen. Sie will nicht unter der Plane fahren, will zu den großen Brüdern.

Wir fahren durch Margonin. Plötzlich ruft mich eine wohlbekannte Stimme an: „Baronin, kann ich Ihnen irgendwie helfen?" An der linken Straßenseite steht in Pelz und Pelzmütze Dr. Kleinberg, neben sich auf einem Tisch hat er eine kleine Ambulanz aufgebaut. Allein seine Anwesenheit gibt Mut, er strahlt ruhige Zuversicht aus. Natürlich hat er sein Auto neben sich und wäre im Notfall schnell weggekommen. Ich sage ihm, daß Jürgen starke Ohrenschmerzen hat. Er reicht mir ein Fläschchen Ohrentropfen auf den Wagen. Die Tropfen tun Jürgen gut, die Schmerzen lassen nach, die Entzündung geht zurück.

Es geht weiter, immer noch überholen uns die Autos von Militär und Partei. Daß sie schnell wegkommen und wir so langsam fahren, Schritt für Schritt, macht ganz nervös. Und immer das Schießen hinter uns. Frau Fürholzer verliert völlig die Nerven, fängt an zu schreien.

Am späten Nachmittag beruhigt sich die Lage etwas, das Schießen hat nachgelassen, allmählich hört es ganz auf. Vor uns, wo die Sonne untergegangen ist, stehen pastellfarbene Streifen über dem Horizont. Auf diesen lichten Schein fahren wir zu, immer weiter nach Westen.

Ich gehe zurück, um nach unserem Wagen zu sehen. Etwa zwölf fremde Wagen sind zwischen uns. Asta ist mit mir gekommen. Sie holt Bützers Koffer, da sie für ihn frische Windeln braucht. Ich sage Edmund, daß er versuchen soll, aufzuholen und Anschluß an unseren Wagen zu bekommen. Es gelingt auch. Da kommt Frau Kirsch, die Berliner Frau, die mit ihren Kindern auf einem offenen Kastenwagen fährt, zu mir und bittet, ob sie mit ihrem kranken Kind (es war geistesschwach) auf unseren Planwagen gehen dürfe. Ich zögere etwas, aber Jürgen und Bützer schlafen inzwischen auf dem anderen Wagen. So erlaube ich, daß Frau Kirsch mit dem kranken Kind auf unseren Wagen geht, schärfe ihr ein, daß sie unter allen Umständen hinter uns bleiben muß und keine Rast machen darf, bis wir über die Netze sind. Sie verspricht es mir.

Frau Fürholzer beklagt sich, daß sie sich mit ihrem Kutscher nicht verständigen kann, da er nicht deutsch versteht, es wäre ja nicht zum Aushalten. Sie bittet mich, ihr einen Kutscher zu geben, mit dem sie sich verständigen kann. So tausche ich die Kutscher aus und lasse Edmund den Wagen mit Fürholzers fahren.

Als es dunkel wird, fahren viele Bauern nicht mehr weiter. Dort, wo sie gerade stehen, schirren sie die Pferde ab und werfen ihnen Futter vor. Sie legen den Pferden Decken über und richten sich für die Nacht ein. Soweit Häuser am Wege stehen, suchen sie diese für die Nacht auf. Oft stehen die Wagen quer zur Straße, so daß wir Mühe haben, vorbeizukommen. Herr Fürholzer steigt vom Wagen herunter, geht an die Spitze unseres Trecks und weist die Bauern an, uns vorbeizulassen. Ich fahre jetzt an der Spitze des Zuges, da mir der Weg nach Kolmar von einer früheren Fahrt mit Hans noch etwas im Gedächtnis geblieben ist. Es ist schon ganz dunkel, dazu kommt Nebel auf. Nur der Schnee leuchtet matt. Wir kommen an die Stelle, an der die Straße sich vor dem Kolmarer See gabelt, dort sind wir richtig nach rechts abgebogen. Ich rufe wie schon mehrfach, ob alle Wagen da sind, und erhalte die Antwort: „Alle sind da!" Frage: „Auch Frau Kirsch?" Antwort: „Ja". Sehen konnte man nichts.

Wir kommen nach Kolmar. Dort stehen die Straßen voller Treckwagen. Auf dem großen, viereckigen Marktplatz, den ich aus unserer Zeit in Nickelskowo gut kenne, steht dicht bei dicht Wagen an Wagen. Es kostet Mühe, hindurch zu kommen, aber wir schaffen es. Wieder rufe ich: „Sind die Jürgensburger Wagen alle da?" Wieder wird es bejaht. Da ruft eine Stimme aus dem Dunkeln: „Frau von Rosen, sind Sie das?" Antwort: „Ja!" „Hier Hilde Gabriel, können Sie mich, zwei Frauen und zwei Kinder, mitnehmen? Wir haben keine Möglichkeit fortzukommen." Ich rufe ins Dunkel zurück: „Kommen Sie zur Gaststätte links vor der Bahn, dort wollen wir halten und abfüttern." Ich habe dann alle auf unsere Wagen genommen, auch auf den Ponywagen, habe die Körbe mit den Samowars, der silbernen Kaffeemaschine und der großen Silberschale, die Onkel Münte uns zum Einzug nach Grocholin geschenkt hatte, auf den Leiterwagen umpacken lassen. Die silbernen Geräte sind verlorengegangen, aber diese fünf Menschen habe ich dafür heil herausgebracht. Fräulein Gabriel sagte mir später, ich wäre ihr wie ein Engel vom Himmel erschienen.

Das Gasthaus ist geschlossen. Ich muß es durch Polizei öffnen lassen. Alle steigen aus, auch die polnischen Kutscher sollen sich aufwärmen und essen. Die Erbsensuppe wird warmgemacht. Asta wärmt auf einer Gasflamme eine Flasche Milch für den Bützer. Frau Gropius und Hans-Kunibert füttern die Pferde. Sie hängen ihnen Futterbeutel mit Hafer um. Ich zähle die Wagen, der Wagen mit Frau Kirsch fehlt. Ludwig, der auf meinen Befehl hinter ihr gefahren ist, sagt aus, sie sei an der Weggabelung links eingebogen. Es ist der weitere Weg um den See herum. Ich beschließe, zu warten, bis sie herangekommen ist. Hier sind: unsere beiden Kutschwagen mit dem Ponywagen und der Kastenwagen mit Fürholzers, der Wagen mit Frau Schülke und Frau Lohf mit ihren sechs Kindern, der Wagen mit Frau Sauer und ihren Kindern, ein Wagen mit Förster R., auf ihm fuhr auch Herr B., ein Kastenwagen mit Gepäck von Frau Schülke, Lohfs und den Beamten, unser großer Leiterwagen, der Wagen von Ludwig Habicht, der seine alte Tante und zwei Töchter von Frau Ringler auf dem Wagen hatte, und die Kalesche, in der die Großmutter Kirsch und noch eine alte Frau aus dem Dorf saßen. Während ich bei den Wagen stehe und wir die Körbe mit den Silbersachen auf den anderen Wagen umpacken, spricht mich ein Volkssturmmann an. Mit baltischem Akzent sagt er: „Baronin Rosen, kann ich Sie einen Augenblick sprechen?" Er stellt sich als Raschig vor und sagt, er kenne meinen Mann. Er zieht mich etwas abseits, wo es dunkel ist, und sagt leise: „Ich komme gerade von der Kreisleitung, es ist 3. Alarmstufe gegeben worden, das heißt, daß jeden Augenblick die Brücken über die Netze gesprengt werden können. Es darf nicht laut gesagt werden." Und dann beschwört er mich, bald weiterzufahren, und bittet mich, seine Frau und seine kleine Tochter, die am Straßenrand stehen, mitzunehmen. Das habe ich auch getan. In Kolmar hat weder die Partei noch die NSV eine Möglichkeit zur Flucht für die Bevölkerung organisiert.

Ich ordne an, daß in einer Viertelstunde weitergefahren wird. Die Kutscher essen gerade ihre Erbsensuppe. Herr B. fängt an zu meutern: das sei Pferdemord! Ich erkläre ihm, daß die Pferde es durchhalten werden, bis wir über die Netze sind. Die Rettung der Menschen, besonders der Kinder gehe vor.

Mitternacht ist vorbei, unser Wagen mit Frau Kirsch ist noch nicht herangekommen. Wir können nicht länger warten. Ich habe Angst, daß wir nicht rechtzeitig über die Netze kommen, bevor die Brücken gesprengt werden. Um 0,30 Uhr brechen wir auf. Wir überqueren die Bahngleise, fahren die Chaussee nach Nickelskowo, die ich so gut kenne. Wo der Weg nach Scharnikau abzweigt, treffen wir den Treck der Sartschiner Bauern, der an der Straßenseite rastet. Sie sind schon seit Sonnabend unterwegs. Wir überholen sie. Die Nacht ist kalt und klar. Die Sterne glitzern in der frostklaren Luft. Die Räder der Wagen knirschen im Schnee. Wir fahren jetzt durch die herrlichen Wälder von Ober-Lesnitz. Niemand ist jetzt vor uns, aber es geht nur langsam voran. Die Pferde sind müde, sie lassen die Köpfe hängen. Auch die Menschen sind müde, die Kinder schlafen. Der Wagen mit Frau Schülke und Frau Lohf und den Kindern kippt um in den Straßengraben, da der Kutscher eingeschlafen ist. Dabei ist dann sogar Herr N. aufgewacht, der sich zum Schlafen in den Wagen gelegt hatte, ohne Rücksicht auf die beiden Frauen und die sechs Kinder, die mit im Wagen waren und sich eng zusammendrücken mußten. Die Kinder schreien, sonst ist Gott sei Dank nichts passiert, nach einer halben Stunde geht es weiter.

Frau Gropius ist so müde, daß sie mir endlich die Zügel gibt und mich fahren läßt, während sie versucht, eine Weile zu schlafen. Ich halte mich durch Cola-Schokolade munter, eine Frontzuteilung von Hans, die er mir bei seinem letzten Urlaub dagelassen hat.

Gegen Morgen kommt dichter Nebel auf, der die Bäume am Wegrand mit dickem Rauhreif behängt. Ich bin so müde, daß es mir scheint, als wenn die Bäume tanzen, während wir vorüberfahren, und zwischen ihnen drehen sich fantastische Gestalten, türmen sich im Nebel Burgen und Berge. Die Angst hält mich aufrecht. Werden wir es schaffen, über die Netze zu kommen? Ich hatte Hans versprochen, bei Gefahr die Kinder rechtzeitig in Sicherheit zu bringen, hätte ich eher fahren sollen, schon am Sonnabend?

Der Wald ist zu Ende. Der Nebel wird so dicht, daß ich den Weg kaum erkennen kann. Fräulein Gabriel steigt vom Wagen herunter, und, Flagge am Zügel führend, geht sie neben den Pferden her, bis der Nebel sich hebt. Im Morgendämmern liegen einige Gehöfte, das muß Fitzerie sein. Als wir nicht weit vom Weg einen Heuschober sehen, halten wir an, um die Pferde zu füttern. Während Fräulein Gabriel geht, um Heu zu holen, bin ich dabei, den Pferden Hafer zu geben. Da kommt ein Auto gefahren, hält neben uns und eine Stimme donnert: „Was ist denn hier los? Sie halten ja den ganzen Treck auf!" Sieh da, unser Herr Landrat! Er erkennt mich. Ich erkläre ihm, daß wir die ganze Nacht durchgefahren sind und nun die Pferde füttern müssen. Er sieht es wohl ein, sagt dann: „Sie sind ja auch an der Spitze der Trecks, aber um Gottes Willen, Gnädige Frau, fahren Sie, oder der Treck muß Sie überholen." Mit dem Landrat-Kreisleiter fährt Frau Adamy, die Witwe des im September 1939 von den Polen ermordeten Schubiner Tierarztes, die zur Kreisfrauenschaftsführerin ernannt wurde. Sie kommt zu mir, sagt: „Gott sei Dank, Frau von Rosen, daß Sie mit den Kindern hier sind!" Dann steigen beide ein und fahren weiter. Wie wir später erfahren haben, sind sie nach Scharnikau gefahren an die Netze und Landrat

Zülch hat den mit der Sprengung beauftragten Oberleutnant gebeten, die Sprengung so lange wie möglich hinauszuschieben, damit die Flüchtlingstrecks noch hinüberkommen.

Da nachkommende Wagen und ein Treck, der in Fitzerie übernachtet hat, uns zu überholen drohen, fahren wir weiter. Ich will nicht wieder zwischen die Trecks geraten. Im Weiterfahren füttern wir die Pferde mit der Hand. Weiter, weiter, es sind ja nur noch acht Kilometer bis Scharnikau.

Über uns Motorengeräusche von Flugzeugen, vor uns in Richtung Usch-Schneidemühl Detonationen, sind es Sprengungen, wird Schneidemühl beschossen? Sehen können wir nichts. Der Nebel, der wie ein Schutzmantel über uns ist, nimmt jede weitere Sicht. Edmund, der vor mir ist, schreit: „Frau Baronin, Schneidemühl brennt! Wir müssen umkehren, sonst kommen wir alle um!" Ich schreie zurück: „Unsinn, weiterfahren!"

Gegen halb 8 Uhr kreuzen wir die Eisenbahnschienen hinter Neusarben. Der Jagdwagen, der Kasten mit Fürholzers, den drei Kleinen und Fräulein Asta sind schon hinübergefahren. Ein Pfiff, und schon rast aus dem Hohlweg ein Zug über die Schienen. Der Lokführer schreit zu den Kutschern: „Ihr seid verrückt, daß Ihr fahrt, Ihr werdet alle erschlagen!" Ein Krachen, ein Splittern, der Wagen vor mir liegt auf den Schienen, gottlob nur der hintere Teil. Pferde und Menschen sind unverletzt. Es ist der Wagen von Förster R. Edmund schreiht wie irr: „Umkehren, Frau Baronin!" Ich rufe ihm zu: „Weiterfahren!", während ich mich bemühe, Familie R. unterzubringen. Sie steigen auf den Wagen zu Frau Sauer, das Gepäck kommt auf den Gepäckwagen, die Trümmer des Wagens werden zur Seite geschafft, die Pferde werden mitgenommen.

Als wir weiterfahren wollen, sind die polnischen Kutscher weg. Herr Fürholzer sagt, Edmund wäre abgesprungen und in das nahe Gehölz gelaufen, als der Zug vorübergefahren war und wir halten mußten, und die anderen polnischen Kutscher hinterher. Nur Heintze, der den Leiterwagen fährt mit den vier Pferden, ist noch nicht da. Wir rufen, daß wir weiterfahren, aber kein Rufen hilft, sie kommen nicht zurück. Herr Fürholzer muß nun selber fahren, Herr N. fährt den Wagen von Frau Schülke. Ludwig muß hinter Heintze fahren, damit der nicht auch wegläuft.

Inzwischen haben uns eine Reihe anderer Wagen überholt. Ich versuche, wieder Anschluß an den Jagdwagen von Frau Gropius und Bärbel zu bekommen. Nach einigen Kilometern hole ich sie ein. Es wird bei Briesen gewesen sein. Frau Gropius steht mit dem Jagdwagen am Straßenrand und bemüht sich verzweifelt um Aller, die schlappgemacht und sich hingelegt hat, während Bärbel Flagge am Zügel hält. Gott sei Dank hat Frau Gropius die Pferdeapotheke mitgenommen. Aller bekommt eine Spritze und Zuckerstückchen mit Schnaps. Frau Gropius redet ihr gut zu und schließlich kommt Aller wieder hoch und es geht langsam weiter.

Aber nun staut sich der Treck. Ich gehe nach hinten, um nach unseren Wagen zu sehen, die nach und nach herankommen. Ich spreche mit Heintze, daß er den Anschluß halten soll, nicht zurückbleiben, und gebe ihm 20 Mark, damit er sich etwas zu trinken kaufen kann. Langsam, sehr langsam schieben sich die Wagen vorwärts bis dorthin, wo die Straße in das Urstromtal hinuntergeht. Dort kommen die Trecks zum Stehen. Ein zermürbendes Warten beginnt. Herr N. merkt, daß der Gepäckwagen, auf dem auch seine Koffer sind, nicht da ist. Er sagt mir, daß er zurückgeht, um nach dem Gepäckwagen zu sehen. Ich beauftrage und bitte ihn, dafür zu sorgen, daß auch unser Leiterwagen hierherkommt, da ich selbst nicht zurückgehen kann, weil wir in der Kolonne der Treckwagen stehen und es jeden Augenblick weitergehen kann.

Die Fahrbahn, den Berg hinunter, ist spiegelglatt. Mehrere Wagen sollen schon verunglückt sein. Einige Bauern stehen am Weg, Stangen in den Händen haltend, um die zu schnell rollenden Räder anzuhalten, wenn es nötig ist. Unsere Wagen haben keine Bremsen, wie die Wagen im Gebirge. Sicherheitshalber bringe ich die Kinder und Fräulein Asta zu Fuß den Berg hinunter. Hans-Kunibert fährt den Wagen mit Frau Schülke und Frau Lohf. Wir haben dann alle Wagen gut den Berg hinuntergebracht. Die Kinder und Fräulein Asta steigen wieder auf. An der Kreuzung unserer Straße mit der von Rogasen kommenden Chaussee werden wir von Polizei zwischen die von Süden kommenden Trecks eingewiesen. Da mehr Trecks von Süden kommen, werden immer nur wenige Wagen aus unserer Richtung dazwischen geschleust. Darum haben wir so lange oben warten müssen. Vier Stunden sind vergangen.

In Scharnikau sind alle Straßen voller Treckwagen. Die Laden sind geschlossen. wir kommen an die Netze. Mehrere Posten stehen an der Brücke, noch ist sie nicht gesprengt und wir fahren hinüber. Ich habe das Gefühl, einer großen Gefahr entronnen zu sein, sind wir doch jetzt in Deutschland, jenseits der polnischen Grenze. Hitler wird die Russen nicht nach Deutschland hineinlassen.

Über die dramatischen Stunden vom nächtlichen Aufbruch in Kolmar bis zur Erreichung der rettenden Netze schreibt Frau Schülke:

„Die Beamten N. und B. meuterten und sprachen von ‚Pferdemord'. Aber Frau von Rosen ließ sich nicht beirren, stieg in ihren Wagen und rief mit lauter, heller Stimme: ‚Jürgensburg treckt!' Ein Teil der Grocholiner folgte nicht — sie sind dann von den Sowjets überrollt worden, die Männer wurden totgeschlagen, Frauen und Kinder haben Furchtbares erlebt. Daß uns ein solches Schicksal erspart geblieben ist, verdanken wir, soweit es sich um menschliches

Wirken handelt, einzig und allein Frau von Rosens Willenskraft. Auch ich drängte vorwärts, weil ich glaubte, dann irgendwo mehr in Ruhe entbinden zu können, und heftete mich an ihre Fersen, in meiner Hilflosigkeit konnte ich ja nichts anderes tun. Aber nie ist sie kopflos geworden und ich war so dankbar, daß es immer weiter ging.

Und wenn sie in ihrem Buch über die Flucht von ihrer Angst schreibt, so hat sie die nach außen hin nicht merken lassen, sondern ist dabei besonnener als alle Männer aus Grocholin gewesen und hat entsprechend gehandelt. Und ich spürte, daß da eine Mutter ihre sechs Kinder unter allen Umständen retten wollte und sich durch nichts aufhalten ließ."

Über das Schicksal derer, die die Netze nicht mehr rechtzeitig erreichten, heißt es in dem Schubiner Heimatbuch:

„Lt. Augenzeugen haben russische Panzer Fuhrwerke und Menschen niedergewalzt, wenn sie nicht augenblicklich die Straße freimachten — was vielfach wegen tiefer Straßengräben unmöglich war. Zahlreiche Männer wurden erschossen oder erschlagen, so der alte Dr. Busse-Tupadly mit seiner Hausdame und seinem Beamten, Herrn Dircks.

Die Zurückgeschickten wurden in der Mehrzahl sehr bald in Sammellager eingewiesen. Nur wenige durften als Knecht auf dem eigenen Betrieb bleiben. In den Lagern war es wesentlich schlimmer, so in Grocholin (Altes Schloß) und vor allem im Polichno (Wendlands Saal).

Schon auf dem Transport dorthin haben berittene Wachmannschaften unbarmherzig geprügelt, z. T. zu Tode geschlagen. Im Lager sind viele Männer buchstäblich zu Tode geprügelt worden. Alle warmen oder besseren Kleidungsstücke wurden den Deutschen fortgenommen. Viele Menschen sind verhungert oder erfroren. Am schlimmsten war die Nacht zum 4. März, unmittelbar vor der Überstellung der Lagerinsassen teils zunächst nach Schubin, größeren Teiles aber sofort nach Potulitz. Die arbeitsfähigen Männer wurden nach Rußland abtransportiert und sind fast alle verschollen. Die Zahl der Toten in Potulitz wird innerhalb von drei Jahren auf 6000 geschätzt. Darunter befanden sich viele Frauen und Kinder."

Jenseits der Netze

Hier wollen wir auf unsere noch fehlenden Wagen warten. Rechts der Straße stehen noch einige Häuser. Dort wohnen die Polizisten mit ihren Familien. Die Frauen laden uns ein, in die Häuser zu kommen. Wir dürfen die Toiletten benutzen, Bützer bekommt neue Windeln, können uns waschen und aus mitgebrachten Weckgläsern Essen wärmen. Vor allem die Kinder brauchen eine warme Mahlzeit.

Derweil steht Reinhold an der Straße, um unsere Wagen abzufangen. Hans-Kunibert kommt mit dem Wagen mit Schülkes und Lohfs. Wir werden von einem Polizisten aufgefordert, weiter zu fahren, und beobachten, wie Pioniere Sprengkörper an den Brückenpfeilern befestigen. Während wir uns zum Aufbruch rüsten, kommt Ludwig mit seinem Wagen herangefahren. Auf Befragen nach dem Leiterwagen teilt er mit, daß Heintze, als er gemerkt hat, daß die anderen Grocholiner Fornals nicht mehr da sind, den Wagen an die rechte Seite gefahren hat, abgesprungen und weggelaufen ist. Er, Ludwig, hätte es nicht verhindern können. Ich überlege, wie ich den Wagen heranholen kann, will schon selber gehen, da kommt Landrat Zülch zu mir (er war wohl an der Brücke) und sagt: „Bleiben Sie nicht hier, fahren Sie weiter nach Filehne, die Gefahr ist zu groß!" Ich sage ihm noch, daß unsere Wagen nicht alle hier sind, aber er hat wohl größere Sorgen und sagt nur: „Fahren Sie weiter!" Auch Frau Gropius beschwört mich, bei den Kindern zu bleiben. Ich hoffe auch, daß Herr N. uns den Wagen nachbringt, so fahren wir weiter. Es ist inzwischen 15 Uhr.

An der Stelle, wo der Weg nach Schönlanke abbiegt, wollen Frau Lohf und Frau Schülke auf Herrn N. warten, hoffen auch, daß er ihnen ihr Gepäck mitbringt. Wir verabreden, daß wir uns am nächsten Tag in Selchow-Hammer treffen wollen, dort wollen wir auf sie warten.

Wo sich die Straße gabelt, sind Erdlöcher ausgehoben, in ihnen stehen Jungens in Uniform, Panzerfäuste in der Hand. Sollen diese Kinder die russischen Panzer aufhalten?

Auf der Straße nördlich der Netze fahren wir nach Filehne. Von jenseits des Flusses hören wir starkes Schießen, dort müssen Kämpfe im Gange sein. Als es anfängt, dunkel zu werden, versuchen wir ein Quartier für die Nacht zu bekommen. Wir müssen eine Ruhepause einlegen, Pferde und Menschen sind erschöpft. Alle Höfe längs der Straße sind mit Flüchtlingen und Treckwagen überfüllt. Nach längerem Suchen finden wir eine Unterkunft auf dem kleinen Hof eines Kätners. Das Wichtigste ist, daß die Pferde in einem Schuppen windgeschützt stehen können. Sie werden abgeschirrt, erhalten Futter und Wasser. Für die Menschen ist in einem Zimmer Stroh aufgeschüttet, auch zwei Betten stehen zur Verfügung. Auf dem einen hat jedenfalls Herr Fürholzer geschlafen und ganz schön geschnarcht

und ist voller Empörung, als ich um drei viertel zwölf Uhr, kurz vor
Mitternacht, zum Weiterfahren wecke. Als er von Leuteschinderei
spricht, erkläre ich ihm, er könne ja hierbleiben und weiterschlafen,
ich würde mit den Kindern jedenfalls weiterfahren. Auch Frau Gro-
pius schläft erschöpft. Ich kann nicht schlafen, die Unruhe treibt
mich aus dem Haus. Jenseits der Netze leuchtet der Himmel am
Horizont glutrot. Um 11 Uhr gehe ich in die Küche, hole heißes
Wasser, um die Flasche für Bützer zu wärmen und Tee für uns alle
zu brühen. Reinhold ist auch schon wach und kommt mit in die
Küche. Da setzt sich vor unseren Augen der etwa zweijährige
Stöppke des Bauern mitten in die Küche und setzt einen Haufen.
Der Bauer brummt, ich habe dir doch schon immer gesagt, daß du
das nicht tun sollst. Über dieses Erlebnis lacht Reinhold noch heute.

Dieser dreckige Kleinbauernhof ist leider der erste Eindruck, den
unsere Kinder von Deutschland haben. Hinter der Netze, so hatte
ich gesagt, da ist Deutschland — und Deutschland war für uns, die
wir in Polen gelebt haben, von einem Glorienschein umgeben.

Dienstag, 23. Januar

Nach fünf Stunden Rast fahren wir weiter. Es ist kurz nach Mitternacht. Leider vermisse ich die guten, ledernen, pelzgefütterten
Fahrhandschuhe, die vom Großvater Rosen in Grocholin waren, die
mir beim Fahren so gute Dienste geleistet haben. Ich hatte sie wohl
auf dem Wagen liegengelassen. Nun sind sie weg. Schlimmer ist, daß
auch die Aktentasche von Frau Gropius fehlt, schon seit Kolmar.
Sie hatte sie mit Riemen am Jagdwagen festgeschnallt. In der Tasche
waren die Versicherungsausweise unserer Arbeiter und das Geld für
die monatliche Auszahlung, etwa 7000 Mark.

Die Straße ist leer, wir kommen gut vorwärts. Bald fangen wieder
vor meinen Augen die Bäume am Wegrand zu tanzen an. Ich sehe
lauter Fantasiegebilde, wogende Schleier. Dann reiße ich mit Gewalt
die Augen auf, um nur nicht einzuschlafen. Frau Gropius sagt mir
später, daß es ihr ebenso ergangen ist. Vielleicht hat Fräulein Gabriel auf dieser Fahrt neben mir gesessen und mir hin und wieder
die Zügel abgenommen. Hinter mir schlafen in ihren großen Fuß-
säcken sitzend, mit ihren Hündchen auf dem Schoß, Hans-Kunibert
und Reinhold. Bärbel fährt wieder mit Frau Gropius und nimmt ihr,
als es dämmert, die Zügel ab. Auf dem Kasten bei Fürholzers Fräulein Asta und unsere drei Kleinen, die ruhig schlafen.

Kurze Rast in Filehne

Wir sind gut gefahren, bald nach 8 Uhr sind wir in Filehne. Dort
herrscht ein heilloses Durcheinander. Nirgends sind Auskünfte zu
erhalten, keinerlei Organisation der Trecks, wie uns noch in Exin
zugesagt worden ist. Von Ost nach West schiebt sich ein Treckwagen
hinter den anderen. Ich beschließe endgültig, nicht auf dieser großen

Straße weiter nach Westen zu fahren, sondern zunächst ein Stück Weges nach Norden zu fahren, nach Pommern hinein. Wir sagen uns auch: Falls die Russen bis hierherkommen, dann rollen ihre Panzer zuerst auf der großen Straße in Richtung Berlin.

In Filehne verlassen uns Fräulein Gabriel und die drei Frauen, die wir mitnahmen, mit ihren drei Kindern. Sie wollen von hier mit einem Zug weiterfahren. Wir aber fahren mit unseren Wagen zum Schloß des Grafen Schulenburg. Onkel Münte hatte mir einmal von ihm erzählt, er ist mit ihm befreundet. Durch ein schönes Tor gelangen wir auf einen großen, viereckigen Hof. Auf der rechten Seite sind Stallungen, vor uns das weitläufige, große Schloß, alles in hellem, gelbem Sandstein erbaut. Keine Menschenseele ist zu sehen, wie ausgestorben liegt der große Hof. Im Schloß treffe ich dann doch auf ein menschliches Wesen. Ich erfahre, daß der alte Herr Graf vor einem Jahr gestorben ist, daß niemand von der Familie da ist, nur Fräulein v. Kleist sei im Schloß. Ich lasse mich bei ihr melden.

Während ich Fräulein v. Kleist aufsuche und Bärbel mitnehme, kümmern sich Frau Gropius, Hans-Kunibert und Ludwig um die Pferde, die in einem leeren Pferdestall untergestellt und versorgt werden. Fräulein v. Kleist empfängt uns in einem Salon im 1. Stock. Ich stelle mich als Nichte von Onkel Münte vor. Sie ist schnell orientiert und begrüßt uns freundlich. Eine Dame aus der Nachbarschaft ist bei ihr, beide fragen mich, ob sie hier in Sicherheit seien oder ob sie auch fortgehen müßten? Ich kann nur antworten, daß ich das Gefühl habe, hier zunächst in Sicherheit zu sein, daß wir aber weitertrecken werden bis hinter die Oder. Alles hinge davon ab, wo der russische Vormarsch zum Stehen gebracht würde. Beide Damen sind recht ratlos, besonders Fräulein v. Kleist, die hier die Aufgabe einer Hausdame übernommen hat. Sie lädt mich freundlicherweise zum Mittag ein, was ich dankend für mich ablehne, da ich mit den anderen zusammen essen will. Dagegen bitte ich für Bärbel, daß sie hierbleiben darf und sich in Ruhe irgendwo hinlegen kann, da sie starke Kopfschmerzen hat. Bärbel darf bleiben und hat es gut.

Ich suche zunächst eine Wehrmachts-Sammelstelle auf, deren wegweisendes Schild ich bei der Einfahrt in den Schloßhof gesehen habe. Ich will ein Telegramm an Hans aufgeben und hoffe, dort Auskunft über die Lage zu erhalten. Es herrscht auch hier ein ratloses Durcheinander. Soldaten, feldmarschmäßig ausgerüstet mit Rucksack und Gewehr, laufen umher, junge Gesichter. Ich versuche, einen Offizier zu sprechen, frage einen Soldaten, wo sie hin sollen? Kein Mensch weiß, wohin es geht. Sie werden hier registriert und gen Osten in Marsch gesetzt, irgendwo gegen russische Panzer verheizt. Habe ich bis jetzt gedacht, daß hier an der alten Reichsgrenze der russische Vormarsch gestoppt würde, so erfahre ich, daß keine Verteidigungsfront da ist. Deutschland liegt an seiner Ostgrenze völlig offen da, ungehindert können die Russen nach Deutschland hinein. Man spricht davon, daß an der Oder eine neue Front aufgebaut wird.

Irgendjemand nimmt das Telegramm an Hans schließlich entgegen, angekommen ist es nicht.

Inzwischen haben unsere Frauen in der großen Schloßküche Mittag vorbereitet, Kartoffeln gekocht, die uns geschenkt wurden, und den Inhalt einiger mitgebrachter Weckgläser gewärmt, so daß alle satt werden. Die Küche wird aufgeräumt, die Pferde werden wieder angespannt, ich hole Bärbel und bedanke mich bei Fräulein von Kleist, die uns auf den Hof begleitet. Um 14 Uhr fahren wir ab. Wir überqueren die Eisenbahnstrecke Kreuz-Landsberg-Küstrin, fahren Richtung Norden.

Selchow-Hammer

Als es anfängt zu dunkeln, es wird gegen 17 Uhr gewesen sein, erreichen wir Selchow-Hammer. Hier bekommen wir gute, saubere Quartiere bei netten Bauern. Ein blondes, junges Bauernmädchen kümmert sich rührend um die Kinder und um mich. Wir bekommen eine saubere, reichliche Strohschütte, auf die wir unsere Decken legen, sie bringt uns warme Milch, Butter und Brot. Voller Angst fragt sie mich: „Meinen Sie, daß wir auch fliehen müssen, weg von zu Hause?" Ich kann ihr keine Antwort darauf geben.

Gegen 18 Uhr trifft Herr N. mit dem Schülke'schen Kastenwagen ein mit Frau Schülke, Frau Lohf und den sechs Kindern. Er berichtet, daß er den Gepäckwagen nicht gefunden hat, nur erfahren hat, daß der polnische Fornal mit dem Wagen umgedreht und zurückgefahren ist. Auf meine Frage nach dem Leiterwagen erfahre ich, daß der Wagen am Straßenrand gestanden hat, er, N., hätte ihn nicht mitbringen können, da die Pferde zu müde gewesen seien und eins gelahmt hätte. Nach seiner Auskunft hat er den Wagen auf den Hof des Ortsvorstehers Wendt gefahren. Monate später, als ich den Treckführer Schülke spreche, sagt dieser, daß der Wagen noch an der Straße gestanden hat, als er vorüberkam, und da eines seiner Pferde lahmte, hätte er sich von unserem Wagen ein Pferd ausgespannt. Es handelte sich um Isabella, eine weiße Stute, die im Acker ging. Er hat sie uns später bezahlt. An dem Verhalten von Herrn N. zeigt sich, daß er mich in keiner Weise unterstützt hat, im Gegenteil. Vielleicht hätte ich noch eine Möglichkeit gefunden, den Wagen herbeizuholen, wenn ich nicht geglaubt hätte, daß Herr N. sich darum kümmert. Ich nehme an, daß er aus Ärger darüber, daß sein Gepäck verloren war, nun auch unseren Gepäckwagen stehengelassen hat. Ich bin sehr niedergedrückt, daß der Wagen verloren ist, möchte am liebsten zurückfahren, sehe aber die Unmöglichkeit dazu ein. Es gelingt mir, eine amtliche Stelle in Scharnikau telefonisch zu erreichen. Leider ist Landrat Zülch im Augenblick nicht da. Ich hinterlasse für ihn, daß und wo unser Wagen stehengeblieben ist, und bitte, den Wagen mit herauszubringen, ich würde morgen früh noch einmal anrufen. Am nächsten Morgen bekomme ich keine telefonische Verbindung mehr.

Viel später erfahren wir, daß die Russen in den frühen Morgenstunden die Trecks vor Scharnikau überrollt haben, viele Menschen wurden erschossen. Das Schießen und Schreien soll furchtbar gewesen sein. Mehr als die Hälfte der deutschen Bevölkerung ist den Russen in die Hände gefallen. Die Wagen mußten umkehren und zurückfahren. Von den Grocholinern kehrten zurück: Die Familien Schmidtke, Müller, Kappel, Ringler, Günther, Becker. Schäfer Müller und Schmidtke wurden erschossen. Erschossen wurde auch unser Nachbar Dr. Busse-Tupadly, der bedeutendste Rinderzüchter Polens, mit seiner Hausdame Frau Horstmann und sein Inspektor Herr Dircks. Frau Dircks mußte mit ihren vier kleinen Kindern zurückfahren. Männer, die nicht erschossen wurden, wurden in Marsch gesetzt, um in Rußland beim Aufbau zu helfen, so Herr Etzold und Herr Welke. Frau Etzold kam mit ihren sieben Kindern ins Lager Labischin, wo sie es sehr schwer hatten. Die kleine Ilse ist da gestorben. Koerners, die doch in Gollantsch dicht hinter uns waren, wurden ebenfalls überrollt. Es ist dem Kutscher Walczak zu verdanken, daß die drei Koerner'schen Mädels und Fräulein Werner nicht erschossen wurden. Walczak erklärte, daß es seine Familie sei, so konnten sie nach Stolenschin zurückkehren. Dort mußte Fräulein Werner mit Friederike im Hühnerstall auf Stroh liegen, Irmgard mußte als Dienstmädchen in Wonsosch arbeiten, während Elisabeth bei einem polnischen Bauern in der Nachbarschaft helfen mußte, wo sie es verhältnismäßig gut hatte. Auch unser Wagen mit Frau Kirsch ist vor Scharnikau überrollt worden. Herr Schülke hatte sie getroffen. Die Trecks hatten eine Ruhepause eingelegt, Herr Schülke hatte Frau Kirsch gesagt, daß er um Mitternacht weiterfahren würde. Als Kirschs nicht kamen, ist er in das Haus gegangen, in dem sie geschlafen haben, und hat sie geweckt. Nachdem er eine halbe Stunde auf sie gewartet hatte, ist er abgefahren. Er ist gerade noch über die Brücke gekommen, bevor die Russen da waren. Sein eigener Vater oder war es sein Schwiegervater, der hinter ihm gefahren ist, hat es nicht mehr geschafft. Er ist von den Russen erschossen worden. Der Wagen mit Kirschs soll mit den anderen Grocholiner Wagen nach Grocholin zurückgefahren und dort von unseren polnischen Leuten geplündert worden sein. Was aus unseren Wertsachen, dem Silber, dem Schmuck geworden ist, weiß ich nicht. Frau Kirsch ist später mit ihren Kindern nach Berlin zurückgekehrt.

Mittwoch, 24. Januar

Während sich in Scharnikau so viele schreckliche Dinge ereignen, habe ich in Selchow-Hammer zwischen den Kindern erholsam geschlafen. Am Morgen erklärt Herr N., daß er mit der Bahn weiterfahren will; ich erkläre ihm, daß er bei dem Treck bleiben müßte, da er den Wagen von Frau Schülke fahren müsse. Herr B. und Förster R. haben sich schon von uns abgesetzt. An der Wegegabelung hinter Scharnikau sind sie in Richtung Schönlanke abgebogen, obgleich Frau Schülke ihnen gesagt hat, daß wir nach Filehne gefahren sind und uns in Selchow-Hammer treffen wollen. Frau Gropius ist inzwischen auf ein älteres Ehepaar gestoßen, das nach Stettin will. Es sind bäuerliche Menschen, der Mann bietet sich an, einen Wagen zu fahren. So nehmen wir die beiden Peters als Fahrer für den Wagen von Frau Schülke mit. Herr N., der inzwischen festgestellt hat, daß hier kein Zug mehr fährt, kommt weiter mit, will aber nur noch auf einem Kutschwagen fahren. Ich räume ihm gern den Fahrerplatz auf dem gelben Wagen ein. Mit herzlichem Dank für die liebevolle Aufnahme verabschieden wir uns von den Bauern, die nun auch packen.

Wir fahren durch Pommern

Weiter geht unsere Fahrt durch das tief verschneite pommersche Land. Das hügelige Gelände macht den Pferden zu schaffen, aber es ist doch ein besseres Fahren als auf den verstopften, vereisten Straßen in der ständigen Angst, daß jeden Moment die russischen Panzer da sein können. Hier fahren wir allein auf Nebenstraßen durch tief verschneite Wälder. Kaum vorstellbar, daß hinter uns die Dörfer brennen und die Menschen umgebracht werden. Frau Gropius schreibt, daß wir über Hochzeit nach Regenthin gefahren sind und dort übernachtet haben. Ich weiß es nicht genau. In einer neben dem Wege liegenden Oberförsterei haben wir am frühen Nachmittag eine Rast eingelegt. Der sehr nette ältere Forstmeister und seine Frau kommen zu uns heraus. Wir werden in ihr Eßzimmer eingeladen, bekommen herrlichen Tee, die Kinder warme Milch. Es sind gebildete, warmherzige Menschen. Im Haus sind wunderschöne Möbel und Teppiche, Regale voller Bücher. Frau Gropius und Ludwig versorgen die Pferde, die getränkt und gefüttert werden. Uhu lahmt, er hat einen Kronentritt, den Frau Gropius desinfiziert und behandelt. Nach zwei Stunden Weiterfahrt nach Regenthin (?), wo wir im Dunkeln ankommen. Hier treffen wir auf andere Trecks. An der Straße ist eine Betreuungsstelle der NSV eingerichtet, wir werden in ein nahes Quartier eingewiesen und bekommen eine warme Suppe. Auch andere Flüchtlinge sind in dem Raum, die sich auf der Strohschütte zum Schlafen hingelegt haben. Ein Strohlager ist für jeden da. Ich sehe unsere drei Großen vor mir im Stroh sitzen. Hans-Kunibert zieht ein Paket Spielkarten aus der Tasche und spielt mit den Geschwistern Karten, so sind sie beschäftigt und abgelenkt. Da kommt Frau Gropius herein und ruft: „Mutti, (so nannte sie mich damals oft), ich habe für Sie und Bützer ein Bett gefunden." Beim Essenholen hatte sie im Gespräch mit der NSV-Schwester festgestellt, daß diese eine Schwester unserer Exiner Mütterberaterin ist. Diese hat mir für die Nacht ihr Zimmer abgegeben und ich habe mit Bützer und Jürgen dort gut geschlafen. Gudrun wollte bei Hans-Kunibert bleiben.

Donnerstag, 25. Januar

Am nächsten Morgen fahren wir weiter auf Nebenstraßen in Richtung Arnswalde. Durch große Wälder, an Seen vorbei, bergauf, bergab, die Landschaft ist schön, aber für die Pferde ist es sehr anstrengend. In Karlsburg, einem großen Gut, 4 Kilometer vor Arnswalde, finden wir eine gute Unterkunft. Es ist ein großer, langgestreckter Hof mit langen Stallungen und hohen Silos. Ich glaube, das Gut gehört zu den bekannten Saatbaubetrieben Kamecke oder Lochow-Petkus. Die Pferde können in einem guten, warmen Stall untergestellt werden und bekommen reichlich Futter. In einem fast leeren Verwalter- oder Bürohaus kommen wir alle gut unter. Da auch eine Küche vorhanden ist, können wir selbst kochen. Das Schloß scheint unbewohnt zu sein. Ich kann mich nicht besinnen, dort mit jemand vom Gut gesprochen zu haben, ein Verwalter muß aber wohl da gewesen sein. Das Schloß hat einen Turm, im Turmzimmer schlafen Hans-Kunibert und Bärbel und finden das sehr romantisch.

Am Abend kommt Herr N. und erklärt mir, daß er den Treck nicht mehr mitmache, sondern mit einem Zug von Arnswalde nach Berlin fahren würde. Ich will ihn nicht halten, er hat uns sowieso nicht geholfen. Ich sage ihm nur, daß er mit Frau Gropius über die 1000 Mark abrechnen möchte, die er für notwendige Auslagen während des Trecks bekommen hat. Er hat sich Frau Gropius gegenüber geweigert, abzurechnen und Geld zurückzugeben. Am nächsten Morgen haben wir ihn nicht mehr gesehen.

Freitag, 26. Januar

Leider verliert Jürgen am Morgen auf dem Hof seinen schönen, roten wollenen Schal, den ich ihm erst zu Weihnachten gestrickt hatte. Obgleich er sofort zurückgeht, ist der Schal nicht mehr zu finden. In jenen Tagen ist das ein unersetzlicher Verlust, da es weder Wolle noch einen neuen Schal zu kaufen gibt.

In Arnswalde fahren wir zunächst zum Bahnhof, wo Frau Schülke sich und ihre drei Kinder in die Obhut der NSV begibt. Anfang Februar erwartet sie ihr Baby. Frau Lohf will sie nicht allein lassen und bleibt mit ihren drei Kindern bei ihr. Sie wollen mit der Bahn nach Küstrin fahren, wo Frau Schülke für die bevorstehende Entbindung ein Krankenhaus aufsuchen will. Auf dem Bahnhof nimmt sich eine nette NSV-Schwester ihrer an und will für ihr Weiterkommen sorgen.

Arnswalde ist überfüllt mit Flüchtlingen. Auf dem Marktplatz stehen die Wagen dicht an dicht. Es gelingt uns, zu einem Postamt vorzudringen, wo Frau Gropius und ich verschiedene Telegramme aufgeben: An Hans nach Kurland (es ist sogar angekommen), an Brigitte nach Klotzsche bei Dresden, an meine Schwiegermutter nach Potsdam und an Onkel Münte mit der Ankündigung, daß wir nach Friedrichsfelde kommen wollen, und der Angabe der Adresse von Frau Stein, Groß-Schönfeld, Kreis Fiddichow. Frau Gropius meldet uns telegrafisch bei Frau Stein an, mit der sie eine enge Freundschaft verbindet.

Hinter Arnswalde haben wir eine gute Straße und können zügig fahren. Als wir in der Mittagszeit durch Blankensee kommen, möchte Frau Gropius gern der alten Frau v. Wedel guten Tag sagen. Wir fahren vor dem langgestreckten, hübschen, weißen Herrenhaus vor und werden von der alten, weißhaarigen Dame reizend begrüßt. Wir müssen unbedingt zum Mittag bleiben, das in bewunderswert kurzer Zeit für uns bereit steht. Eine heitere, friedliche Atmosphäre umfängt uns. Körperlich und seelisch gestärkt setzen wir unseren Weg fort.

Leider kommen am Himmel dunkle Wolken hoch und das bis dahin günstige Wetter verschlechtert sich zusehends. Es fängt an zu schneien, Wind kommt auf und bald kommen wir in ein richtiges Schneetreiben. Es beginnt, dunkel zu werden, wir bemühen uns, ein Quartier für die Nacht zu finden, aber es ist unmöglich. Die Dörfer längs der Straße sind mit Flüchtlingen überfüllt. Wir sind südlich des Plöne-Sees. Wir wenden uns an den Bürgermeister, aber auch er kann nicht helfen. Er sagt uns, daß einige Kilometer weiter ein großes Gut ist, dort würden wir unterkommen können. Also weiter im Dunkeln und starkem Schneetreiben. Ein Auto versperrt uns den Weg, ein Ausweichen ist unmöglich. Damit wir weiterfahren können, müssen unsere müden Pferde den Amtskommissar mit seinem Auto aus der Schneewehe herausziehen, in der er in einem Hohlweg stecken geblieben ist. Weiter durch hohe Schneewehen, ein grausam kalter Wind treibt uns und den Pferden den Schnee in die Augen und nimmt uns jede Sicht. Die Hände, die die Zügel halten, erstarren vor Kälte. Endlich sind wir da, das große Gut ist erreicht. Im Windschatten von Park und Gebäuden atmen wir auf. Zuerst werden die Pferde in einem warmen Schafstall untergestellt, sie haben es wirklich verdient. Wir finden im Haus des Verwalters, das dem Stall gegenüber auf der linken Straßenseite liegt, rührende Aufnahme. Fürholzers hatten zunächst im Schloß nachgefragt, waren aber wegen Überfüllung abgewiesen worden. Die junge Frau des Verwalters ist gleich bereit, uns aufzunehmen. Wir erhalten sogar warmes Abendbrot, die Kinder bekommen einen guten Milchbrei, die Erwachsenen herrliche Bratkartoffeln.

Dann werden Nachtlager für uns hergerichtet, für Bützer werden zwei Sessel zusammengeschoben, so hat er ein schönes Bett, aus dem er nicht herausfallen kann. Auch Gudrun und Jürgen liegen schon, da kommt ein Diener vom Schloß und richtet aus, die Frau Baronin möchte mit den Kindern ins Schloß hinüberkommen. Ich bin zu müde und abgespannt, möchte auch die Kinder nicht mehr aufnehmen. Ich lasse schön danken und ausrichten, daß wir gut untergekommen sind. Leider weiß ich weder den Namen des Gutes noch den der Besitzer. Frau Gropius hat in ihrem Bericht Pönitz als Namen des Gutes angegeben, aber auf meiner Karte ist ein solches Gut mit einem Schloß nicht vorhanden, es könnte sich um Kloxin oder Kossin handeln.

Als die Kinder zur Ruhe gebracht sind, gehe ich noch ins Dorf, um auf unsere Marken einige Lebensmittel einzukaufen. Beim Gasthaus treffe ich noch einige unserer Karlsdorfer Bauern. Über den

Verbleib der Grocholiner Wagen können sie nichts aussagen, sie haben nur Gerüchte gehört, daß russische Panzer vor Scharnikau den Treck überrollt haben.

Leider haben wir am nächsten Morgen eine silberne Frühstücksgabel, die ER gezeichnet ist, mit eingepackt, ich habe sie verwahrt und möchte gern, daß sie einmal an die rechtmäßigen Besitzer zurückgegeben wird.

Sonnabend, 27. Januar
Groß Schönfeld

Auf Vorschlag von Frau Gropius fahren wir am nächsten Morgen über Pyritz-Bahn nach der Domäne Groß-Schönfeld zu ihrer Freundin, Frau Stein. Dort können wir erst einmal richtig ausruhen und dann weitersehen.

Mir kommen Bedenken, nach Friedrichsfelde zu gehen, da es ja Ziel der Russen ist, in Berlin einzumarschieren, und bisher von einem Aufhalten ihres Vormarsches nichts zu hören ist. Im Gegenteil hören wir am Nachmittag wieder Geschützdonner in der Ferne von Südosten. Das beunruhigt mich sehr. Hinter Pyritz kommen uns eine Reihe leerer Wagen entgegen. Es heißt, sie sollen Flüchtlinge abholen, die mit dem Zug aus Schneidemühl gekommen sind. Von der Bahn aus telefoniert Frau Gropius mit Groß-Schönfeld und gibt Bescheid, daß wir in zwei Stunden eintreffen werden. Gegen 18 Uhr sind wir dort. Wir werden herzlich aufgenommen, alles ist für uns vorbereitet. Jeder bekommt ein frisch bezogenes Bett, obwohl Frau Stein schon Flüchtlinge aus Pommern und einige ausgebombte Frauen aus Berlin aufgenommen hat.

Die Hilfsbereitschaft ist groß. Eine junge Berlinerin schenkt mir ein Paar reinseidene Strümpfe.

Bützer macht uns große Sorgen. Er hat einen schweren Brechdurchfall bekommen und fällt sichtbar zusammen. Zuerst mit Tee, dann mit teelöffelweise stündlich im Wechsel gegebenen Eiweißwasser und dünnem Haferschleim beruhigen sich Magen und Darm im Laufe des Tages.

Wir hatten geplant, etwa eine Woche in Groß-Schönfeld zu bleiben und von dort aus zu ergründen, wo wir mit unseren Pferden am besten unterkommen könnten. Auch brauchen unsere Pferde dringend eine Ruhepause. Aber die Unruhe und Angst vor den Russen greift auch hier um sich. Wilde Gerüchte von den Greueltaten der Russen sind im Umlauf: Alle Frauen werden von ihnen vergewaltigt, nicht bloß einmal, sondern oft hintereinander, so daß sie dann verbluten und sterben. Selbst zwölfjährige Mädchen werden nicht verschont. Die Russen sind wie Bestien. Männer werden erschossen oder nach Rußland verschleppt, auch Jungen von vierzehn Jahren. Auf allen Gütern wird gepackt. Wir beschließen, am Montag weiterzufahren. Ludwig meldet, daß Uhu so stark lahmt, daß er mit ihm hierbleiben will. Frau Gropius desinfiziert und behandelt die Entzündung (Kronentritt). Von Onkel Münte trifft ein Telegramm ein, daß wir nicht nach Friedrichsfelde kommen sollen. Wohin sollen wir trecken?

Sonntag nachmittag verstärkes Schießen von Südosten. Gerüchte, die Russen belagern Küstrin, die Russen bei Königsberg-Neumark, die Russen im Vormarsch auf Berlin, die Brücken über die Oder sollen gesprengt werden! Frau Stein beschließt, am Dienstag zu trecken. Später hören wir von Frau Gropius, daß sie in Mecklenburg hängengeblieben ist und ihr dort die letzten Pferde weggenommen wurden.

Montag, 29. Januar, bei Schwedt über die Oder

Montag früh fahren wir weiter, auch Ludwig kommt mit. Es ist trübe und frostig kalt. Bis zur Oder geht die Strecke nach Westen, dann biegt sie bei Nipperwiese scharf nach Süden um und wir fahren an der Oder entlang. Schöne, alte Bäume umsäumen den Weg, es mögen Rüstern sein, aber alle sind der Zerstörung geweiht. Etwa in einer Höhe von einem halben Meter ist jeder Baum angesägt und eine Sprengladung an seinem Stamm befestigt. Sie sind miteinander verbunden und sollen gezündet werden, wenn die Russen sich nähern, und als Panzersperre dienen. So wird Gottes schöne Welt in das Zerstörungswerk der Menschen miteinbezogen. Je weiter wir fahren, um so stärker hören wir schießen in südöstlicher Richtung, es kann gar nicht sehr weit sein, dort liegt Königsberg in der Neumark. Wir atmen auf, als die Brücke erreicht ist. Soldaten stehen Posten zu ihrer Bewachung. Auch an den Brückenpfeilern sind Sprengladungen angebracht. Noch ist die Brücke heil, sicher fahren wir auf ihr über die Oder und das Oderbruch an das jenseitige Ufer nach Schwedt.

Der große Marktplatz in Schwedt ist voller Treckwagen. Dicht bei dicht stehen sie da, Mittagspause für Mensch und Tier. Auch wir legen eine Ruhepause ein, es ist 2 Uhr nachmittags. Ein Mann und eine Frau kommen auf mich zu und sprechen mich an: „Sie sind doch Frau von Rosen aus Jürgensburg?" Ich bejahe. Ob die Wagen aus Stolenschin auch bald kämen? Mit ihnen sei Frau Werner mit den beiden Söhnen gefahren, während die fünf Jahre alte Renate mit ihnen gefahren sei, da sie gerade bei ihnen zu Besuch war. Ich kann ihnen nur sagen, daß wir Koerners vor Margonin gesehen haben.

Ich versuche zu erfahren, wohin die Trecks aus dem Kreise Schubin fahren sollen. Es gibt in Schwedt keine Stelle, die Auskunft geben kann. Gerüchtweise heißt es, daß die Trecks nach Neuruppin fahren sollen. Davon rät mir Herr Fürholzer dringend ab, wir könnten abgeschnitten werden und zwischen die Fronten geraten. Auch bestünde die Gefahr, daß im Norden die Schweden in den Krieg eingreifen. Er rät immer wieder, nach Berlin zu gehen und südlich zu trecken, wenn wir nicht in Friedrichsfelde bleiben können.

In Richtung Angermünde fahren wir weiter. Es schneit stärker und der Westwind treibt uns den Schnee ins Gesicht. Als es dunkel wird, versuchen wir, ein Quartier zu finden, was sehr schwierig ist. Als wir an der Einfahrt zu einem großen Gutshof vorbeikommen, halten wir an. Es ist dunkel, aber man kann die Umrisse eines großen Schlosses erkennen. Den Namen des Gutes weiß ich nicht, auch nicht den Namen seiner Besitzer, vielleicht ist es Dobberzin.

Nach den gemachten Erfahrungen gehe ich selbst, um Quartier zu bitten. Mit Bützer auf dem Arm und Gudrun an der Hand gehen wir in das große Schloß. Am Ende eines langen, nur mäßig erleuchteten Flurs (Verdunkelung) höre ich Stimmen hinter einer großen Tür. Mehrere Menschen sind im Raum, ein gut aussehender älterer Herr kommt uns entgegen. Ich stelle mich als Baronin Rosen aus Grocholin vor und bitte um Aufnahme und um die Möglichkeit, unsere zehn Pferde unterzustellen. Die Antwort lautet: „Es ist leider unmöglich, wir sind völlig belegt." Ich bitte erneut: „Sie werden doch in Ihrem großen Schloß vielleicht einen Platz für uns haben, und sei es im Flur, wir haben Matratzen und Decken und brauchen nur ein Dach über dem Kopf, wir können heute nicht mehr weiter. Morgen früh fahren wir wieder." Eine junge Dame tritt zu uns und sagt: „Papa, mein Salon ist noch frei", und zu mir gewandt: „Kommen Sie". Sie führt uns eine Treppe hinauf in ihr hübsches Zimmer. Ich bin erleichtert und dankbar für die Hilfe.

Während die anderen das Zimmer für die Nacht herrichten, die Möbel zur Seite rücken, den Teppich einrollen und unsere Matratzen holen, bemühen sich Frau Gropius, Hans-Kunibert und ich, die Pferde unterzubringen, die alte Dame aus dem Schloß hilft uns dabei. Für Aller, Flagge und die beiden jungen Stuten Rottraut und Boe findet sich noch Platz in einem Stall, die übrigen sechs Pferde werden in einer nahen Feldscheune untergestellt, wo sie gegen den Wind geschützt sind. So haben Mensch und Tier auch für diese Nacht eine Herberge gefunden, viel Grund, dankbar zu sein.

Beim Umherwandern in dem großen Schloß trifft Hans-Kunibert auf Ernstchen Koerner, der nimmt ihn mit zu seinen Eltern. Sie bewohnen ein großes Zimmer mit drei Betten und laden Hans-Kunibert ein, bei ihnen zu schlafen. Aber Hans-Kunibert bleibt bei uns. Ich bin am Abend zu ihnen gegangen. Dr. Koerner-v. Gustorf, seine Frau und sein Sohn sind schon am Donnerstag nachmittag, am 18. Januar von Koernersfelde abgefahren, also noch an dem Tage, als ich Frau Koerner im Zuge getroffen habe. Tante Trudchen hat mir aber keinerlei Andeutungen in der Hinsicht der drohenden Gefahr gemacht, auch nicht für die drei Koerner-Mädchen in Stolenschin und ihre Pflegemutter Fräulein Werner. So sind sie ganz in Ruhe bis hierher getreckt, wollten auch noch länger bleiben.

216

Wir Flüchtlinge aus Grocholin haben auf unseren Matratzen, mit Decken und Pelzen zugedeckt, geschlafen, nur Ludwig schläft bei den Pferden. Um 5 Uhr stehe ich auf. Auf einer kleinen Kochstelle in einer Ecke des Flurs kann ich eine Morgensuppe für uns alle kochen. Dabei treffe ich Frau v. Lehmann-Nitsche, die, gleich uns, auf der Flucht ist. Frau Gropius und Hans-Kunibert sind zu den Pferden gegangen, Fräulein Asta bleibt bei den Kindern, betreut vor allem Bützer, der seinen schweren Durchfall überwunden hat.

Nachdem alle gefrühstückt haben, werden Matratzen und Decken wieder auf die Wagen gepackt und im Salon die ursprüngliche Ordnung wiederhergestellt. Als die junge Dame des Hauses hereinkommt, können wir uns bei ihr für ihre Hilfsbereitschaft bedanken. Draußen wird es hell, die Pferde sind angespannt, wir steigen auf und fahren weiter. Es ist 7 Uhr.

Dienstag, 30. Januar

Der Schneesturm hat über Nacht aufgehört. Wir fahren nach Eberswalde, unterwegs kann ich in Serwest ein Telegramm an Hans aufgeben. An einer großen Chausseekreuzung in Eberswalde stoßen wir auf viele Treckwagen, die aus Richtung Küstrin kommen, darunter auch Nickel Kiehn aus Schubinsdorf. Leider ist an ein Stehenbleiben nicht zu denken; auf meine Frage: „Wohin?" antwortet er: „Nach Neuruppin." Auch Frau Gropius ist dafür, nach Neuruppin zu trecken. Ich will aber zunächst nach Friedrichsfelde fahren, einmal weil ich es unseren Leuten in Grocholin gesagt habe, zum anderen erhoffe ich mir Rat und Hilfe von Onkel Münte. Sicherlich bin ich auch durch Herrn Fürholzer beeinflußt, der immer wieder abrät, nach Neuruppin zu fahren. (Heute frage ich mich, ob er vielleicht nur sich und seine Koffer sicher nach Berlin bringen wollte.)

In Spechtshausen finden wir auf dem Gelände der großen Papierfabrik ein gutes Unterkommen. Unsere Pferde kommen in einen sauberen, gekachelten Stall, der früher einmal für Turnierpferde bestimmt war. Hier ist eine Sammelstelle für Flüchtlinge der Parteistellen eingerichtet, Frau Gropius trifft eine NSV-Schwester aus Strykow bei Lodz.

Mittwoch, 31. Januar, Bernau-Berlin

Ausgeruht fahren wir am nächsten Morgen weiter, Richtung Berlin. Das Wetter ist umgeschlagen, die Luft ist milde. Solange wir durch die großen Wälder fahren, liegt noch Schnee, aber danach wird die Straße frei, der Schnee ist verschwunden. Jetzt haben die Pferde es leichter. Gegen halb drei Uhr am Nachmittag höre ich hinter mir leichtes Räderrollen und eine bekannte Stimme ruft: „Guten Tag, Frau von Rosen!" Es ist Frau Kunkel aus Rostau. Eine Weile fahren wir nebeneinander her. Sie erzählt, daß die russischen Panzer den Exiner Treck eingeholt haben, was im einzelnen geschehen sei, wisse sie nicht. Das Schießen und Schreien wäre furchtbar gewesen. Als sie die Panzer sah, hat sie ihrem Kutscher die Zügel aus der Hand genommen, hat mit der Peitsche auf die Pferde eingeschlagen und ist herunter von der Straße und über die Felder gejagt. Bei Filehne ist sie über die Netze gefahren. Im Wagen ihre kleine Tochter Helga, ihre Schwägerin mit ihrem Baby und die alte Großmutter ihres Mannes. Was aus ihrer Schwiegermutter geworden ist, die auf einem anderen Wagen fuhr, weiß sie nicht. Der Mann von Frau Kunkel ist 1943 in Rußland gefallen. Der Schock ist ihr noch heute anzumerken. Die alte Großmutter sei durch die Ereignisse ganz verwirrt im Kopf. Sie drängt vorwärts, kann auch schneller fahren, ich muß auf unsere Wagen warten. So trennen wir uns, uns gegenseitig gute Wünsche und Auf Wiedersehen sagend.

Gegen 17 Uhr sind wir in Bernau, noch bis Friedrichsfelde zu fahren ist unmöglich. Die Pferde sind müde, Uhu kann mit seinem schlimmen Fuß kaum noch weiter. Da finden wir neben einer Fleischerei an der Straße einen leeren Stall, in dem wir die Pferde unterstellen dürfen und die Wagen auf den dazu gehörenden Hof stellen können. Wir beschließen (eigentlich Frau Gropius), daß ich, die Kinder, Fräulein Asta und Frau Fürholzer mit der S-Bahn nach Friedrichsfelde fahren, die anderen wollen bei den Pferden bleiben und auf den Planwagen schlafen. Ich melde uns telefonisch bei Onkel Münte an, dann fahren wir schnell und bequem mit der S-Bahn nach Friedrichsfelde.

Friedrichsfelde

Frau Fürholzer fährt gleich weiter in ihre Wohnung, wir, die Kinder, Fräulein Asta und ich gehen zu Fuß vom Bahnhof zum Schloß, durch das hohe, schmiedeeiserne Tor, die schöne Lindenallee entlang, bis wir vor der Eingangstür stehen.

Onkel Münte begrüßt uns herzlich, doch dann kommt die Frage, ob ich sein Telegramm nach Groß Schönfeld nicht bekommen hätte. Ich bestätige das Telegramm, sage ihm, daß ich nicht gewußt hätte, wohin wir uns wenden sollten, und daß ich hoffe, daß er uns weiterhelfen könne. Onkel Münte hat einen genauen Plan aufgestellt, wie wir untergebracht werden sollen, den er mir schriftlich überreicht. Im großen und ganzen haben wir uns danach gerichtet. Da die drei Kleinen sich nicht von mir trennen wollen, schlafe ich mit ihnen in einer Gaststube. Im schönsten Gastzimmer gegenüber mit eigenem, grün gekacheltem Bad und einem Klingelzug wohnt Baroneß Barbara nun allein. Für Hans-Kunibert und Reinhold ist ein Gastzimmer auf der anderen Seite des Flurs gerichtet.

Ich bin dankbar, daß ich heute nicht an fremden Türen um Aufnahme bitten muß. Hier sind wir keine namenlosen Flüchtlinge, hier sind wir halb zu Hause, der Tisch ist auch für uns gedeckt. Mit Onkel Münte essen unsere drei Großen und ich in seinem Eßzimmer, Kurt serviert, und wenn es nur ein paar Wurstscheiben sind, die er auf silberner Platte herumreicht. Der gepflegte, herrschaftliche Stil wird gewahrt.

Als die Kinder gebadet und versorgt in ihren sauberen Betten liegen, ich mit ihnen gebetet und Gute Nacht gesagt habe, bin ich hinunter gegangen in Onkel Müntes kleines Wohnzimmer, wo er schon auf mich wartet. Über dem Sofa hängt das in Lebensgröße gemalte Ölbild seiner Mutter Adelheid, geb. Gräfin Haeseler, die er sehr geliebt und verehrt hat. Bis oben hin hängen die Wände voller Bilder, darunter auch das Bild vom Portal des „Alten Schlosses“, das wir ihm zu seinem 70. Geburtstag geschenkt haben. Auf einer Kommode stehen Fotografien von den Menschen, die ihm nahestehen, darunter Fotos von uns und den Kindern. Onkel Münte, immer noch ein wenig ungehalten darüber, daß wir gekommen sind, erklärt mir, daß wir nur vorübergehend in Friedrichsfelde bleiben können, er kann mir auch keinen Ort nennen, wo ich mit den Kindern und den Pferden aufgenommen werden kann. Das ist eine große Enttäuschung für mich. Ich sage ihm zu, daß wir so bald wie möglich Friedrichsfelde verlassen, sobald ich weiß, wo wir Aufnahme finden können. Enttäuscht ist Onkel Münte, daß ich seinen großen Koffer, den er in Grocholin ausgelagert hat, nicht mitgebracht, ja nicht einmal aufgeladen habe. Onkel Münte ist achtzig Jahre alt. Ein Leben lang hat er sich bemüht, ein guter Sachwalter seines ererbten

Besitzes zu sein, ihn zu mehren und weiterzugeben. Nun muß er am Ende seines Lebens erleben, wie diese seine Welt zusammenbricht.

Ich bin froh, als ich endlich auch schlafen gehen kann. Unsere drei Kleinen schlafen so friedlich in ihren Betten. Dankbarkeit gegen Gott, der uns bis hierher gnädig geführt hat, erfüllt mein Herz, Ihm will ich uns weiterhin anvertrauen.

Ich bin kaum eingeschlafen, zu viel bewegt mich an diesem Tag, da heulen die Sirenen: Fliegeralarm! Der erste in unserem Leben. Bärbel wecken, die Kinder aufnehmen und in Eile anziehen, Jürgen ist nicht wach zu kriegen. Die Jungens und Fräulein Asta kommen gelaufen. Ich nehme den schlafenden Bützer auf den Arm und wir eilen alle hinunter in den Luftschutzkeller. Der ist gut hergerichtet, rundherum Bänke an den Wänden, in der Mitte, an einem Pfeiler, steht ein Armsessel für Onkel Münte, den „Fürsten von Friedrichsfelde". Eine Menge Menschen strömen herein, die alle zum Schloß gehören. Da sitzen wir nun ohnmächtig im Keller und hören rundherum die Bomben detonieren. Ein schauderhaftes Gefühl, wehrlos den Bomben ausgeliefert zu sein. Nach einer halben Stunde ist Entwarnung und wir können in unsere Zimmer hinaufgehen.

Der nächste Tag ist Sonntag. Eine Woche ist es erst her, seit wir bei eisiger Kälte in Grocholin aufgebrochen sind.

(Dies ist offensichtlich ein Irrtum — es handelt sich um Donnerstag, den 1. Februar, also elf Tage nach dem Beginn der Flucht.)

In Schneesturm und Kälte sind wir getreckt. Jetzt ist es milde geworden, über Nacht ist aller Schnee geschmolzen. Die Luft ist weich und frühlingsnah. Die Kinder tummeln sich im Park. Sie sind glücklich, frei herumlaufen zu können, freuen sich an den wilden Kaninchen, an den Tauben und den schönen weißen Pfauen.

Gegen Mittag treffen unsere Wagen in Friedrichsfelde ein, leider ohne Uhu, den sie in Bernau gelassen haben, damit sein schlimmes Bein heilt. Ludwig will ihn am nächsten Tag holen. Wir haben ihn nicht wieder gesehen, sie haben ihn dort geschlachtet, sie haben es getan, weil es in Berlin sehr wenig zu essen gibt. Nun haben wir nur noch neun Pferde. Auch ist ein Reifen vom gelben Kutschwagen platt und muß zur Reparatur in eine Werkstatt gebracht werden.

Ich berichte Frau Gropius und Fürholzers von dem Gespräch, das ich am Abend mit Onkel Münte gehabt habe. Fürholzers wollen telefonisch anfragen, ob ich in Burkartshain, einem Dorf im Kreise Wurzen östlich von Leipzig, mit dem Treck Aufnahme finden kann. Sie haben dort eine Ausweichwohnung, in der ihre Tochter Karin mit der Großmutter lebt.

Am Nachmittag kommt Ingeborg von Potsdam herüber, nachdem ich am Vormittag schon mit ihr telefoniert habe. Sie hätten nicht geahnt, in welch großer Gefahr wir uns befunden hätten, wären durch unser Telegramm völlig überrascht worden. Mutter hätte sich am Bruch operieren lassen, läge im Krankenhaus, würde in diesen Tagen herauskommen. Sie bringt mir einige Paar Strümpfe mit, um die ich gebeten habe, da ich nur Wäsche besitze, die ich im Handköfferchen bei mir habe, einmal zum Wechseln. Ingeborg bestellt mir Grüße von Mutter Annchen, die sagen läßt, daß ich jederzeit mit den Kindern zu ihnen nach Potsdam kommen kann. Mit Ingeborg bin ich einig, daß es für uns nicht ratsam ist, nach Potsdam zu gehen, schon allein wegen der vielen Luftalarme und Bombenangriffe. Auch könnte ich dort die Pferde nicht unterbringen.

Ich berichte über unsere Flucht, erzähle, daß der Leiterwagen, auf dem auch der Reisekorb aus Potsdam war, vor Scharnikau stehengeblieben ist und Herr N. ihn dort gesehen hat, aber nicht heraus gebracht hat. „Und der Brief von Friedrich dem Großen?" fragt Ingeborg. „Ja, der ist auch auf dem Wagen, und zwar in der eisernen Kassette mit den Gutspapieren, die Frau Gropius unten in den Bettkasten gelegt hat." Während ich noch Hoffnung habe, daß wir die Sachen eines Tages wiederbekommen, sieht Ingeborg sie als verloren an, meint aber, das Wichtigste wäre ja, daß wir alle gesund herausgekommen sind.

Am späten Abend ist wieder Fliegeralarm und wieder müssen wir hinunter in den Keller. Beim Frühstück erklärt mir Onkel Münte, daß sein Luftschutzkeller nicht für alle reiche. Ich will so bald wie möglich weiterfahren. Die Luftangriffe sind mir unheimlich, noch unheimlicher aber ist der wieder stärker zu hörende Kanonendonner, der heute morgen so stark ist, daß die Fensterscheiben klirren. Die Russen belagern Küstrin.

Herr Fürholzer hat angerufen, daß wir in Burkartshain unterkommen können, seine Frau ist heute schon gefahren und will unsere Unterbringung vorbereiten. Wir hatten besprochen, daß ich mit den Kindern und Fräulein Asta mit der Bahn fahre und Frau Gropius und Ludwig mit den Pferden und Wagen nachkommen. Frau Gropius und ich fahren zum Anhalter Bahnhof, um die notwendigen Reisegenehmigungen zu erhalten. An der dafür eingerichteten Stelle (Frau Gropius schreibt im Excelsior) drängen sich Hunderte von Flüchtlingen, die gleich uns mit der Bahn weiterfahren wollen. Schließlich habe ich die Genehmigungen und wir können auf dem Bahnhof die Fahrkarten kaufen und uns nach den Zügen erkundigen. Zurückgekehrt, teile ich Onkel Münte mit, daß wir am nächsten Morgen mit dem Zug nach Burkartshain fahren werden und daß Frau Gropius und Ludwig nachkommen werden. Onkel Münte nimmt die Nachricht ohne besondere Anteilnahme auf, bietet an, daß Kurt helfen soll, uns mit dem Friedrichsfelder Kutschwagen zur Bahn zu bringen. Beim Abschied schenkt er uns seinen großen, schwarzen Pelerinenmantel, er brauche ihn nicht und ich könnte für die Kinder etwas daraus arbeiten lassen. An Geld, um das ich noch gebeten habe, käme er nicht so schnell heran.

Wenn er es uns auch nicht zeigt, scheint ihm der Abschied von den Kindern schwer geworden zu sein. Er schreibt mir am 17. 2.: „Ich bitte, alle lieben Kinder recht herzlich von Oheim Sigismund zu grüßen. Als ich sie wiedersah, war mir zumute, als hätten mich nicht fast drei Jahre von ihnen getrennt, so vertraulich und lieb hab ich sie alle wiedergefunden." Er macht sich auch Gedanken um unsere Zukunft. Er schreibt an Hans auf einer Karte, die dieser am 25. 3. in Kurland mit Feldpost erhalten hat: „Ich überlege mit Dr. St., welche Werte ich Dir überweisen könnte, ich dachte an ein Haus in der Parksiedlung Enckevortweg 9 und vielleicht eine Hypothek auf einem Gute in Mecklenburg. Eine 4prozentige Verzinsung ist im Interesse der Kindererziehung auf lange Jahre festgelegt. Die Schenkungssteuer würde ich begleichen, damit die Sache bei meinem Tode in Ordnung geht. Wie denkst Du darüber? Herzlichst O. S."

Leider ist es zu einer Ausführung dieser Gedanken nicht mehr gekommen.

Früh am anderen Morgen verabschieden wir uns von Onkel Münte, von Fräulein Schneider und der alten Martha. Kurt und Frau Gropius bringen uns mit den beiden Jagdwagen zum Anhalter Bahnhof. Eine ungewisse, fremde Zukunft liegt vor uns.

Auf dem Bahnhof wimmelt es von Flüchtlingen, die alle weiterwollen. Wir haben Mühe, zusammen zu bleiben und den richtigen Bahnsteig zu finden. Als der Zug mit Verspätung einläuft, erhebt sich ein wahrer Ansturm auf die Waggons. Hans-Kunibert, Reinhold und Bärbel gelingt es, in den Zug zu kommen und Plätze frei zu halten. Mit Hilfe einer netten NSV-Schwester kommen auch Fräulein Asta und ich in den Zug. Dann reicht sie Jürgen, Gudrun und Bützer durch das Fenster zu uns hinein, auch unser weniges Gepäck.

Statt um 9.30 Uhr fahrplanmäßig, setzt sich der Zug erst kurz vor 10 Uhr langsam in Bewegung. Wir sind kaum eine halbe Stunde gefahren, als der Zug auf freier Strecke hält. Wir sind vor Jüterbog. „Alles aussteigen, feindliche Flugzeuge im Anflug!" Also heraus, den Bahndamm heruntergerannt und über die Felder in den nahen Wald. Da hocken wir nun zwischen den hohen Kiefern inmitten der Kinder, dicht an die Erde gekauert, und sehen über uns riesige Schwärme von Flugzeugen, Hunderte. In großen Wellen brausen sie heran und donnern über uns hinweg. Wie silberne Riesenvögel blinken sie im Sonnenlicht, ein großartiger Anblick, und bringen doch Tod und Verderben, Trümmer und Brand, Blut und Tränen über das Land und über die Städte, über Mensch und Tier und alle Kreatur.

Der Tag ist so schön, die Sonne scheint, eine Ahnung von Frühling liegt in der Luft. Das Leben könnte so schön sein, wenn der Mensch nicht Schrecken und Tod verbreitete. Während wir im Walde Deckung suchen, der Zug still und leer auf den Gleisen steht, donnern die Flugzeuge nach Berlin und belegen den Anhalter Bahnhof und alles rundherum mit einem dichten Bombenteppich. Die

Gegend um den Anhalter sinkt bei diesem Großangriff der Engländer buchstäblich in Schutt und Asche. Schon im Zug hören wir, daß der Bahnhof völlig zerstört ist und es viele Tote gegeben hat. Es ist noch keine Stunde her, seit wir aus diesem Bahnhof herausgefahren sind. Gott hat seine Hand über uns gehalten. Was mag aus Frau Gropius und Kurt geworden sein? Aus den Pferden? Sind sie rechtzeitig vor dem Angriff nach Friedrichsfelde zurückgekommen?

In Burkartshain

Das folgende Vierteljahr ist verhältnismäßig so friedlich verlaufen, daß es gerechtfertigt erscheint, gekürzt darüber zu berichten und erst zum Abschluß dieser Zeit wieder auf den Fluchtbericht zurückzugreifen.

In dem Dorfe Burkartshain, südöstlich von Wurzen an der Mulde — 20 Kilometer von Leipzig entfernt — bewohnten die Grocholiner das Obergeschoß eines kleinen Häuschens, das einem netten alten Schäfer gehörte. Frau Gropius und Ludwig kamen am 7. 2. nach anstrengender Fahrt, aber heil mit den Wagen an. Als die ersten Flüchtlinge im Dorf wurden sie allgemein gut behandelt. Es fand sich sogar eine alte Lehrerin, die die älteren Kinder unterrichtete. Eva erhielt die staatliche Unterhaltshilfe für Flüchtlinge.

Aus der Entfernung erlebten sie die Zerstörung Dresdens, aus geringerer Entfernung die schweren Luftangriffe auf Chemnitz und Leipzig — sie mußten selbst in den Keller gehen. Eva wäre gern weiter nach Westen gegangen, doch erwies sich dies als undurchführbar. Frau Gropius hatte eine hartnäckige Nervenentzündung, Hans-Kunibert brach sich den Fuß, auch waren die Pferde teilweise noch nicht wieder einsatzfähig. Vor allem aber erhielt sie Absagen von überall, wohin sie sich gewandt hatte, auch aus dem Kreise Celle, wohin die Schubiner Trecks aus Neuruppib geleitet worden waren. Ein Streiflicht aus dem Fluchtbericht, ein Auszug aus einem Brief vom 6. März, Jürgens siebentem Geburtstag, gibt ein Bild ihres Lebens:

„Ich habe ihm seinen Geburtstag so schön wie möglich gemacht, und er war auch ganz glücklich. Vor allem erfreute ihn ein Heftchen gummiertes Buntpapier. Außerdem hatte ich ein Malbuch und ein kleines Büchlein für ihn. Auch Fürholzers brachten einige Kleinigkeiten und Brigitte hatte für ihn etwas mitgeschickt und Oma schickte ihm einen aus Holz gesägten Däumling in Siebenmeilenstiefeln, an die Wand zu hängen. Er freute sich über alles. Der Bäcker hatte ihm eine schöne Torte mit einer 7 gebacken und zur Feier des Tages brauchte er nicht zur Schule zu gehen. Es war nur schade, daß Du nicht bei uns sein konntest und daß uns auch kein Gruß von Dir erreichte. — Wir haben wieder viel Alarm. Ich habe heute die Kinder wieder ihre Rucksäcke packen lassen, damit wir nicht noch die letzten Sachen verlieren. Aber ich hoffe und bete, daß Gott uns von Bomben verschont. Es geht uns den Umständen entsprechend gut. Ich sitze viel im Zimmer und stopfe, es reißt ja dauernd etwas kaputt bei sechs Kindern. Hans-Kuniberts Fuß geht es besser, der regelmäßige Unterricht tut den Kindern gut. Die Kocherei klappt auch. Haschi hat sich zu heute Erbsensuppe und Eierkuchen gewünscht. Das hat es auch gegeben und hat allen herrlich geschmeckt. Sonst will ich die Erbsen nicht angreifen, ich hoffe, sie als

Saat zu Hause zu gebrauchen. Es sind noch Erbsen von der Ernte
1943. So spinnen wir schon neue Pläne, ich glaube ganz fest an unsere Heimkehr."

Aber der so sehnlichst erhoffte deutsche Gegenschlag blieb aus —
die deutschen Kräfte waren am Ende. Vom Westen kamen die Amerikaner, die aber an der Mulde stehenblieben, vom Osten die Russen.
Sie standen bei Torgau an der Elbe. Der Luftkampf tobte weiter
über Deutschland, die Auflösung begann. Wehrmachtseinheiten be-
schlagnahmten Grocholiner Pferde und Wagen gegen ein wertloses
Stück Papier.

Am Abend des 30. April wurde Wurzen von Westen her beschossen, danach kamen Amerikaner nach Burkartshain. Die Flüchtlinge
atmeten auf. Aber es dauerte nur wenige Tage. Noch einmal geraten
die Grocholiner in größte Gefahr. Es heißt in dem Fluchtbericht:

„Eines Tages kommt Herr v. Seckendorf zu mir. Er hat von einem
Amerikaner erfahren, daß das Land bis zur Mulde den Russen überlassen wird. Er will nun versuchen, mit seiner Familie und all den
Menschen, die bei ihm Zuflucht gesucht haben, über die Mulde zu
kommen. Er hat auf der anderen Seite der Mulde ein Gut bei Treb-
sen, der Gutshof liegt direkt am anderen Ufer. Uns könne er leider
nicht mitnehmen, da sie schon so viele Menschen seien, aber er wollte mir Bescheid sagen, vielleicht fände auch ich eine Möglichkeit,
über die Mulde zu gelangen. Es beeindruckte mich sehr und beeindruckt mich noch heute, als ich dies nach vielen Jahren aufschreibe,
daß Herr v. Seckendorf in dieser gefahrvollen Zeit zu mir, der für
ihn Fremden, gekommen ist, um mich über die Lage zu unterrichten. Die Nachbarn daheim, so weit sie noch da waren, haben es
nicht fertiggebracht. Jahre später höre ich von Joscha, daß es ihnen
nicht geglückt ist, über die Mulde zu kommen, daß sie alle nach
Künitzsch zurückmußten und später mit vielen anderen Gutsbesit-
zerfamilien auf die Insel Rügen verschickt wurden.

Frau Gropius hat erfahren, daß im Nachbardorf ein Lager von
Textilien geräumt wird. Mit dem Ponywagen fahren wir hin und
kaufen ein, was wir bekommen können: Stoff zu einem blauen
Anzug, Drillich zu Schürzen, Nessel für Bettwäsche und Kleider.

Die Russen kommen!

Auf der Rückfahrt sehen wir Hans-Kunibert und Reinhold über
das Feld neben der Straße laufen. „Wir haben russische Panzer gesehen!", rufen sie uns zu, dann laufen sie schnell weiter. Sie sind bei
dem abgeschossenen Flugzeug gewesen und haben dort Munition gefunden und mitgenommen. Als sie die russischen Panzer sahen,
haben sie Angst bekommen und haben die Munition in den Hosen-
beinen ihrer Trainingshosen versteckt. Damit sind sie dann über den
Acker gelaufen. Die Patronen haben sie in Herrn Fischers Ziegen-

stall versteckt. Sie haben wohl nicht geahnt, welch großer Gefahr sie sich ausgesetzt haben. Wie leicht hätte ein Unglück mit der Munition passieren können, es waren nicht nur leere Hülsen, die sie mitgenommen hatten.

Die Nacht zum 5. Mai ist voller Unruhe. Am Morgen sind alle Amerikaner fort, einige Stunden später kommen die Russen nach Burkartshain. Ich habe sie kommen sehen. Gerade habe ich zwei Damen aus Schlesien aufgesucht, deren kleine Flüchtlingswohnung an der Dorfstraße nach Osten liegt, als wir Pferdegetrappel und Gejohl hören. Am Ende der Dorfstraße kommen in schneller Fahrt Panjewagen voller Russen gefahren. Mit lautem Geschrei treiben sie ihre kleinen Kosakenpferde vorwärts. Eiligst laufe ich zu meinen Kindern, der Schreck sitzt mir in allen Gliedern. Wir rühren uns nicht aus dem Haus. Am nächsten Morgen durcheilen erste Schauermeldungen das Dorf. Dreißig Frauen sind vergewaltigt worden. Wir machen uns so unansehnlich wie möglich, binden dunkle Kopftücher um und ziehen graue Kleider an. Am Abend die Nachricht: Die Russen gehen in die Häuser und suchen Frauen und Mädchen. Frau Gropius ruft: „Russen kommen, schnell weg!" Da nehme ich Bärbel an die Hand und wir rennen an Schuppen vorbei, durch eine Scheunendurchfahrt auf einen abseitigen Hof an der Rückseite der großen Bauernhäuser und Gärten. Dort kauern wir uns dicht an einen Holzschober und hören entsetzt das Schreien und Schießen aus dem Dorf. Erst als es ganz dunkel ist und ganz still geworden, wagen wir uns aus unserem Versteck und schleichen vorsichtig in unsere Wohnung, wo man schon sehr auf uns wartet. Es ist kein Russe in die Wohnung gekommen.

Am nächsten Tag kommt Dr. Thieß, um nach seiner Familie zu sehen. Als Arzt hat er einen Dauerpassierschein. Er versucht, uns zu beruhigen, meint, eine Vergewaltigung wäre auch zu ertragen, während es uns ganz ungeheuerlich dünkt. Er will versuchen, für uns beim schwedischen Konsul einen Passierschein zu besorgen, mit dem wir nach Schweden weitertrecken können. Erst nach drei Tagen wird er wiederkommen, seine Frau und Tochter nimmt er heute schon mit.

Frau Gropius bindet eine Wäscheleine an das Fensterkreuz im Schlafzimmer, damit wir uns an der Rückseite herunterlassen können, falls ein Russe ins Haus kommt. Zum Abendbrot ist Reinhold nicht da. Ich bin beunruhigt, als er endlich erscheint. Er hat Schmiere gestanden für die Hausmädchen vom Gut. Diese haben durch den Hintereingang des Hauses noch Sachen geholt für ihre Herrschaft, die geflohen ist, haben Kleider und Betten hinten über die Mauer geworfen, während vorn an der Einfahrt der russische Posten steht. Reinhold hat zwei Stunden aufgepaßt, um Bescheid zu sagen, wenn jemand kommt, bis ein russischer Soldat ihn bedroht und verjagt hat.

Auch an diesem Abend bin ich mit Bärbel und Asta über die Felder hinter unserem Haus gelaufen und wir haben uns an einem Schober versteckt.

Der Krieg ist zu Ende

Großadmiral Dönitz hat die bedingungslose Kapitulation unterzeichnet, am 8. Mai wird der Waffenstillstand bekanntgegeben. Der Krieg ist aus. Es fallen keine Bomben mehr vom Himmel, es wird nicht mehr geschossen. Der Tag ist schön, die Sonne scheint. Die Kinder sind unten im Hof. Ich höre einen Russenwagen fahren und will die Kinder schnell ins Haus rufen. Da sehe ich, wie der Wagen am Haus hält und ein Russe das Bützerchen auf den Arm nimmt und mit ihm lacht und scherzt. Die anderen Kinder und auch Fräulein Asta stehen drum herum. So harmlos und freundlich konnten sie sein.

Am nächsten Tag kommt Dr. Thieß. Er hat zwar keinen Passierschein für uns, aber er bringt eine Art Schutzbrief, ein „Off Limits" in kyrillischer Schrift. Er schützt uns, als am Abend ein Russe ins Haus kommt. Es ist 10 Uhr, als wir einen Soldaten die Treppe hinaufpoltern hören. Fräulein Asta entflieht schnell ins Schlafzimmer, wo die Kinder schon schlafen, aber da sind auch Bärbel und ein junges Mädchen, das bei uns Schutz sucht, in den Betten bei den Kindern. Frau Gropius und ich sitzen in unseren Mänteln im Zimmer. Hinter dem Russen kommt der alte Schäfer mit seinem kindischen Sohn die Treppe herauf und redet auf den Soldaten ein. Ich stehe auf und halte ihm unseren Schutzbrief vor das Gesicht. Er bleibt stehen, spielt mit seiner Maschinenpistole, um uns einzuschüchtern, sein Gürtel und Schultergürtel sind voll gespickt mit Patronen. Wir versuchen, ihm klarzumachen, daß wir geschützt sind, zeigen auf den Brief und auf uns, er geht nicht. Da holt Frau Gropius den schlafenden Bützer von nebenan und setzt ihn mitten im Zimmer auf den Topf. Da endlich tritt der Russe den Rückzug an. Für diesmal sind wir noch davongekommen.

Aber so kann es doch nicht weiter gehen. Vor allem habe ich Angst um Bärbel, doch auch wir können nicht unter den Russen bleiben. Im Dorf sind Aufrufe angebracht, daß alle Flüchtlinge in ihre Heimat zurückkehren sollen. Es beunruhigt mich sehr. Was würde aus uns werden? Die Sowjets würden uns nicht in Grocholin lassen, entweder würden sie uns umbringen oder sie würden uns nach Sibirien verschicken.

Flucht über die Mulde

Herr Fürholzer teilt mir mit, daß der Neffe von Dr. Thieß, der sich im Thieß'schen Hause versteckt hält (er ist Student, hat im Kriege ein Bein verloren und verbringt hier seinen Genesungsurlaub) beabsichtigt, heute nacht die Mulde zu durchschwimmen, um zu den Amerikanern zu kommen. Hans-Kunibert und Bärbel könnten mit ihm zusammen hinüberschwimmen, er würde sie mitnehmen. Ich packe die Rucksäcke der Kinder, schreibe ihnen die Adressen der Verwandten im Westen auf, gebe ihnen unsere letzten Fotos, Geld und Hans-Kunibert meinen Wappenring. Dann nehme ich Abschied von meinen beiden Großen. Wer weiß, ob wir uns je wiedersehen. Ich befehle sie dem Schutz Gottes, als Karl Thieß um 11 Uhr kommt, um sie abzuholen. Draußen ist es stockfinster, wir haben Neumond.

Nach einer halben Stunde oder ist schon eine Stunde vergangen, kommen sie zurück. Herr Fürholzer hatte Nachricht bekommen, daß die Amerikaner auf jeden schießen, der über die Mulde will. In der vorigen Nacht wäre es gut gegangen, kein Amerikaner wäre an der Mulde gewesen. Ich bin froh, daß meine beiden Großen wieder bei mir sind.

Am Tage darauf wird ein neuer Plan erwogen. Herr Fürholzer hat in Erfahrung gebracht, daß ein Mann bei der Sonnenmühle mit seinem Kahn Menschen über die Mulde setzt. Es kostet 100 Mark pro Person. Herr Fürholzer will seine Tochter Karin mit der Großmutter früh am nächsten Morgen übersetzen lassen. Er schlägt vor, daß Bärbel und Hans-Kunibert sich auch übersetzen lassen, jeder nur mit einem Rucksack. Glückt der Versuch, können wir anderen am Tage darauf nachkommen.

Vor Sonnenaufgang brechen wir auf. Unterwegs treffen wir eine Gruppe von Menschen, die aus der Gegend von Torgau kommen und von fürchterlichen Greueltaten der Russen und Vergewaltigungen berichten. Um 4 Uhr sind wir an der Mulde, bald wird die Sonne aufgehen. Erste Vogelstimmen sind zu hören, sonst ist es ganz still. Der Mann mit dem Kahn steht bereit. Er setzt Frau Schering und Karin über den Fluß, kommt gleich zurück, Hans-Kunibert und Bärbel steigen ein, werden hinübergerudert. Es geht ganz schnell. Die Mulde ist an dieser Stelle nur wenige Meter breit. Es sieht so harmlos, so friedlich aus. Drüben nehmen die Kinder ihre Rucksäcke auf den Rücken, drehen sich noch einmal um und winken still zurück. Dann gehen sie auf einem ausgetretenen Pfad durch das hohe Gras der Wiese, bis sie an einer Wegbiegung meinen Blicken entschwinden. Wir hatten besprochen, daß sie zu Herrn v. Gontard nach Altenhain gehen und dort eine Woche auf uns warten. Wenn wir inzwischen nicht nachkommen, müßten sie allein sehen, wie sie weiterkommen, die Adressen der Verwandten haben sie ja.

Da alles so gut verlaufen ist, beschließen wir, daß unsere größere Gruppe, das sind Fürholzers und wir, Karl Thieß und die beiden Damen aus Schlesien, uns am nächsten Morgen früh übersetzen lassen wollen. Herr Fürholzer spricht mit dem Besitzer des Kahns. Ich spreche mit dem Bauern Weber wegen der Pferde, Flagge ist nicht gesund und Boe kann jeden Tag ihr Fohlen bekommen. Sollen wir sie und das Fohlen gefährden? Herr Weber schlägt vor, auch Boe bei ihm stehen zu lassen, er würde sie gut versorgen und das Fohlen für uns aufziehen. Für die Fahrt bietet er uns den Hannoveraner Wallach Bento an, den er vor einer Woche von den Soldaten bekommen hat. Später können wir die Pferde wieder zurücktauschen. Ich gehe auf seinen Vorschlag ein.

Ludwig kommt, Reinhold hat ihn geholt. Ich unterrichte ihn von unserem Vorhaben, frage, ob er mitkommen will. Er verneint, er wäre gut untergebracht und wolle hierbleiben. So sage ich ihm nur, daß er um 2 Uhr mit dem Jagdwagen vorfahren und uns bis zur Mulde fahren soll. Inzwischen hat Frau Gropius die Bilder ausgerahmt, da die Rahmen hierbleiben müssen. Wir können nur kleines Gepäck mitnehmen, Teppiche, Matratzen und einige Federbetten bleiben da. Der alte Schäfer will alles für uns verwahren. Mit großem Dank verabschieden wir uns von ihm. Wir waren gut bei ihm aufgehoben. Er wollte so gern, daß ich in seine Sekte eintrete, dann würden wir zu den 40 000 gehören, die gerettet würden. Dies wäre erst das Vorspiel, der große Kampf mit dem Teufel käme erst, danach würden nur 40 000 Gerettete übrigbleiben. — Um 2 Uhr 30 fahren wir ab. Aller und Bento ziehen den Jagdwagen, auf dem die zwei Kleinen und die Koffer sind. Glücksfee und Grog ziehen den Ponywagen, der auch voll beladen ist. Mit neun Pferden sind wir nach Burkartshain gekommen, mit nur vier Pferden fahren wir weiter, hoffend, daß wir Flagge und Boe nachholen können. Die hübsche Forelle ist vor einigen Tagen von irgendwo entwichenen Polen (Fremdarbeiter) beim Bauern gestohlen worden.

Das Übersetzen über die Mulde geht reibungslos vor sich. Zuerst fahren Fürholzers hinüber. Dann will ich, daß Asta mit den vier Kindern übergesetzt wird. Aber Frau Gropius besteht darauf, daß ich zu den Kindern in den Kahn steige. Um nicht kostbare Zeit zu verlieren, füge ich mich. Als wir mitten auf dem Fluß sind, sehe ich, wie Ludwig, nachdem er die Koffer abgeladen hat, mit dem Jagdwagen umdreht und schnell davonfährt. Kein Rufen hilft, eiligst fährt er davon, während nun Asta und das Gepäck herübergebracht werden.

Inzwischen sind Frau Gropius und Karl Thieß mit dem Ponywagen zu einer einige Meter oberhalb gelegenen Furt gefahren. Hier reitet Karl Thieß auf Glücksfee durch die Mulde, der ruhige Grog geht mit. Die Pferde müssen nur ein kleines Stück schwimmen, den leichten Ponywagen ziehen sie hinter sich her.

Altenhain

So sind wir nun auf der anderen Seite der Mulde, in dem Teil von Deutschland, der von den Amerikanern besetzt ist. Es ist Sonntag, der 13. Mai 1945. Wir packen unsere wenigen Habseligkeiten auf den Ponywagen und zu Fuß geht es nach Altenhain. Dort werden wir zum Schulgebäude gewiesen, das als Aufnahmelager für Flüchtlinge dient. Hier treffen wir Frau Schering und unsere drei Kinder wohlbehalten an. Frau Gropius und ich suchen bald Herrn und Frau v. Gontard auf. Das Schloß ist von den Amerikanern besetzt, Gontards wohnen in der Wohnung des Schweizers über dem Kuhstall, was sie mit Fassung tragen. Mit Sehnsucht warten sie auf Nachricht von den Söhnen, die beide im Krieg sind. Sie bieten uns an, die tägliche Milch im Kuhstall zu holen, dadurch bekommen wir auch auf die Magermilchkarten gute Vollmilch.

Frau Gropius sagt mir, daß sie sich gegen Abend noch einmal übersetzen lassen will, um den Jagdwagen und die beiden Pferde aus Burkartshain zu holen. Mit Glücksfee und einem Einspänner von Herrn v. Gontard fahre ich sie zur Mulde, wo der Mann mit dem Kahn sie abholt. Es ist schon 7 Uhr, als ich auf dem Gutshof zurück bin, und die Polizeistunde beginnt. Da nun niemand mehr auf der Straße sein darf, will ich mir von dem amerikanischen Kommandanten die Genehmigung holen, noch bis zur Schule gehen zu dürfen. Im Schloß muß ich erst mehrere Soldaten ansprechen, bis mich einer zu dem Kommandanten führt. Der vergnügt sich mit anderen Offizieren damit, nach dem großen Kristalleuchter zu schießen, der von der Mitte der Decke im großen Saal herabhängt. Der Kommandant kommt zu mir an die Tür; nachdem ich mein Anliegen zweimal vorgetragen habe, nickt er und sagt: „You may go to your children". Ich bin froh, wieder draußen zu sein, es war recht unheimlich unter den lärmenden Offizieren; wenn es auch keine Russen sind, betrunken waren sie auch.

Am nächsten Morgen fahren Hans-Kunibert und ich zu der Furt an der Mulde, bald kommt auch Frau Gropius auf der anderen Seite mit dem Jagdwagen angefahren. Der Wagen ist vollgepackt. Da ihr eine große Kiste zu schwer erscheint, um von den Pferden auf dem Wagen durch die Mulde gezogen zu werden, bringt sie die Kiste an eine oberhalb gelegene Stelle, wo sie einige Jungens mit einem Kahn gesehen hat, und bittet sie, die Kiste auf die andere Seite zu bringen. Ich fahre zu der bezeichneten Stelle, um die Kiste in Empfang zu nehmen. Aber die Jungens denken nicht daran, die Kiste herüberzubringen. Ich weiß, daß in der Kiste die Wäsche von Frau Gropius ist, die sie aus Groß-Schönfeld mitgenommen hat, darauf hat sie noch Speck und Schinken gepackt. Ich möchte nicht, daß Frau Gropius auch noch die Wäsche verliert, darum verspreche ich den Jungen meine goldene Armbanduhr, die ich von Onkel Otto zur Konfirmation geschenkt bekommen habe. Nun bringen sie die Kiste, stellen sie an der Uferböschung ab, ich gebe ihnen die Uhr und schnell fahren sie wieder zurück. Die Kiste ist so schwer, daß wir sie nicht heben, geschweige denn auf den Wagen laden können. Den

Schlüssel zum Vorhangschloß hat Frau Gropius, auf sie müssen wir warten, Wir warten — wir warten, schließlich werde ich unruhig, es ist vielleicht etwas Unvorhergesehenes passiert. Wir fahren zur Furt zurück. Gerade treibt Frau Gropius, auf dem Jagdwagen stehend, die Leine fest in der Hand, die Pferde durch den Fluß. Wenn Aller nicht ein solch ruhiges Pferd wäre, hätte sie es nicht geschafft. — Als wir zusammen bei der Kiste ankommen, ist die Kiste leer. Von den Jungens ist keine Spur mehr zu sehen. Die Enttäuschung ist groß, besonders bei Frau Gropius. Mir tut es leid um ihre Sachen, ändern kann ich es nicht.

Am Nachmittag holt das Auto von Dr. Thieß Fürholzers ab und ich kann mit nach Leipzig fahren, werde auch im Hause von Dr. Thieß freundlich aufgenommen. Am nächsten Morgen suche ich das Schwedische Konsulat auf, werde erst abgewiesen, aber dann nach längerem Warten beim Konsul vorgelassen. Wenn ich erwartet hatte, Hilfsbereitschaft und Sympathie zu finden, so hatte ich mich gewaltig getäuscht. Zuerst lehnt er jede Hilfe ab — ob ich Schwedin sei? „Nein, ich bin Deutche, wir sind vor den Russen geflohen, mein Mann ist in Kurland. Da ich nicht weiß, wo ich mit den Kindern hingehen soll, will ich zu den Verwandten nach Schweden, wir sind doch eine Familie, sie werden uns helfen, denn auf der Landstraße können wir doch nicht bleiben." Zur Unterstützung meiner Bitte um einen Schutzbrief reiche ich ihm ein Foto von mir und den sechs Kindern. Das rührt schließlich sein Herz und er läßt mir ein Schreiben ausstellen, in dem die Alliierten Streitkräfte gebeten werden, mir auf meiner Fahrt durch Deutschland behilflich zu sein. Das Foto wird daraufgeklebt, das Schreiben mit Stempel und Unterschrift versehen.

Als ich zurückkomme, sind Fürholzers abgefahren. Es tut mir nicht leid, unser Verhältnis war sowieso belastet, zuletzt noch dadurch, daß Herr Fürholzer mir meinen guten Auto-Atlas nicht zurückgegeben hat, den ich ihm geliehen hatte. In ihm hatten wir unsere Treckroute eingezeichnet und wir würden ihn auch noch weiter gebraucht haben.

Leider muß ich zwei Tage warten, bis sich eine Fahrgelegenheit nach Altenhain findet, kein Zug, kein Bus fährt, der gesamte Verkehr ist stillgelegt. Ich sitze ziemlich trostlos herum, traue mich nicht aus dem Haus, um keine Fahrgelegenheit zu verpassen. Erst Freitag vormittag bin ich wieder in Altenhain, wo ich sehnlichst erwartet werde. Noch am selben Tag bin ich mit Frau Gropius nach Grimma zur amerikanischen Kommandantur gefahren, um den Kommandanten, Major Clark, zu bitten, mir einen Passierschein auszustellen. Ohne ein solches Papier darf sich niemand auf den Straßen bewegen. An seinem großen Schreibtisch sitzenbleibend, hat er mich voller Hohn abgewiesen. Ob ich nicht wüßte, welche Greueltaten die Deutschen in den Konzentrationslagern begangen hätten, nein, er würde mir nicht helfen. Meinen Einwand, daß wir von den Greueltaten nichts wissen, hat er nicht geglaubt. Er ist voller Haß. — Unverrichteter Sache kehre ich zu Frau Gropius und unserem Wagen zurück. Frau Gropius hat inzwischen einen Laden entdeckt, in dem man Geschirr kaufen kann, dickes Steingut, aber gut brauchbar, besonders wenn man nichts besitzt. Wir erhalten denn auch einen Milchtopf, zwei Schüsseln und pro Kopf einen Teller und einen Trinkbecher und noch einen Nachttopf für die Kleinen.

Sonntag ist Pfingsten, wir bleiben über die Feiertage in Altenhain. Am Nachmittag sind Frau Gropius und ich bei Gontards gemütlich zum Tee. Dort ist am Tage vorher der eine Sohn aus dem Kriege zurückgekommen. Er liegt auf dem Sofa, der eine Fuß ist dick geschwollen. Der herbeigeholte Arzt hat festgestellt, daß der Knöchel gebrochen ist. Der junge Gontard konnte sich in der Tschechei von seinem Verband absetzen, kurz bevor sie in russische Gefangenschaft kamen. Drei Wochen ist er unterwegs gewesen, immer heimlich und vor allem nachts gewandert, trotz der Schmerzen in dem gebrochenen Fuß. Die Eltern sind glücklich, den Sohn bei sich zu haben.

Neue Sorgen tauchen auf. Es gehen Gerüchte um, daß ganz Sachsen den Russen überlassen werden soll. Sie haben sich vier Wochen später bestätigt. Alle Gutsbesitzer werden enteignet und interniert. In Viehwagen werden sie nach Rügen abtransportiert und dort in ein Lager eingewiesen. Ohne ausreichende Verpflegung, durch Hunger und Kälte sterben viele von ihnen. Auch Gontards werden auf die Insel Rügen verbannt, ich weiß nicht, ob sie überlebt haben.

Während ich in Leipzig gewesen bin, haben Hans-Kunibert und Reinhold Streifzüge in der Umgebung unternommen. Dabei entdeckten sie an einem alten Steinbruch einen abgestellten Militärwagen. Mit Frau Gropius zusammen haben sie ihn mit unseren Pferden geholt und wir haben unsere Koffer und Betten darauf gepackt.

Ein wunderschöner Maientag ist angebrochen, als wir am Dienstag morgen auf die vollgepackten Wagen steigen und unseren Treck fortsetzen. Wir müssen über den Gutshof fahren, dabei kann ich mich noch einmal von Herrn v. Gontard verabschieden. Seine letzten Worte zu mir sind: „Gott segne Ihren Weg!" Dieses gute Wort hat uns wie ein Schutzbrief begleitet.